Ulrich Becker
Zdravka Metz

Vivprotokoloj

Se ankaŭ vi ŝatas kontribui al estontaj eldonoj de "Viv-protokoloj" per rakonto pri via propra vivo aŭ pri tiu de konato aŭ korespondamiko (uzante la veran nomon aŭ pseŭdonimon), bv. viziti *www.librejo.com/vivprotokoloj* kie vi povas ricevi pli da informoj kaj sendi viajn tekstojn.

Ulrich Becker
kaj
Zdravka Metz

Vivprotokoloj

Ĉiutagaj vivoj,
rakontitaj de esperantistoj

Dua eldono

MONDIAL

Mondial
New York

Ulrich Becker, Zdravka Metz:
Vivprotokoloj
Ĉiutagaj vivoj, rakontitaj de esperantistoj
1991 – 2008

Eldonejo: © Mondial, Novjorko, 2009

La aŭtoroj kaj eldonejo dankas al ĉiuj intervjuitoj, rakontintoj,
kaj al Spomenka Štimec pro la intervjuo de Jelena Manojloviĉ.

Kovrilo: © Uday K. Dhar. Desegnoj el lia serio
"Legeblaj animoj. Psikologiaj studoj"

ISBN 978-1-59569-137-8
Library of Congress Control Number: 2009928903

www.librejo.com

Enkonduko

Vi tenas en la mano la duan eldonon de tiel nomataj *Vivprotokoloj* de esperantistoj el diversaj partoj de la mondo.

Temas en tiu ĉi kolekto, unuflanke, pri la plejparte neŝanĝitaj rakontoj de 13 homoj el diversaj landoj kiuj konsistigis la unuan modestan, eĉ pli-malpli provizoran, broŝuron el la jaro 1995, eldonitan de la tiama asocio *Monda Kunagado por Eduko, Scienco kaj Kulturo*, en kiu aktivis krom la aŭtoroj de ĉi libro, Zdravka Metz kaj Ulrich Becker, ĉefe Mark Fettes, la iniciatinto de *Monda Kunagado*, krome Märtha Andreasson (†), Lev Medvedev, Eva Bojagieva, Pascal Lécaille kaj multaj aliaj. Tiuj 13 rakontoj estas do historiaj dokumentoj, kiujn ni plejparte lasis kiel ili estis, kaj nur en kazoj de morto ni aldonis noton (kelkajn tiamajn intervjuitojn eĉ ne eblis retrovi).

En ĉi tiu libro aldoniĝas aro da novaj vivrakontoj, kolektitaj de la aŭtoroj dum la pasintaj jaroj. Entute vi legos pri la vivoj de 31 esperantistoj el 14 landoj de kvar kontinentoj. La vivprotokoloj estas ordigitaj laŭ la jaro en kiu la intervjuo okazis.

La vorto *vivprotokolo* estas eble iom miskonduka. Ĝi simple enradikiĝis ekde la unua ideo pri tiu projekto, kaj de tiam ĝi ne ŝanĝiĝis kune kun la ideo. Kion vi legos certe ne estas protokoloj, sed rakontoj el vivoj. Ni intervjuis esperantistojn kaj poste tajpis la respondojn kaj ŝanĝis ilin nur tiom, ke ili aspektu kiel fluaj rakontoj (krom en tri kazoj: en unu ni decidis konservi la intervjuan formaton, pro specifaj cirkonstancoj, kaj en du aliaj kazoj la rakontantoj liveris la tekstojn pli-mal pretaj, kaj ni nur redaktis ilin). Kelkfoje vi legas pri kompletaj vivoj, en kelkaj kazoj nur pri vivofazoj.

Ĉefe ni klopodis intervjui "simplajn" esperantistojn – kaj eĉ kiam temas pri pli konataj homoj el la movado, vi ne legos "biografiojn". Tiu ĉi vorto estus maltaŭga, ĉar nia celo estis kiel eble plej koncize – per la vortoj de la intervjuitoj mem – karakterizi lian aŭ ŝian vivon; ni ne celis iri de unu al la alia vivetapo, kronologie, sed prezenti pli la homon kiu rakontas, la personecon kaj individuecon. Kaj ofte la unuopaj rakontoj diras pli pri la sintenoj de la intervjuitoj, iliaj pensoj, iliaj rigardoj al la vivcirkonstancoj, ol pri tiuj cirkonstancoj mem. Do ne atendu sociajn analizojn. Kaj antaŭ ĉio ne atendu iun socian tipon, kiel vi eble imagas ĝin – ni ĉiuj havas niajn kliŝojn pri la religiemo de arabo en Alĝerio, pri la zorgoj de ĉino en Ĉinio, pri la vivaventuroj de la hodiaŭaj rusoj... Kliŝojn vi ne trovos ĉi tie. Sed certe vi trovos homojn, kiuj en tre diferencaj sociaj cirkonstancoj iam en siaj vivoj komencis pensi pri si, pri la valoro de la propra personeco kaj pri siaj rilatoj al la homoj ĉirkaŭaj, kiuj do konsciiĝis pri sia individueco kaj ekkomprenis sin kiel unikaĵon – aŭ kiuj ankoraŭ ne venis al tiu punkto aŭ eĉ neniam en sia vivo atingis tion, sed ŝajne nur drivis sur la fluo de la eventoj kaj komprenis la unuopajn vivetapojn kiel solvendajn taskojn metitajn antaŭ ilin. Kaj eĉ tio estus maljusta interpreto de mia flanko, ĉar multaj el la homoj intervjuitaj puŝiĝis dum la vivo al nepenetreblaj muroj: ekonomiaj, kulturaj, ideologiaj, al muroj metitaj de malsanoj, aŭ tute aliaj – tiuj de militoj aŭ katastrofoj.

Tamen: ĉiu en nia libro volas diri al vi ion, kaj ŝi aŭ li meritas ke vi aŭskultas. Sen juĝi. Tiel sin komprenas nia projekto *Vivprotokoloj*: Ni volas disrompi la iluzion ke esperantistoj estas io aparta. Kiam ili hejmenvenas de la internaciaj kongresoj, ili reiradas al siaj diferencaj preĝejoj, parolas siajn diversajn lingvojn, kuradas al la membrokunvenoj de la plej diversaj politikaj partioj, estas submetataj al la premo iel ajn gajni la ĉiutagan panon – kaj se necesas ili konsentas pri kompromisoj por havi tiun panon. Esperantistoj ne estas herooj inter la la homoj, sed apartenas al ili.

Vi povas legi kiaj ili estas, niaj esperantistoj: jen firme irintaj paŝon post paŝo en la vivo, sen ŝanceliĝi dum unu minuto aŭ eĉ turni la kapon flanken, nur ĉe la fino rigardantaj malantaŭen; jen serĉantaj dum jardekoj sen trovi iun stabilecon; jen eĉ kun speco de maltoleremo al aliaj mondkonceptoj ol la propra, konservativa, kiun oni ne atendus en nia movado; jen kun miranda senzorgeco pri ĉio kio okazas ĉirkaŭ ili. Konstati ĉion ĉi povus esti malesperiga. Sed ĉu eble ili tamen estas io aparta, la esperantistoj? Ja kial ili kuras al tiuj internaciaj konferencoj, seminarioj kaj festivaloj, en kiuj ili evidente fartas bone? Iu radiko devas jam ekzisti.

Du lastaj rimarkoj: La tekstoj aperas pli en parolata lingvo ol en iu polurita, literatura versio; kompreneblajn elipsojn kaj neglataĵojn ni ne ĉiam ŝanĝis. Krome malmultaj personaj nomoj kaj loĝlokoj estas ŝanĝitaj, por respekti la individuan rajton je anonimeco. Tamen, en kontrasto kun la unua eldono, ĉe kelkaj el la vivprotokoloj aldonitaj por tiu ĉu dua eldono, ni donis la kompletan nomon, se la intervjuitoj tion petis aŭ se pro ilia bonkonateco la anonimeco ne havus sencon aŭ ne necesas.

Ulrich Becker

Kiam mi povos esti normala homo

Intervjuo kun Eduard el Rusio, kiam li havis 17 jarojn

Antaŭ du jaroj Cezaro, mia hundo, estis mortigita per la aŭto de ebria ŝoforo. Ĝi estis *pinŝero*, kaj kiam mi donis al ĝi la nomon Cezaro, mi ne konsciis ke ĝi estas ina. Dum ŝi mortis, ŝi naskis hundidojn, kaj mi prenis unu el ili, denove inan, kaj nomis ĝin Bela. Mi jam lernis esperanton, pro tio la nomo, kaj krome en Kartvelio Bela estas nomo de virinoj.

Tamen mi mem loĝas, aŭ loĝis, en la urbo Krasnojarsko, kiu situas en la meza parto de Siberio, ĉe la rivero Jenisej. Ĝi estas tre bela, sufiĉe malnova urbo kiu kalkulas hodiaŭ proksimume milionon da loĝantoj.

Tie mi naskiĝis, antaŭ 17 jaroj, en la familio de studentoj. Mia patro estas ruso, sed bedaŭrinde dum longa tempo li jam ne loĝas kun ni. Mi vivas nur kun la patrino. Ŝi venas el Latvio.

Kial ŝi iris al Siberio? Tio estis tre interesa situacio. Mia avino, kiu mortis antaŭ unu jaro, soldatservis dum la milito kontraŭ la germanoj. Ŝi militis ĉe la Leningrada fronto, apud la Baltia regiono. Dum kelkaj jaroj, du aŭ tri, ŝi poste loĝis en Latvio, antaŭ ol ŝi revenis al Siberio kun la filino, mia patrino. Mia avo jam estis mortigita apud Budapeŝto en Hungario. Do, mia patrino naskiĝis jam en la 1944-a jaro, dum la milito, en Leningrado, mi ne scias ĉu dum la Sieĝo aŭ tuj poste; kaj ĉar dum la milito ŝi ne estis registrita, sed nur poste en Latvio, ŝi naskiĝis laŭ la dokumentoj en Latvio, en Riga.

Dum 16 jaroj ni loĝis en unuĉambra loĝejo, unue triope, mia patro, mia patrino kaj mi. Jes, dum 16 jaroj. Antaŭ unu jaro, proksimume, mia patrino, finfine, post 27 jaroj da laboro en unu fabriko, ricevis la rajton akiri pli grandan loĝejon en kvartalo plej malproksima de la centro. Laŭ sovetia* nivelo, ĝi estas sufiĉe normala loĝejo. Ĝi konsistas el du ĉambroj, krome estas kuirejo, necesejo, banejo, ankoraŭ malgranda koridoreto, en kiu loĝas la hundo. Se tiu loĝus en mia ĉambro, mi ne havus la eblecon por promeni: tie staras la lito, tie la skribotablo, kaj krome estas mapo de la mondo ĉe la muro. Ĉio. Nu, ankoraŭ malgranda ŝranko por la libroj, mi ne dirus por biblioteko,

---

* La intervjuo kun Eduard okazis en 1991, en la lasta jaro de la ekzisto de Sovetunio. Eduard kelkfoje uzis la koncizan formon *Sovetio*.

ĉar nur temas pri krimromanoj. Kiam la domo estis konstruita, en niaj ĉambroj ĉiujn laborojn post la ĉefaj konstruaj laboroj, do fari la plankon ktp., devis fini ni mem, preskaŭ senpage. Ĉar ni bezonis la loĝejon, ni konsentis al tiuj kondiĉoj. Ni ricevis 90 rublojn por kvarmonata laboro. Alia homo pagis al la konstruistoj por ke ili finfaru ĉion. Tio kostis al li ĉirkaŭ 1000 rublojn. Tio estas la diferenco. Antaŭ duona jaro nia domo kaj nia loĝejo estis tute konstruitaj. Nia loĝejo troviĝas en la oka etaĝo. La lifto ĝis hodiaŭ ne funkcias.

En nia loĝejo ni havas televidilon (nigra-blankan), radioaparaton – necesas diri ke mi havas sufiĉe bonan muzikaparaton, ĉar mi ege ŝatas la muzikon, mi bezonas ĝin. Nu, ni havas la minimumon da mebloj, ŝrankon, divanon, du brakseĝojn. En mia ĉambro staras la lito por unu persono kaj duona, kiel oni diras. Mi ja havas hundon...

La lupago por nia loĝejo estas 25 rubloj. Tio ne estas tre multekosta por duĉambra loĝejo. Unu kilogramo da viando kostas minimume dek rublojn. La prezoj ĝenerale estas tre altaj nun ĉe ni. Mia patrino ankoraŭ laboras plentempe kaj ricevas nur inter 200 kaj 250 rublojn en unu monato. Tio ne sufiĉas por du personoj. Ekzemple la pantalonoj, kiujn mi nun portas, kostas 350 rublojn, kaj sportaj ŝuoj, kiujn mi volus havi, kostas 1500 rublojn. Do la mono tute ne sufiĉas. Tio sufiĉas nur por nutri unu homon. Kiam mi lernis, mi de tempo al tempo ankaŭ laboris. Sen tio mia patrino malfacile povus nutri min. Mia patrino eĉ ne povus doni monon al mi por la kinejo. Mi proksimume dum kvar jaroj neniam petis de ŝi monon. Ni ĉiuj iel devas trovi monon por niaj aferoj. Kvarfoje mi estis elĵetita el la lernejo, kaj dum tiu tempo mi laboris en fabriko en la Krasnojarska haveno. Kvankam miaj instruistoj opiniis ke mi sufiĉe bone lernis, mi tamen havis malfacilaĵojn, ĉar mi ĉiam volis scii pli ol aliaj lernantoj; en la sepa klaso mi okupiĝis pri la biografio de Leo Trockij, sed en Sovetunio tiam ne estis tiel ke oni rajtis diri publike sian opinion se tiu ne estas aŭtoritate oficialigita. Do, oni de tempo al tempo ĵetis min el la lernejo, kaj mi laboris kaj gajnis monon; kaj parte mi daŭrigis la laboron eĉ dum la lernado: mi laboris nokte, poste mi dormis dum la lecionoj; kaj tio denove kaŭzis problemojn.

La tuta situacio en nia lando, precipe por la junularo, estas tre malbona. Oni trinkas multe da alkoholo, prenas drogojn, ludas por gajni monon. Oni ludas kartojn pro mono, oni ludas bilardon pro mono. Mi vidis homojn kiuj ludis badmintonon kaj ŝakon pro mono. Tre terure. Ankaŭ mi, por diri la veron, opiniis ke mi bone bilardludas, kaj mi trovis eblecojn por gajni monon tiel. Sed al mi tio ne plaĉis, kaj mi finis mian karieron tiusence kaj iam decidis labori eksterlande. Mi trinkas nenion krom biero, ankaŭ tion nur tre malofte, sed multaj el miaj amikoj faras tion regule, ĉar biero kaj brando, do vodko, estas sufiĉe malmultekostaj. En Siberio eĉ ne estas kuponoj por aĉeti trinkaĵojn, kiel en aliaj regionoj. Tiel oni ŝercas: Kiam aperos kuponoj, okazos milito. Ĉar en nia lando vodko estas samranga kun mono. Kontraŭ vodko eblas konstruigi domon, eblas transportigi per aŭto ion ien, kaj tiel plu. Tio, nature, estas granda problemo por maljunuloj kiuj ne havas helpantojn kaj tiel ne povas aĉeti sufiĉe da vodko. Sed monon jam neniu bezonas, ĉar la rublo dum ĉiu tago fariĝas pli malmulte valora.

Sed ni revenu al mia situacio. Post la deka klaso mi studis kelkajn monatojn en la Krasnojarska Instituto de Koloraj Metaloj. Sed al mi ne plaĉis, kiel oni instruis en tiu instituto, kaj mi forlasis ĝin kaj eklaboris en fabriko. Mi jam tiam planis iam forlasi la landon por labori aŭ studi eksterlande. Mi forlasis la fabrikon kaj laboris en unu el la novfonditaj kooperativoj por konstruado. Laste mi estis dungita en firmao, por kiu mi oficvojaĝis kun kelkaj aliaj homoj, ni okupiĝis pri diversaj aferoj, ni fotis, kolektis pentraĵojn diversajn, ni vojaĝis tra tre malnovaj kaj malriĉaj vilaĝoj en la Siberia regiono. Tiam mi ne tre ofte estis hejme, kaj eĉ kiam mi estis en Krasnojarsko, mi ne loĝis ĉe mia patrino por ne malhelpi ŝin. Kelkajn monatojn mi loĝis ĉe mia amikino, kiu poste transloĝiĝis al Sudafriko. Sed tien mi ne volas iri. Kelkfoje mi tranoktis en nia krasnojarska esperanto-klubejo.

Jes, mi malfrue konatiĝis kun esperanto, sed ĝi iel ŝanĝis mian vivon. Hodiaŭ mi povas diri ke mi interesiĝas ja pri historio, pri literaturo, pri fremdaj lingvoj, mi sportis, do piedpilkludis, okupiĝis pri muziko, mem partoprenis en rokmuzika grupo, sed mia ĉefa intereso fariĝis esperanto, ĉar mi opinias ke mi havas le eblecon iel sukcesi en tiu movado. Mi jam sukcesis multe pli ol ĉiuj miaj amikoj, kiuj eble neniam havos la eblecon vojaĝi eksterlanden.

Nun, kiam mi estas eksterlande kaj decidis ne reiri al Sovetunio, mi serĉas iun lokon por labori kaj poste studi. Mi ekinteresiĝis pri komerco, ĉar mi opinias ke por mi tio estas profesio sufiĉe proksima kaj mi pensas ke mi povus sukcesi ankaŭ en tiu ĉi tereno. Tamen mi ankaŭ planas studi historion kaj literaturon kaj multajn fremdajn lingvojn, sed nun mi devas okupiĝi pri nenio alia ol pri la problemo, kiel trovi monon. Mi nun serĉas iun lokon en okcidenta Eŭropo por komenci. Hodiaŭ unu homo konsentis helpi al mi, homo kiu loĝas en Portugalio. Post tiu ĉi semajno mi planas veturi kun li al Oslo, por provi aranĝi ĉion pri miaj dokumentoj por Portugalio. Mi esperas ke mi sukcesos. Tio estus sufiĉe bona eliro, ĉar mi tute ne havas monon, kaj se mi ne havos laboron, mi almenaŭ havos multajn ŝancojn por morti.

Sed certe mi ne reiros al Sovetunio, ĉar post unu monato kaj duona mi devos soldatservi en la armeo. Mi volas eviti tion ĉar mi tute ne ŝatas soldatservi, kaj alia kaŭzo estas ke antaŭ du jaroj mi estis enskribita en tiu speco de armeo kiu nomiĝas Internaj Trupoj, *Vnutrennie Vojska* en la rusa lingvo. Kaj vere tiu speco de armeo ne estas armeo, sed sovetia milico, milita milico, kiu okupiĝas pri diversaj konfliktoj en la lando. Ekzemple ili partoprenis en la milito en Litovio kaj en la armena-azerbajĝana konflikto. Mi tute ne ŝatas tion kaj restos eksterlande. Jes, certe mi ege bedaŭras ke mi devis forlasi mian patrinon, mian belan urbon, miajn geamikojn, sed kiel mi diris, la vivo en nia lando estas neeltenebla. Jam la laboro: Kiam mi havas laboron, mi ĉiam havas la deziron labori bone. En Sovetunio tio ne gravas, ĉu vi laboras bone, ĉu malbone. Vi ricevas la saman monon kiel ĉiuj. Tio al mi ne plaĉis, kaj mi decidis ke tio estas mia ŝanco: mi ja volas labori bone. Poste, kiam mi havos sufiĉe da mono, eble mi trovos *sponsoron,* tiam mi studos. Kaj eble post tio mi reiros al Sovetunio: kiam mi povos esti normala homo, kiu povas normale labori kaj sufiĉe kompetente fari siajn aferojn.

Ni rusoj ĉiam spertas aventurojn dum niaj vojaĝoj eksterlanden. Tiel estas la mondo nun. Sed esperanto jam plurfoje savis al mi la vivon. Jam post duonjara lernado de esperanto mi ekveturis al Nederlando por partopreni Paskan esperantistan renkontiĝon tie. Por tio mi ricevis, malfacile, vizon. Tiom malfacile kaj longdaŭre, ke mi malfruiĝis. Mi tamen veturis, al Roterdamo. Survoje mi estis priŝtelita, kaj mi alvenis en la Centra Oficejo de UEA tute senmone. Oni donis al mi laboron, por ke mi havu la eblecon aĉeti revenbileton, kaj iom da mono mi ekhavis krom tio.

Mia dua, nuna vojaĝo eksterlanden okazadis eĉ pli strange. Mi planis veturi al la Universala Kongreso ĉi tie en Bergeno, sed ricevis la ĝustan invitilon por tio nur tre malfrue. Tial mi povis aranĝi miajn vojaĝdokumentojn nur ĝis Pollando. Proksimume kvin semajnojn antaŭ la kongreso mi ekveturis. Mi restis en Pollando unu monaton, kaj mi devis labori tie en diversaj urboj por finfine havi la necesan vojaĝsumon kaj eĉ la bezonatan vizon. Kiel fari tion? Dekomence mi laboris en Bydgoszcz. Tie mi matene laboris en garaĝo, kie mi helpis al mekanikisto kiu okupiĝis pri la rekonstruado de sufiĉe granda aŭto. Posttagmeze, de la kvara, mi laboris en konstrufirmao. Poste mi vojaĝis al Oleŝnica, tio estas malgranda urbeto proksime de Vroclavo. Tie mi laboris preskaŭ la tutan tempon en konstruko-operativo, kaj vespere mi helpis al amiko, en kies domo mi loĝis. Li havas malgrandan vendejon. Poste mi veturis al Varsovio por aranĝi miajn dokumentojn kaj akiri norvegan vizon. Aperis kelkaj problemoj pri la vizo, kaj mi serĉis homon kiu povus helpi min. Mi konatiĝis kun la ŝoforo de la ambasadoro, kaj dum kelkaj tagoj mi laboris kiel lia ĝardenisto. Jes, mi ordigis lian ĝardenon, ĉar li preskaŭ ne havis tempon. Sed por diri la veron, li preskaŭ nenion pagis al mi. Tamen mi havis la ŝancon manĝi kaj tranokti kaj finfine ricevis la promeson, ke mi povos akiri norvegan vizon. Mi ankoraŭ bezonis monon kaj ekveturis al Lodzo. Tio estas la regiono kun la plej alta senlaboreco en Pollando, kaj mi nur malmulte laboris. Sed mi trovis kelkajn homojn kiuj opiniis ke ili estas sufiĉe riĉaj, kaj ili donis al mi iom da mono. Krome mi tie renkontiĝis kun multaj bahaanoj, do kun homoj kiuj okupiĝis pri la religio *Baha'i*. Mi loĝis ĉe ili dum iom da tempo kaj partoprenis iliajn renkontiĝojn. Preskaŭ ĉiutage venis novaj interesaj homoj al ili, el la tuta mondo. Tie mi ankaŭ amikiĝis kun Russel kaj Gina Garcia, kiuj venis el Holivudo. Russel estas komponisto kaj kunlaboris kun Louis Armstrong, kun kiu li produktis du diskojn. Ni multe interparolis, kaj nun li ankaŭ okupiĝas pri la religio Baha'i kaj havas tre multan simpation al la lingvo esperanto.

Mi reveturis al Varsovio, kie mi ricevis mian norvegan vizon kaj svedan transitan vizon.

Poste mi veturis al la urbo Swinoujscie, kie estas marhaveno, el kiu mi veturis per ŝipo al la urbo Ystad en Svedio. Mia mono rapide elĉerpiĝis, kaj mi devis petveturi ĝis Malmö. Tie mi tranoktis en la stacidomo, sur benko; matene mi pluiris al Gotenburgo. Dum la tuta tago mi vojaĝis per diversaj aŭtoj, multe pluvis. Kelkaj homoj denove donis al mi iom da mono, por ke mi povu pluvojaĝi per trajno. Poste mi renkontis kelkajn esperantistojn kun la sama celo, kiuj ankaŭ helpis al mi. Mi promesis redoni al ili la monon, ĉar mi esperis ke mi povos labori dum la kongreso por gajni manĝon kaj liton. Tiel mi sukcesis alveni en la kongresurbo, kie mi nun laboras en la libroservo.

Tia estas la situacio. Mi devas diri ke ĉio en mia vivo okazas okaze, senplane. Kiel en Ruslando oni diras: Ĉio, kio okazas, okazas pli bone, ol se ĝi estus planita. Mi havis bonŝancon, se oni povas nomi tion tiel. Krome mi estas obstina, ĉar mi neniam havis fraton aŭ fratinon, la patro frue forlasis min, kaj pri la patrino mi ne povis kalkuli. Mi ĉiam estis sola, kaj sola efektivigis miajn planojn.

(Notita de Ulrich Becker en 1991)

De mia persona partopreno nenio dependas

Intervjuo kun Irina el Rusio, kiam ŝi havis 26 jaroj

Mia vivo ne estas tre interesa. Mi estas rusino kiu loĝas en Tatario, en la urbo Kazanj, kiu havas pli ol unu miliono da loĝantoj. Miaj tagoj havas nenion eksterordinaran. Mi ellitiĝas matene je la oka horo. Tio eble estas malfrue por multaj. Necesas klarigi ke mi laboras nun en infana muziklernejo, kiel pianakompanistino. Kaj la infanoj antaŭtagmeze vizitas la mezlernejon, pro tio mia laboro okazas ĉefe posttagmeze. Do mi havas liberan tempon en la mateno. Mi pasigas ĝin per legado de revuoj aŭ libroj, kelkfoje mi iras al nia instituto kie mi ankoraŭ estas perkoresponda studentino. Poste mi komencas labori, ĝenerale de la 12-a ĝis la 18-a horo. Mi forgesis diri ke antaŭtagmeze mi kelkfoje iras al alia laboro por kromgajni iom da mono. Kiam mi revenas hejmen, jam estas la 19-a horo. Mi vespermanĝas kun mia patrino, telefonadas, skribadas leterojn, denove legas, kelkfoje trikas, kaj ofte pianludas por mi mem. Ja, kaj mi devas okupiĝi pri hejmaj taskoj. De tempo al tempo mi iras en kinejon, teatron aŭ koncerton, sed ne tre ofte. La ĉefa problemo por mi estas ke mi ne ŝatas esti en la strato post la naŭa horo vespere. Tamen mi ŝatas vidi filmojn aŭ teatraĵojn sola, ĉar kiam oni estas kun iu amiko, ĉiu poste havas alian opinion, kaj tio malhelpas ĝui – aŭ malĝui – la impreson el la vespero.

Tuttipan tagon mi ne havas, aŭ ne povas priskribi. Sed ofte post la laboro mi veturas al la universitato por partopreni en fremdlingva kurso. Tio okazas trifoje en la semajno, kaj ekde la aŭtuno mi verŝajne iros krome al kurso de la franca lingvo.

Diablo prenu, mi sentas ke mi ne diras kion vi volas aŭdi. Eble mi devus ĉion repripensi, sed nun estas granda tumulto en mia animo, tion vi devas kompreni. Kiam mi iras tra la stratoj, mi ofte vidas ke homoj en la transportiloj ktp. estas nervozaj, kolerigitaj, ili ĉiam pretas ofendi unu la alian, eĉ bati. Tio pleje malplaĉas al mi en la nuna situacio en nia urbo.

Pri mia vivnivelo mi ne multon povas diri. Tio estas iom persona demando, ankaŭ pri la salajro. La prezoj ofte ŝanĝiĝas, do estas malfacile diri ion pri tio. Ĉio nun estas iom komplika.

Mi preferas serĉi la agrablajn momentojn. Ĉiam povas esti bona libro, interesa filmo, interparolo kun interesa homo, okazadas vesperoj de poezio, de muziko ktp. Mi ŝatas la improvizitajn vesperojn kun geamikoj kun piano, gitaro, kandeloj kaj kun tutsimplaj nutraĵoj kaj trinkaĵoj. Krome mi ĝuas la lingvokursojn, ĉar tie eblas komunikado kun novaj homoj. Mi pensas ke la vivo estas vere vivinda, dum ĉio ĉi ekzistas. Mi preskaŭ forgesis aldoni ke ankaŭ mia laboro tre ĝojigas min. Tio estas granda avantaĝo en la hodiaŭa mondo, ĉar mi konas multajn homojn, precipe samaĝulojn, kiuj tute ne ŝatas siajn laborojn. Kvankam mi ja ŝatas danci, mi ne havas la okazon por tio, ĉar – kiel eble ĉie en la mondo – ankaŭ ĉe ni okazadas dancvesperoj por junuloj inter 14 kaj 18 jaroj, sed ne por la pli aĝaj.

Esperanto nun estas grava parto en mia vivo, Sed mi ne plu ofte povas veturi al renkontiĝoj en aliaj urboj, kiel antaŭe mi faris, ekzemple por du aŭ tri tagoj aŭ eĉ tuta semajno, ĉar tiuj renkontiĝoj multe kostas, sed la komforto estas tre malalta. Tiel esperanto nun estas nur koresponda ligilo al eksterlandaj geamikoj.

Mi esperantistiĝis antaŭ kvar jaroj. Unue mia patrino komencis vizitadi kurson, poste ŝi konvinkis ankaŭ min. Post trimonata kurso mi sufiĉe bone regis la lingvon. La ĉefa profito el tio estas ke mi plenigis la malplenaĵojn en mia vivo. Krome mi pere de esperanto komencis veturi eksterlanden – almenaŭ en la unua tempo. Tiel mi ekhavis multajn konatojn. Tio beligis mian vivon. Monprofiton mi dume ne havas, aŭ nur unufoje havis, kiam mi gvidis trimonatan kurson por infanoj. Tiam mi ricevis dudek rublojn por unu monato. En la unuaj jaroj mi tre aktive partoprenis en la internacia movado. Trifoje dum unu kaj duona jaro mi veturis al eksterlandaj renkontiĝoj. Sed tio nun verŝajne ne plu eblos.

Verŝajne vi jam rimarkis ke mi havas bonan kontakton kun mia patrino. Ni bone komprenas unu la alian. Tamen kelkfoje mi ŝatas havi pli da anima libereco. Kiel ĉiu patrino tre amanta siajn infanojn, ŝi volas scii ĉion pri mi, konduki min tra la vivo, doni konsilojn, instruojn, ordonojn ktp. Dank' al mia pacema karaktero mi evitas kverelojn, sed tio ne ĉiam eblas... Sed sendube mi havas kun ŝi la unuan amikon, kiu ĉiam subtenas min. Kaj ŝi pasigas la libertempon same kiel mi. Miaj geavoj havas ĝardeneton, kie ili ne tiom laboras ol ripozas – de printempo ĝis aŭtuno. Ili estas pensiuloj kaj ŝatas rigardi televidon. (Mi kaj patrino ne ŝatas tion.) Avino estas tre bona kuiristino, kvankam ŝi estis inĝenierino. Sed iajn specialajn naciajn manĝaĵojn oni ne kuiras en mia familio. Tio ne estas kutimo ĉe ni.

Mi forgesis diri ke mia patrino estas kuracistino. Kaj mi loĝas kun ŝi. Ĉar unue ne estas iu ajn ebleco eklui apartan ĉambron, kaj due, ni havas bonajn interrilatojn kaj enuas unu sen la alia. Tiu neebleco akiri propran loĝejon estas ankaŭ la ĉefa kaŭzo de tio ke mi ankoraŭ estas fraŭlino. Kiam mi iam edziniĝos, mi verŝajne devos loĝi aŭ kun mia patrino aŭ kun liaj gepatroj.

Kelkfoje mi pensas ke mi devus subteni mian patrinon pli en la hejmaj laboroj. Sed mi konsolas min per la penso ke post la edziniĝo mi havos sufiĉe da eblecoj mem fari tiujn laborojn. Krome ni havas iom da tekniko en la loĝejo: fridujon, polvosuĉilon, gasfornon, du televidilojn – unu nigra-blankan kaj unu koloran –, magnetofonon, radion, stebmaŝinon, kvankam mi ne tre ŝatas stebi. Bedaŭrinde ni ne havas lavmaŝinon, ĉar ne eblas aĉeti ĝin, kaj ni ne havas varman akvon. Krome en nia loĝejo ne estas bankuvo aŭ duŝejo, kaj mi hontas diri tion. Sed tia estas la situacio ĉe ni.

Jes, mia tuta vivo koncentriĝas al la hejmo, la libertempaj agadoj, la laboro kaj esperanto. Pri politiko mi ne interesiĝas. Pri religio – tio estas alia afero. Mi konfesas, ke mi estis baptita, kiam mi havis preskaŭ 26 jarojn. Venis la tempo kiam mi komprenis ke mi nepre devas fari tion. Tio estis grava evento en mia vivo, kvankam mi jam delonge kredis al Dio. Mi ne vizitas ofte preĝejon, mi kredas pasive. Sed mi ankaŭ kredas ke ĉiu homo devas ekhavi aŭ rehavi Dion en sia animo.

Mi ripetas ke mi ne interesiĝas pri politiko, mi ne kapablas esti ano de iu societo aŭ partopreni en manifestacioj ktp. Mi pensas ke de mia persona partopreno nenio dependas.

Jen, kion mi povas diri pri mia vivo. Certe tio ne povas kontentigi vin, sed mi diris ĉion tre sincere. Eble ĉio estis iom kaose dirite, mi ĉiam havas problemojn ordigi miajn pensojn.

(Notita de Ulrich Becker en 1991)

Unua belega sperto en la vivo

Intervjuo kun Danilo el Kostariko, kiam li havis 27 jarojn

Ja, en somero mi volis vojaĝi Montrealon pro junulara kongreso. En nia lando Kostariko la ferioj ne daŭras longe. Mi laboras en lernejo, kaj la lernejestro ne permesis al mi libertempi.

Nun ni ferias, ĉar komenciĝis la sezono de tiel nomataj ĉiamaj pluvoj – dum en Eŭropo venas printempo. Tamen la plej norda amerika lando – Kanado – havas vintron, eĉ neĝon ankoraŭ. Kial ne nun viziti Montrealon?

Jam mi troviĝas en Vaŝingtono ĉe miaj konatoj. Dum dek tagoj mi promenadas kaj rigardas la urbon kaj ĉirkaŭaĵon. Estas bele, kaj mi sentas min bone. Montrealo ne tiom malproksimas. Estas nur naŭhora trajna vojaĝo.

Decido farita. Pertelefona informado pri mia alveno – finite.

"Ne estas problemo!" estas la respondo. Ĉu vere, tiom simple kontakti esperanto-familion? Tiu esperanto estas mirinda. mi sentas dankemon al Greko kiu informis min pri ĝi kaj donis al mi la adreson de UEA. Mia danko irus ankaŭ al tiu respondeculo de UEA kiu sendis al mi instrulibron, vortarojn kaj kelkajn revuojn. Kaj poste nur du semajnoj sufiĉis al mi eklerni la lingvon. Mi ja konis plurajn lingvojn, kaj tiu internacia, ĝi estis la plej facila. Kaj poste mi instruis al miaj du amikoj, kaj nun ni estas tri junuloj en nia lando. Ĉi tie mi renkontis unu esperantiston el Nikaragvo, sed mi neniam parolis kun nehispanlingvano. Pri bonkoraj homoj mi aŭdis, sed ne multe spertis en mia vivo.

Pri facila interkomunikado pere de esperanto mi ja legis, kaj nun vidu. Mi komencas sperti.

Kaj ne nur tion. Mi ankaŭ vidos neĝon.

Morgaŭ, jes, morgaŭ mi vidos kaj tuŝos neĝon.

Matene mi rapidas por finprepari min. Mia amiko pruntas al mi dikan, vintran mantelon, kaj jen la vojaĝo komenciĝas.

La trajno plenas de homoj. Diversaj interparoladoj aŭdeblas. Unu mencias neĝan ŝtormon. Sed kio ests tio? Pri uragano kaj teruraj pluvoj mi bone scias. Neĝŝtormo – kiel ĝi povas aspekti?

Tra la fenestro mi rigardas la naturon kiu malgraŭ la tagmezo ĉiam plu malheliĝas, kvazaŭ la nokto subite venas. Rigardante arbojn kiuj kurbiĝas, ĉiam post nova frapo de forta vento, mi subite memoras mian vivon :

Ankaŭ mi kurbiĝadis sub influo de pastroestro kiun mi timegis. Tri jaroj de pastriĝa lernejo ne permesis al mi rekteniĝi kaj plene vivi. La severaj reguloj kun mensa torturado, la serioza puno kiu malpermesas manĝi dum du tagoj, la ofta dormado apud la lito, sur betono, simple pro ne sufiĉe glattirita kovrilo, la ĉiunokta unuhora manko de dormo pro solidareco kun samĉambranoj – kiam venas la estro, la ĉiutage kelkhora laborado, de kiu mi plej malŝatis iri al la foirejo kaj peti manĝaĵojn por la frata komunumo. La sopiro al la vesperaj instruhoroj – la sola espero en mia tiama normala, ĉiutaga vivo.

Teruraĵojn mi travivis ankaŭ post decido forlasi ĉi-studadon, kaj la nokto de timego kiu kaŭzis la finan decidon, ankoraŭ hodiaŭ igas min plori, kvankam pasis jam sep jaroj. Por mi tio estis satana nokto, nokto de mistero, de timego, kiam ni kvar estis senditaj al preĝejo por preĝi :

Subite la kandeloj estingiĝis.

Mi provis enŝalti la lumon, sed mankis elektro.

La ĉefpordon ni provadis malfermi, unu post la alia, sed ne eblis.

Tiam ni aŭdis la kriojn de nia amiko. Ni retrokuris preĝejon; ĉie estis odoro de sulfuro. Iu nigre vestita estaĵo ĵetis al ni la Biblion kaj aliajn preĝejajn librojn – kaj ni vidis la pastroestron sekse perfortigi nian amikon.

Mi ekploris sentante min senpova kaj terurigita.

En unu momento la pordo malfermiĝis. Tra la pordo eskapis la sulfura nubo. Ekregis silento.

Tamen la satana nokto ne povis plu silentigi nin, dudekjarulojn, des pli ĉar ni aŭdis ke la sama malfeliĉo okazis al ses aliaj amikoj jam antaŭe.

Ĵurnalistoj publikigintaj artikolojn kaŭzis la "ŝtormon de la roz-fratoj" en San José, la ĉefurbo de nia lando

Iel mi kredis ke post la ŝtormo venos paciĝo, kiel post la pluvo la suno.

Sep lingvojn mi jam bone parolis, ĉar almenaŭ tion mi sufiĉe ekzercis havante ĉiutage la devon paroli en iu alia lingvo. Instruado ĉiam allogis min, kaj do mi fariĝis instruisto de la angla.

Kaj nun, dum miaj lernejaj ferioj, mi faris la plej plezuran decidon – vojaĝi, kvankam mi timas vojaĝi sola. Fine mi venkis la timon. Mi estas feliĉa.

Intertempe ekneĝas, ĉiam pli kaj pli. Ne plu mi povas vidi foren. La trajno malrapidiĝas. Estas teruraj kondiĉoj por kondukisto de trajno.

Venas la vespero, pasas la nokto, sed ni estas ankoraŭ for de Montrealo.

Mateno. Ne plu neĝas. La trajno transiras landlimon. Onidire Montrealo nun ne plu malproksimas.

Ni transveturas la lagon Champlain (Ŝamplen). La ponto estas ligna kaj mallarĝa, kaj mi ne vere vidas la riveron sub ĝi, sed glacion. Mi timas, ĉar mi neniam vidis tiom da glacio.

Glacio por mi estis glacio kiun mi vidis en dolĉaĵejo, kie oni, raspante glacion, miksas ĝin, fakte neĝon, kun frukta siropo, kaj aldonas lakton...

Estas nun impresa, tiu glacio, kaj mi restas trankvila nur aliflanke.

Kaj jen urbego, mi jam vidas. Devas esti Montrealo. Montrealo estas neĝoplena.

Mi konstatas, elirante la trajnon ke la vojaĝo daŭris dek ok horojn anstataŭ naŭ. Mi rapidas telefoni. Ili venos serĉi min. Atendante ilin ekstere, ho, mi povas tuŝi la neĝon.

Bonŝance la esperanta-familio veturigas min, kaj ni estas baldaŭ ĉe ili. La unuan fojon mi aŭdas paroli infanojn esperante, ankaŭ ĉininon, kroatinon kaj kebekianon. Kaj ili komprenas min. Kaj ili ankaŭ komprenas mian scivolon por la neĝo.

"Jam hodiaŭ ni iru sledi"– estis la propono. Sledojn mi neniam vidis. Kiel ili aspektas?

Ekscitita mi estas, same kiel la infanoj kiuj akompanas min. Mi portas du sledojn. Ni kuras por atingi pli rapide la proksiman monteton. Ni grimpas. La tago estas suna, sed la vento tre forta kaj malvarma. Bonŝance mi akceptis surmeti porneĝajn vestaĵojn, kaj tiel

mi ne tro frostas. Fine mi povas sidiĝi, malgraŭ miaj longaj gamboj.
Kvankam farita por infanoj, la sledo eltenas mian pezon, kaj plurfoje
mi rapidas malsupren. Mi preferas ludi per la neĝo, fari neĝpilkojn.
Poste venante en la korton, mi ŝovelas neĝon.

Kaj iutage ni interkonsentis iri glitkuri.

Venis la momento en kiu mi devas surmeti la glitilojn. Ŝajnas
ke mi ne plu povas stari. Mi timas, pensante ke mi mortos. Bone ke
Zdravka preskaŭ devigis min iri, ĉar sen tio mi certe rapide forpre-
nus tiujn glitŝuojn kiuj estas iom malgrandaj por mi. Mi hontegas,
ĉar aliaj glitkuras rapidege, elegante, perfekte. Estas bele observi
ilin. Kaj mi – tenas min ĉe barilo en la glitejo, unumane, kaj per la
alia mi forte tenas la etenditan manon. Damir kaj Mira glitkuras ie
ajn. Ankoraŭ unu foto por la memoro, kaj post unua ĉirkaŭiro jam
sufiĉas al mi. Mi preferas sidi kaj nur observi.

Rigardante la infanojn tie, vidante kiom ĝojaj kaj lertaj ili estas,
mi pensas pri mia infanaĝo.

Ni ne havis neĝon, sed ĉiam varman sunon.

Havi sunon estis ja bonŝanco, ĉar se ni vivus ĉi tie, nia familio eble
multe frostus. Nia familio havis tre malriĉan vivon, en la antaŭurbo
Palmares Alahuela de la urbego San José. Nian domon konstruis
mia patro kun pli aĝa frato. Ili trovis lignorestaĵojn, kaj tiel, kiel
multaj aliaj, konstruis domon por loĝi kaj vivi.

Mia patro estis ŝoforo de kamiono, kaj des pli ne estis kompreneb-
la lia alkoholemo, kiun travivis mia familio ĝis mia kvina jaro. Por
mi eĉ la postaj memoroj pri li dum mia junaĝo ne estas agrablaj. Ja,
li bruligis kelkajn librojn kiujn posedis nia domo – kaj mi sopiris la
legadon. Li malpermesis al mi daŭrigi la mezgradan lernejon, kaj
tiam mi eklaboris tage, kaj kaŝe lernejon iris vespere. Kaj ja, lin mi
obeis, kiam li proponis al mi fariĝi pastro. Kaj nun ne nur li daŭre
hontas ke mi ŝanĝis miajn planojn, sed ankaŭ mia patrino vidante
min, ne povas ĉesi bedaŭri ke mi forlasis la "rozajn fratojn".

Laŭ la diro de miaj gefratoj, mia patrino pleje amis min. La plej
juna infano ŝia mi estis, naskiĝinta en 1965. Ŝi estis por mi pli ŝatata
ol la patro, sed tamen mi neniam estis tre proksima al ŝi. De ŝi mi
aŭdis pri ŝia cigana deveno. Mi ne rajtis diri tion al miaj amikoj.
Samtempe ŝi tre fieris rakonti pri tiu nordhispana tribo kiu antaŭ
cent jaroj kune kun aliaj dudek familioj decidis foriri al Ameriko.

Ilia celo estis Usono, sed pro la problemoj de la ŝipo ili elŝipiĝis en Belizo, kaj poste, ne havante monon por nova bileto, restis tie. Mia patrino naskiĝis en Belizo, kaj poste venis al Kostariko. Kiam ŝi renkontis mian patron, ŝi estis pli ol kvindekjara. Ŝi ŝatis infanojn; kaj ne povante havi la tri de mia patro el lia unua edziĝo (ĉar post la morto de lia edzino, la zorgon transprenis la eksbopatrino) ŝi volis havi proprajn tri.

Nuntempe miaj gepatroj havas pli ol naŭdek jarojn. Kiel agrikulturistoj ili ĉiutage faras diversajn laborojn. Tamen la okuloj de mia patrino ne plu estas fortaj, kaj iom post iom ŝi blindiĝas.

Pensante pri ŝi, mi memoras kiam ŝi kuracis min; mento estis preskaŭ sankta planto por ŝi, sed ĝi ne volis kreski apud nia domo. Tamen aĉetinte ĝin ĉe la foirejo, ŝi produktis mento-kremon uzante porkan grason kaj menton. Laŭbezone ŝi frotadis per ĝi dorse kaj bruste; aŭ ŝi boligis akvon en kiu estis mento, kaj mi devis sidi apude, esti kovrita de tuko super la vaporo kaj devigita enspiri ĝin. Hodiaŭ ŝi estas feliĉa ĉar ŝi translokiĝis al la kamparo (pro la honto de mia malpastriĝo). En kamparo bone kreskas la mento.

La infanoj vokas min, kaj mia infanaĝo malaperas.

Nun mi feliĉas aŭskultante ilin kaj iliajn demandojn, kaj iom feliĉe ankaŭ mi priskribas al ili mian landon.

Por multaj Kanadanoj ĝi estas lando de varmego, de strandoj kaj maro. Miaj imagoj estas ankaŭ tiaj, sed mi ne povas priskribi ĝojon de someraj aktivecoj. Dum turistoj venas, mi gvidas ilin. Tio estas mia dua laboro. Mi ne ripozas. Malĝojon kaŭzas al mi mia terura timo antaŭ la akvo, kaj kiam ĝi superas umbilikon, mi ne sentas min plu sekura. Jes, naĝi mi ne scipovas, sed vere tio neniam tre interesis min.

Libroj, legado, lernado estis mia pleja ĝuo, plezuro, ŝatokupo.

Kiam mi imagas min feliĉa, mi vidas min en iu ĉambro plena da libroj kaj kun eta televidilo por foje rigardi tra tiu monda fenestro, kaj multe legante – kaj silentante.

Estas la tempo reiri hejmen. la plano por morgaŭ estas vizito al la ĉefurbo de Kanado – Otavo – kaj la renkontiĝo kun esperantistoj.

Ĉe Marko mi alvenas. Lia akcepto varmigas mian koron. "Oni anoncis neĝŝtormon. Sed, ne gravas – la esperantistoj tamen renkontiĝos" – diris Marko.

La mateno estas iom griza, kaj posttagmeze komenciĝas nova sperto. Neĝa ŝtormo en Otavo. Kelkaj esperantistoj venas. Amika etoso, varmaj teoj kaj interparoladoj forgesigas la eksterajn kondiĉojn. Venas la tempo de foriro, ĉar tiunokte mi dormos en alia domo. Mi travivas la neĝoŝtormon. Neforgesebla ĝi estas, ĉar ĉi-foje mi ne nur rigardas tra fenestro. Mi travivas ĝin plene, atendante Kevin kiu forigas glacion de la fenestro de sia aŭtomobilo, gratante ĝin per iu plasta ilo. Miloj da delikataj neĝflokoj piketadas mian vizaĝon. Forta vento foje ŝajnigas ke mi forflugos. Ĉio estas blanka, eĉ parkitajn automobilojn mi ne vidas, nur iliajn konturojn. Mi timas ke ni frostos. Enirante la aŭtomobilon, mi sentas min pli agrable. Sed nun komenciĝas la aventura veturado. La aŭto kvazaŭ naĝas en tiu alta neĝo.

Ni alvenas; ni estas savitaj.

La nokto estas trankvila, sed la vento hurlas, mi aŭdas ĝin bone.

La mateno estas blanka. Kvazaŭ la neĝo ŝatus eniri domon. Ĝia lumo videblas eĉ tra la kurtenoj.

Sunas, sed ĉi-suno varmigas nur tra fenestro. Ekstere nenio moviĝas, nur frosta aero pinĉas la vangojn.

Por viziti kaj vidi la urbon, certe pli agrablas aŭte veturi. Kevin stiras ĝin. Post la interesa muzeo de civilizacio, mi reiras Montrealon. La adreson de iuj novaj geamikoj mi perdis. Do, mi reiru al Esperanto-domo. Normando ĝoje salutas min, kaj Zdravka jam varmigas vespermanĝon. Mi rakontas pri la vojaĝo ekscitiga kaj timiga, ĉar la neĝan ŝtormon oni vidas, eĉ kiam ĝi jam pasis. Tro da neĝo falis. Babilado amika, babilado gefrata. Sidante kun ili du, mi sentas min kvazaŭ en mia domo. Kvazaŭ ni jam konas unu la alian de longa tempo.

Mi pensas pri amikeco. Ĉu vere mi havas amikojn?

Ne estas la tuja respondo. Mi umas. Miaj lernantoj, kaj turistoj, certe ne estas miaj amikoj. Kun amikoj – mi delonge pensis – oni devas ĉiame kaj apude vivi. Kaj nun? Kio okazas? Mi, mi ekamas?

Mi neniam sentis amon, aŭ eble nur ŝajnis al mi?

Sed nun ne ŝajnas al mi, sed veras. Ĉirkaŭ mia koro varmecon mi sentas. Tro da malbono mi spertadis en mia vivo, kaj ĉiam mi timis. Jes, nur librojn mi ŝatis, sed de homoj mi malproksimiĝadis.

Nun ĉi tie, foje ŝajnas al mi ke mi troviĝas en paradiza loko. Esperanto-domo, loĝata de interesaj, helpemaj personoj, kaj la libroj diverslingvaj, diverstemaj! Kia plezuro!

Esperantistoj montrealaj estas invitataj renkonti min. Ho, kia honoro! Kiu mi estas?

Venas la unua, Daniela, kaj poste aliaj kvin.

Ni interparolas kaj samtempe preparas forsendaĵojn. Mi rakontas pri Kostariko. Jes, armeon ni ne havas. Por ili malfacile komprenebla, sed tamen vera informo. Jam cent jarojn neniu venis ataki nin. Estas la vero ke Usono plaĝojn posedas ĉe ni kaj konstruas apartamentojn al siaj laboristoj.

Mi ekstaras por prepari teon.

Strangan senton mi havas.

Kiun lingvon oni parolas? Ĉu tio estas esperanto? Ĝis nun ŝajnis al mi ke mi parolas hispane, mian gepatran lingvon. Aŭ eble tiu amika humoro kreis por mi mia-landan etoson? Neniam antaŭe mi travivis ion similan. Mi kredas al reenkarniĝo. Kaj ĉu tio estas mia dua vivo?

Ne, mi ne mortis, ankoraŭ ne, sed mi travivis amikecon. Mi estas inter bonkoraj homoj. Jes, mi konscias, estas esperantistoj, kaj mi troviĝas fore de la vera domo.

Antaŭ foriri, ĉiu manpremas kaj bondeziras agrablan revojaĝon kaj nepre revidon.

Estas la tago de disiĝo kaj mi ploremas.

Jinhua kaj Zdravka kiel du feinoj kaj spertaj patrinoj rakontas al mi pri la vivo, pri familio...

Por mi, familio estas grupo de dependaj personoj, dependaj pro la sama sango. Sed mia familio konsideras min frenezulo, ne fidas min. Niaj rilatoj ne ekzistas. Nur unufoje mi vizitis ilin, sed ni ne multe parolis. Miaj tre katolikemaj gepatroj ne forgesis, por ili, hontigan decidon mian. Do, mi ja alkutimiĝis vivi sola...

"Sed nun, kio okazis al mi? Eĉ nur kelkaj tagoj sufiĉis ke mi ekamu vin. Vi ĉiuj mankos al mi"! – mi diras.

"Vi ĉiam, kiam eblas, venu al ni, nia domo estu la via" – estas la vortoj kiuj ankoraŭ sonas en miaj oreloj.

Mi foriras plena de ĝojo. Ankaŭ mia sako pleniĝis per libroj esperantaj. Aparte donacita estis poemo de Zamenhof – La Espero.

Mi promesas al mi fari pli por esperanto. Mi memoras mian broŝureton kiun mi skribis pri esperanto, kaj la Universitato de San José disdonadis ĝin al interesitoj. Nun, havante propran sperton, mi faros ion pli.

Sed kion mi faru?

Kun revoj pri agado por esperanto mi atingas la stacidomon, kaj jen denove la trajno por reveturigi min.

Montrealo malproksimiĝas. La trajno pli rapidiĝas. En miaj pensoj mi salutas la geamikojn kiuj beligis mian vivon. Vere ĉi-vojaĝo estis la unua belega sperto en mia vivo.

(Notita de Zdravka Metz en 1993)

Ĉina sekreto

Intervjuo kun Jianhuo el Ĉinio, kiam ŝi havis 38 jarojn

Ĉinio hodiaŭ kaj Ĉinio antaŭ kvindek jaroj malsamas kiel tago kaj nokto. Tiam ekzistis terposedantoj por kiuj laboris amasa popolo. La feŭdismo daŭris en Ĉinio ĝis 1949, kiam komenciĝis la liberiĝo.

Mia patro kaj miaj geavoj multe laboris por tiaj riĉaj terposedantoj, sed ne multon havis en la vivo. Pro tio mia patro decidis eniri la armeon en 1945, kun la penso havi almenaŭ pli bonan kaj pli justan vivon. Tiam li estis dudekjara. La armeo signifis prosperon. En la armeo laborante, li instruiĝis kaj fariĝis armea oficisto progresanta en la postenoj.

Post la geedziĝo kun mia patrino naskiĝis mi, Jianhua, en 1955, en la loko Xuzhou (Sjuĝo) en la provinco Tjansui (Gjangsu). Dum mia patro laboris kiel alta armea oficiro, mia patrino prizorgis min kaj miajn kvar gefratojn kiuj naskiĝis en la sesdekaj jaroj.

Tiam ankoraŭ regis la opinio ke ju pli granda estas familio des pli riĉa ĝi estas. Tiutempe la registaro pagadis por ĉiu infano de armea oficisto certan monatan monsumon por aĉeto de manĝaĵoj.

Dum mia infanaĝo la tero ne plu apartenis al terposedantoj, sed al la tuta popolo. Nova prezidanto havis novajn ideojn, komunismajn, kaj pro tio ĉion posedadis komunumoj organizitaj ĉie en la lando. Mao Zedong devenis de la popolo kaj volis pliriĉigi la popolamason. Li tuj vidis ke la malriĉeco venas de multnombreco kaj komencis propagandi nur kernan familion kun unu infano. Tiel mi kreskis, grandiĝis kun la scio ke mi havos nur etan familion. Tamen mi estis edukita kun multe da sentoj por la vivo en komunumo. Mia patrino edukis min severe.

Ŝi mem, kiel virino, ne havis altan edukon. Ŝi tamen iris lernejon dum kvar jaroj, sed poste la gepatroj, miaj geavoj, ne plu povis pagi la lernejon por ŝi, ĉar pli gravis la edukado de la filoj. Filo estis pli valora por ĉina familio, pro tio gepatroj pli investadis por ili. Filinoj grandiĝis endome apud siaj patrinoj, multe laborante kaj obeante al ĉiuj.

Mia patrino edukis min laŭ naturaj leĝoj kiuj transdoniĝis de generacio al nova generacio kune kun homaj valoraĵoj.

Helpu la alian, kaj se vi ne povas helpi, certe ne eluzu la momenton por via pliriĉiĝo pro la malfeliĉo de iu alia.

Esti sincera, modesta, helpema kaj nepre laborema – tiuj estis ŝiaj reguloj aŭ leĝoj de la vivo.

Ŝi amis min kiel aliajn, sed certe plej ŝatis min inter ĉiuj miaj gefratoj, ĉar mi, kiel plej aĝa, havis plej multe da respondecoj.

En tia etoso de fido kaj modesteco mi grandiĝis. En la lernejo mi estis la plej bona en la klaso, kaj ĉiujare, kiam la instruistino elektadis la tri plej bonajn lernantojn por esti grupestroj, ĉiam mi estis unu el ili. La grupestroj ekzistas ĉar niaj klasoj estis tre grandaj, 45 lernantoj por unu instruistino. Do, estis normale ke la lernejo organizis ĉiujn bonajn lernantojn aktivigante ilin. Tiel mi estis jam frue helpantino de la klasestrino.

Mia tasko kiel grupestro estis prizorgi grupon de samklasanoj dum la hejmenirado, kaj poste, en pli altaj klasoj, kiam ni estis pli aĝaj, la respondecoj ŝanĝiĝis. Mi devis organizi ke samklasanoj helpu al blinduloj transiri straton, aŭ ke ili helpu puŝi tirĉaron. En Ĉinio plej ofte la transportado okazas per ĉaro kiun tiras unu persono. Kiam infanoj preterpasas, ili heplas puŝante la ĉaron. En la mezgrada lernejo, la laboro de lernantoj estis ankaŭ iri foje helpi al iu familio kies filo foriris soldatservi.

Tia familio (kies filo sukcesis foriri soldatservi) estis honorata, ĉar la armeo elektadis nur la plej sanajn, plej bone edukitajn junulojn, kaj ĝi helpis al la homoj. Pro tio ofta revo de ĉinaj knaboj estis soldatservi, kio daŭris tri jarojn. Dum tiu tempo la junulo rajtis viziti la gepatran domon unufoje jare, kaj pro tiu manko de junvira laborforto en la domo, lernejanoj iris helpi al tiu familio.

Mia ĉiutaga tasko estis ankaŭ prizorgi helpon al infanoj kies gepatroj ne kapablis montri aŭ klarigi hejmtaskojn. Pro tio ofte, post lernejaj horoj, en nia dometo estis grupeto de infanoj kiuj kune laboris. Feliĉe, mia patrino permesis ke la geamikoj povu veni.

La jaron 1970 mi bone memoras.

Mi havis dekkvin jarojn. Mi ne finis mezgradan lernejon. Mia patro mortis de kancero. Anaŭ sia morto, li diris al mia patrino ke ŝi ne timu ĉar la registaro helpos nutri la familion. De mi, li petis ke per laboro mi honorigu la familion. La saman jaron la granda revolucio, kiu komenciĝis jam en 1966, estis pli videbla. Ĉie en la lando regis ĥaoso: gejunuloj malŝparis tempon. Unu tuta generacio estis fuŝe edukita, ĉar anstataŭ laboremo regis babilemo kaj maldiligenteco. Mi sentis min matura, mi ja estis la plej aĝa infano. Forlasinte la lernadon, mi eniris fabrikon por helpi al mia patrino. Mia laboro estis kontroli elektran martelon, kaj mi konscie kaj bone plenumadis mian postenon. Post la laborhoroj mi organizis gejunulojn de la fabriko ke ili helpu purigi maŝinojn por ke ili funkciu pli bone.

La revolucion oni sentis ankaŭ en la fabriko. Pluraj nur venis por subskribi sian nomon kaj foriris hejmen. Ili sciis ke se ili restu aŭ ne, ilia salajro atendos ilin.

Mi mem profitis tiun tempon en la fabriko por lerni pli pri tio kion mi faras. Mi konsciis pri la katena ligo inter produktado kaj bonfarto, riĉeco de la lando. Tiel laborante mi decidis ke iun tagon mi ŝatus studi ĉe universitato. Kvar jarojn poste montriĝis la okazo. Venis grupo de profesoroj por elekti unu studenton por Nankin-Universitato. Okazis interparolado, kaj inter pli ol cent gejunuloj, mi estis elektita.

Estis granda honoro eniri la universitaton tra tiu granda pordo, ĉar mi aŭdis de profesoroj ke pluraj studentoj sukcesas eniri pere de konatiĝoj inter gepatroj kaj universitatanoj, do tra eta pordo.

Tamen mi volis aŭdi la opinion de mia patrino, ĉar daŭre mi gajnis la monon por la familio. Mia patrino faris nur volontulajn laborojn por la komunumo kaj tiel ŝi ne estis pagita. La registaro donadis al ŝi certan sumon por miaj gefratoj ĝis ilia 18-jariĝo. Ŝi ricevadis por si mem la pension ĝis ŝia morto en 1988.

Mia patrino ne nur konsentis, sed eĉ diris ke ŝi provos helpi al mi, ĉar studoj multe kostis kaj mi havis senpagajn nutradon kaj restadon: liton en plurpersona dormĉambro ĉe la universitato.

Mi foriris de la domo, kaj pro la malproksimeco de la nova urbo mi nur dum someraj kaj vintraj ferioj venis hejmen. Ĉiam, kiam denove mi forvojaĝadis, mia patrino akompanis min, kaj ĉe la kajo ŝi ploris pro la foriranta trajno, pro mi. Mi ĉiam estis tiu infano kiu pleje komprenis ŝin. Kun mi ŝi diskutis pri miaj gefratoj kiuj post la lernejo fariĝis laboristoj. Ili neniam multe emis lerni.

Kiel studentino de la franca lingvo, same kiel ĉiuj aliaj studentoj, mi devis pagi unu monaton laborante en kamparo aŭ en fabriko, aŭ esti en la armeo. Laŭ ideo de Mao, kiel universitatanoj kaj estontaj intelektuloj, ni estimos pli simplajn laborojn, se ni pasigas parton de nia tempo farante ilin kaj estante kun simplaj popolanoj. Tiamaniere ilia filozofio – filozofio de la vivo, la laboro – eniros pli profunden en nia menso. Ne nur bone kaj forte labori ni lernis, ni lernis ankaŭ vivi en komunumo. Ni vivis kune en grandaj konstruaĵoj kaj dividis ĉion kaj prenis nur tion kion ni bezonis por la tago. Kompreneble ni ne estis pagataj. Tiu deviga laboro estis ja volontula laboro.

Tiel mi lernis ne nur helpi al homoj sed ankaŭ ne forkuri de malfacilaĵoj. Eĉ kontraŭe, mi ŝatis alproksimiĝi al la problemo por solvi ĝin.

En 1976 en Ĉinio, proksime de Pekino, okazis tertremo kaj mortis 30.000 personoj. Tiun jaron mi tamen pleje memoras, ĉar mortis la grandaj gvidantoj de Ĉinio: Mao Zedong, Zhao En Lai, ĉefministro, Ĉu De, prezidanto de la nacia asembleo.

Tri personoj, tri gravuloj tiom rapide, en tiom mallonga tempo forlasis la landon.

Komenciĝis etaj ŝanĝoj en la lando politike, socie kaj ekonomie.

Jam en 1980 la grandaj kooperativoj malaperis, kaj ĉiu kamparano ricevis terpecon por propra uzo. Kun la privatigo de tero kvazaŭ ĉiuj pli laboremis, nun por si mem. La kamparanoj inteŝanĝis varojn inter si por povi vivi. Ĉiu vilaĝo povis organizi sin ankaŭ produktante ion kion aliaj ne faris. Organiziĝis etaj entreprenoj: plektado de korboj, bredado de kokidoj, kudrado de vestaĵoj, produktado de pecoj por iuj elektraj aŭ elektronikaj aparatoj.

En 1980 mi diplomiĝis. Mi volis reveni hejmen por tiel pli helpi al la patrino kaj al gefratoj. Sed en mia naskiĝurbo ne estis multaj laboroj por mi, kaj por mia estonteco ŝajnis al mi pli prospere resti en Nankin.

La universitato ofertis al mi laboron ĉe la departamento de fremdaj lingvoj, kaj mi akceptis. La unua tasko estis varbado. Kun kolegino mi vojaĝis tra la lando por informi pri nia universitato.

Konante ŝin delonge, mi konatiĝis ankaŭ kun ŝia filo, en vintro 1977, kaj en la somero post mia diplomiĝo, li fariĝis mia edzo. Por geedziĝi en Ĉinio, ĉiu paro unue iras al hospitalo por diversaj ekzamenoj. Ambaŭ devas esti tute sanaj, por ke la geedziĝo povu okazi. En la kazo se iu havas problemon, la kuracisto sugestas plian kuracadon, aŭ eĉ konsilas ne geedziĝi.

En nia kazo, estis ĉio en ordo, kaj ni du solaj iris registriĝi kiel novgeedzoj ĉe la kvartala registara oficejo. Ni plenigis la demandaron, sed ni ne interŝanĝis ringojn nek ĵuris je fideleco, nur aldonis sanatestilon. Tio kutime okazas dum laborsemajno, kaj ni rajtas havi liberan tagon por tio. Tamen la geedziĝa festo ofte okazas semajnfine.

Nia geedziĝfesto estis organizita en la domo de miaj bogepatroj samtempe kun tiu de ilia filino. La feston kutime preparas la patrinoj de edzoj, tiel ke mia patrino estis vera gasto. Kun ŝi alvenis ankaŭ mia fratino, kaj ili reprezentis mian familio. Dum la festo, apud la manĝo, oni aŭskultas festparoladon de bopatroj. Mia bopatro parolis pri sia feliĉo kaj gratulis al mia patrino pro la bona filino. En Ĉinio la familio de edzino rajtas postuli diversaĵojn de la familio de la edzo: meblojn por la nova loĝejo, vestaĵojn, teknikaĵojn. Tio dependas de la socia nivelo. Mi konsideris min kiel intelektulon, tian geedziĝon ni ja havis, kaj mi nenion postulis.

Mi havis blankan robon. Ĝi estis la sola robo kiun mi havis, ĉar antaŭ dek jaroj ni virinoj, ni ĉiam portis nur pantalonojn. Post la festo ni forvojaĝis por unu semajno al tre alta monto, kaj post la reveno ni ekloĝis en la domo de miaj bogepatroj, same kiel la alia paro. Rapide la universitato disponigis al ni malgrandan loĝejon, ĉar ankaŭ mia edzo laboras por la universitato. Tiel mi daŭrigis la vivon proksime de studentoj.

Nankin-Universitato havas 20.000 studentojn, tiel ke mi vivas kavazaŭ en urbo de studentoj. Mi ŝatas tiun etoson, ĉar tiel mi estas daŭre ĉirkaŭata de gejunuloj.

Mi gravediĝis, sed bedaŭrinde okazis spontanea aborto. Por ke mi ne estu tro malgaja, mi komencis legi. Mi legis pri diversaj metodoj de kontrolo de fekundiĝo kaj pri la antaŭa elekto de la sekso ĉe infanoj.

Mia edzo tre volis havi filon, kaj sciante ke mi rajtas havi nur unu infanon, mi nepre volis realigi lian deziron. Strange, sed tiu praa valoro ŝajne ne elradikiĝis en Ĉinio. Mi malkaŝos al vi ĉinan sekreton, kiel naski filon, se vi nepre volas havi lin.

Mi legis ke estas grave manĝi alkalajn manĝojn, manĝojn kiuj ne produktas acidecon, elekti la daton de la fekundiĝo kiu devas plej proksimi al ovolado, kaj ne tro rilati antaŭ tiu tago.

Mi ĉion planis, ĉion organizis, kaj hodiaŭ mi povas diri ke tuj mi estis certa ke mi havos knabon. Graveda de ses monatoj mi trapasis orelan ekzamenon, kaj la kuracistino konfirmis al mi ke mi havos filon. Mi ne povas bone klarigi tiun teknikon de malkovro de la sekso, sed mi priskribas tion, kion mi spertis. Estas malgranda maŝino, el kiu eliras iu ligilo, kiu havas pinton similan al pinglo. Per tiu pinglo la kuracistino tuŝis diversajn punktojn ĉe mia orelo. Eble vi jam scias ke nia orelo enhavas diversajn lokojn kiuj rilatas niajn organojn. Do, per pinglo ŝi tuŝas lokon kiu rilatas la ventron kaj laŭ, verŝajne, la koro-bato de infano, ŝi povas scii la sekson de la bebo.

Kaj vere, naskiĝis knabo en 1984, kaj mi estis feliĉa patrino. Dum la unua monato mi nur kuŝis en la lito, sen multe lavi min. Laŭ la tradicio, se mi estus lavinta min tuj, poste mi havus oftajn dorsdolorojn. Mi ne scias ĉu tio estas la vero, sed neniam mi sentis la doloron dorse. Mi restis kun la filo endome dum tri monatoj, kaj mi havis helpantinon kiu restis kun mi dum du jaroj. Kompreneble mi ĝuis nutri lin per mia lakto dum ses monatoj, ĉar laborante proksime de nia loĝejo, kaj ofte ankaŭ hejme, nutri lin estis facile.

Kiam mia filo havis ses monatojn, la estro de mia departamento kontaktis min demandante ĉu mi volus lerni esperanton. Proponojn kiuj ŝajnas al mi bonaj, mi ĉiam akceptas. Mi estas malfermita al novaĵoj.

Mia bopatrino akceptis prizorgi mian filon. Mi foriris al Ŝanghajo kie mi studis ĉe Fremdlingva Instituto dum unu jaro.

Komence mi nenion scis pri esperanto. Mia instruistino estis profesoro Wei Yuonshou, kaj ni estis 21 en la grupo. Kelkaj estis instruistoj aŭ laboristoj kiuj mem pagis la kurson, kaj mi estis bonŝanca, ĉar pri la pago zorgis la universitato. La unuan semajnon mi multe timis, ĉar la aliaj studentoj jam konis la alfabeton kaj eĉ povis respondi simplajn demandoj. Kaj mi, mi vere sentis min komencantino. Tamen la kono de la franca lingvo multe helpis min por rapide progresi. Nur unu monato pasis, kaj mi kapablis esprimi min. Tio ne estis kutima rapideco por ĉinoj. Venis ĵurnalistoj por intervjui min por Esperanta Radio Pekino. Dum organizitaj konkursoj mi gajnis premion, malgrandan notlibron; eĉ hodiaŭ mi kunportas ĝin ĉie. Tio multe kuraĝigis min kaj ĉiam pli intersesigis min por esperanto. Post unu jaro mi jam bone regis la lingvon.

Reveninte al Nankin, mi fariĝis instruistino de esperanto, kaj ekde tiam mi instruas la internacian lingvon kaj la francan. Pri esperanto kaj internaciaj spertoj mi ne multe povis rakonti al studentoj, sed vivinte en Montrealon, en decembro 1992, mia koro verdiĝis.

Nun, kvin monatojn vivinte en esperanto-familio, mi rajtas diri ke mi pli ŝatas esperanton ol la francan. Ne, ne estas pro la facileco de la internacia lingvo, sed pro la esperantismo. Esperantistoj kiujn mi renkontis ĝis nun, montras al mi ke ĉiuj estas helpemaj, laboremaj, honestaj. En Montrealo mi renkontis homojn el diversaj landoj kaj laŭ mi esperanto estas genia elpenso por la monda komunikado. Ĝi vere valoras kaj ludas rolon de neŭtrala lingvo. Mi vere ne sentas ke mi parolas ies lingvon, ĉar ĝi estas lingvo de neniu nacio kaj samtempe de ĉiuj. Mi sentas min egala eĉ se mi ne perfekte parolas ĝin. Jes, malgraŭ tio ke mi instruas, mi foje eraras, sed mi scias ke pere de legado mi pliboniĝos.

Mi bone memoras kiam mi eksciis ke mi iros Montrealon por studi kebekian literaturon, mi estis tre maltrankvila. Kanado estis tiom fora kaj nekonata lando por mi, kaj tie loĝas homoj kun grandaj nazoj – ĉu mi komprenos ilin, tio estis mia demando.

Tio estas mia unua foriro, la unua vojaĝo ekster Ĉinio.

Kiam mi alvenis, mi loĝis nur tri tagojn ĉe ĉina amikino kiu alvenis du semajnojn antaŭe. De ŝi mi telefonis al esperanto-familio, kies numeron mi trovis en la Jarlibro. Parolinte ĉe telefono, mi jam sentis min proksima al la homoj. Tagon poste mi jam ĉeestis Kristnaskan Feston en virina centro kies membro estas Sana. Mi konatiĝis ne nur kun ŝiaj gefiloj, sed ankaŭ kun virinoj el diversaj landoj. Tiu virina centro estas tre internacia uzante tamen nur la francan lingvon, la lingvon de Kebekio. Por mia ĉina amikino, tio estis preskaŭ nekomprenebla: La esperanto-familio ne nur helpis por la translokiĝo, sed eĉ disponigis unu ĉambron por mi.

Do, mi tuje rekomencis vivi en familio, kaj mi sentis min hejme. En la sama domo, esperantistoj renkontiĝas unufoje monate, foje du, se venas iu surpriza vizitanto de Litovio, Kostariko, Argentino aŭ Brazilo. Kun esperantistoj mi ekskursis en Otavon kaj tie mi pasigis du neforgeseblajn tagojn.

Jes, mi sentas min en familio, kvankam mia vera familio estas tre malproksime. Kun ili mi foje telefone interparolas, foje skribas al ili aŭ legas iliajn leterojn. Sed kun tiu ĉi familio mi vivas ĉiutage. Mi multon lernis, spertis, vidis Montrealon.

La kamparon mi vizitis, kaj ĝi mirigis min per sia vasteco. Ho, kiom da familioj loĝus sur tiu grandega spaco en Ĉinio! Kaj – ĉie tie eĉ ĝi ne estas kultivita.

Mi vivas kun planoj.

Post mia reveno mi ŝatus labori por esperanto kaj plivalorigi esperanton per la laboro.

Estus brile se komerco okazus pere de esperanto, kaj mi estas preta servi kiel ponto inter du mondoj.

(Notita de Zdravka Metz en 1993)

Mi vidis la mondon

Intervjuo kun Jelena el Kroatio kaj Serbio, kiam ŝi havis 95 jarojn

Antaŭ kvin jaroj mi translokiĝis en maljunularan domon. Ĝi troviĝas nur unu tramstacion fore de la ĉefa placo de Zagrebo. Tiuj kiuj jam vizitis Zagrebon bone scias ke la faman Amruŝeva 5, E-klubejon, oni plej facile atingas de tiu haltejo, hodiaŭ nomata Jelaĉic placo.

Do, ankaŭ mi nun estas nur kelkajn paŝojn for de tiu grava loko por esperantistoj. Kun ĝojo mi ĉiam reiras al tiu triĉambra loĝejo kun altplafonoj kie mi pasigadis jarojn de mia volontulado por Kroatia Esperanto-Ligo.

Dum mi volontulis, mi renkontis milojn da gejunuloj kiuj venis al Zagrebo por studi kaj estis anoj de Studenta Esperanto-Klubo. Kelkaj idealplenaj gejunuloj organizis profesian pupteatran festivalon kaj poste la unuan esperanto-entreprenon, Internacian Kulturan Servon. Mi travivis plurfojajn renovigadojn de la ejo, ĉeestis edziĝfestojn, naskiĝtagajn festojn, merkredajn vesperojn de la Esperanto-Societo Bude Borjan. Mi ion aŭdis ke eble esperantistoj perdos tiun lokon, ĉar la posedanto de tiu domego, kiu estis naciigita en 1945 kun alveno de la komunistoj, nun, en la nova ŝtato, volas rehavi sian posedaĵon. Tamen, mi esperas ke Amruŝeva, kiu ludis gravan rolon en la esperanto-movado, restos la kunejo de esperantistoj. Mi multe ĝojas eĉ pensante nur pri la loko.

Multon mi povus rakonti pri ĉio kio okazadis dum jardekoj en tiuj ejoj. Vizitante Amruŝevan, kvazaŭe mi rejuniĝas. Tiuj junuloj tiom ŝercas kun mi, alparolas min kvazaŭ mi havus ilian aĝon kaj tial ŝajnas al mi ke mi daŭre, same junas. Vere, mia koro ja estas juna sed mia korpo iom lacas portante jarojn eĉ de pasinta jarcento.

Mi naskiĝis en 1898 en Sremski Karlovci, Serbio. Mia patro oficis en teologia seminario – serba klasika gimnazio.

Ni loĝis en gimnazia konstruaĵo sur kies fasado skribiĝis "Fratoj Anĝeliĉ al la serba popolo". Ĝi estis ĉefe knaba lernejo sed estis la loko por dek knabinoj. Mi estis unu de dek kiuj lernis tie dum kvar jaroj, ĝis kiam mortis mia patro.

Poste la panjo decidis akcepti inviton de mia pli aĝa frato Jovan, ke la familio loĝu kune en Kroatio.

Mia frato forlasis la domon kiam li finis la sesan klason de gimnazio kaj foriris eksterlanden por eklerni vitraĵmetion. Li desegnis sur vitro. Tio estis, komence de la jarcento, tre moderna.

Unue li iris al Aŭstrio kaj Germanio kaj poste venis Zagrebon. En tiu tempo ĉio estis Aŭstro-Hungario. La limo estis ĉe Zemun (apud Belgrado) kaj ne estis problemo translokiĝi interne de la lando. Zemun ja apartenis al la monarkio kaj ni facile translokiĝis.

Ni alvenis Zagrebon per vaportrajno. Mantelon kaj kaptukon mi surhavis. Gantojn mi ankaraŭ ne konis. Alveninte en Zagrebo, ni loĝis sur Mali plac (Eta placo). Poste ni ŝanĝis loĝejon ankoraŭ kelkfoje.

Mia frato Jovan sukcesis esti kun ni nur dum du monatoj. Oni vokis lin al la fronto. Li foriris en 1914 kaj ni neniam plu aŭdis pri li. Li havis fianĉinon en Vieno. Ŝi vagis inter Budapeŝto kaj Vieno por serĉi informojn pri li, sed trovis neniun spuron. Nur longe post lia foriro, ni eksciis el Vieno ke lia grupo foriris al Rusio.

Dum la unua mondmilito ni malsatadis. Mi iris al la milita malsanulejo kaj eklaboris kiel servistino. Mi disportadis manĝaĵojn al vunditoj. Ĉiuj lernejoj tranformiĝis en malsanulejojn. Laborante en metia lernejo, krom la salajro, eblis ricevi manĝon. Mia ĉefino kun blanka ĉapo eĉ permesis al mi preni restaĵojn de manĝaĵo kaj porti hejmen en la poto por miaj malsana fratino kaj juna frato.

Surstrate ni serĉadis forĵetitan paperon kaj hejtis per ĝi. Lupagon ni ne povis pagi kaj ni diris tion al domposedanto. Li konsentis, dirante: "Bone, vi pagos post la milito". Li estis kompatema ulo, ĉeĥdevena, kaj havis bonan koron.

Dum tiu tempo ni loĝis kun ankoraŭ unu familio. Ni havis komunan kuirejon, necesejon kaj banĉambron. Poste venis ankoraŭ unu alia familio. La patro de tiu familio estis lignaĵisto kaj laboris en Graz. Li kapablis fari skatolojn el ligno. Li vendadis la skatolojn kaj baldaŭe sukcesis havi monon kaj aĉetis grundon kaj ekkonstruis domon. Li petis nin veni kun ili en novan domon. Tio, ja, estis ankaŭ mia lasta loĝejo antaŭ ol mi eniris maljunularan domon.

Sed, mi revenu al la tempo de mia vera juneco kaj esperanto kiu riĉigis min multe, malfermante pordon al la mondo.

En 1919 mi jam gajnis monon kaj mi donis ĝin al mia patrino por povi pagi loĝadon, ĉar ni multon ŝuldis al la posedanto. Samjare mi promenis tra Ilica strato kaj en unu montrofenestro mi vidis bild-kartojn. Mi rigardis ilin kaj legis apudan skribaĵon: "Per esperanto vi povas veturi tra la tuta mondo". Mi diris al mi – jen, tio estas io por mi.

Mi ŝatis geografion kaj en la lernejo, mi memoris, ni havis gran-dan mapon de Aŭstrio-Hungario. Tuj mi interesiĝis. La kursejo estis en Samostanska strato, hodiaŭ Varŝavska. Oni iom devis pagi por la kurso en tiu lernejo.

Mia instruistino estis Danica Bedekoviĉ. Ŝi portis ĉapelon, puntojn sur blanka bluzo, longan grizan jupon ĝis la kalkanoj, belan voĉon ŝi havis. Ŝi estis profesia instruistino kaj ĝenerale okupiĝis pri virinaj aferoj. Edzon, filon kaj filinon ŝi havis. Ĉiuj ili estis esperantistoj.

Estis tri vicoj da benkoj, ĉiuj plenaj, intelektuloj kaj laboristoj, ĉiuj kune, unu societo. Baldaŭ ni fariĝis Zamenhofanoj. Kvankam mi venis sola, mi amikiĝis rapide kun fratinoj Dunich : Justina kaj Ivka. Ivka estis kasistino ĉe Rabus, manĝaĵfabriko. Ĝi konis perfekte la germanan. Tio plaĉis al s-ino Rabus, kiu entute ne sciis paroli kroate, kaj ŝi simpatiis Ivkan. Baldaŭ Ivka provizis nin per viandaĵo. Ankaŭ aliaj estis tre helpemaj, solidaremaj kaj fidelaj al humaneco. Zamen-hof certe ŝatus nin.

Post kelkaj monatoj la tuta grupo estis tiom unueca kaj ni komen-cis kune ekskursadi. Mi ne povas diri al vi kiel belaj tagoj tio estis. Ankaŭ intelektuloj de aliaj societoj venis ekskursi kun ni. Nia grupo estis malfermita al ĉiuj.

Krom mia regula laboro, mi kromlaboris por povi vojaĝi per esperanto. Ĝuste tiam venis s-ro Kastner kiel nova instruisto. Li ne sciis la kroatan kaj parolis al ni nur esperante. Tiu Kastner, de la nomo Kastner-Oehler, estis vardomposedanto. Li estis edzo, havis tri infanojn. Du liaj filoj eklernis esperanton. S-ro Kastner estis kurac-ita en Svislando, Davos nomiĝis tiu kuracejo. Li havis pulmo-mal-sanon. Poste, dum kvin semajnoj mi promenadis kun li ĉiudimanĉe tra Zagrebo kaj tiel mi praktikis esperanton.

Mi eklaboris ĉe li en vardomo kiel vendistino. La loko ne havis sufiĉe da aero kaj ofte oni kreis trablovon kiu ĝenis mian sanon. Mi devis forlasi tiun postenon. Mi tre ŝatis labori kun klientoj kaj kun la edzino de Kastner kiu same estis tre kara persono.

Liberan tempon mi pasigadis korespondante. Tiam mi havis tutan muron plenan de bildkartoj. Mi opinias ke estis pli ol 200. Eĉ unu Ĉino skribis al mi.

Kiam mi preparis vojaĝon al mia unua kongreso en Prag en 1921, mi rimarkis ke prelegos tiu ĉino. Do, mi kunportis mian karton. Mi renkontis lin dum interkona vespero kaj mi pardonpetis montrante al li tiun bildkarton kun florantaj ĉerizoj.

Al Prago mi veturis tra Vieno. Tie loĝis mia korespond-amiko kaj mia unua amo. Mi ne plu memoras kie mi trovis lian adreson, sed post kelkaj leterinterŝanĝoj, li venis viziti min en Zagrebo. Mi loĝigis lin ĉe mia amikino. Post tiu vizito niaj leteroj estis ankaŭ sento-plenaj.

Do, vojaĝinte al Prago mi haltis en Vieno. Estis bagatela sumo. Vojaĝi tiam ne kostis tiom multe.

Li atendis min ĉe la trajno. Li loĝis kun sia fratino kiu estis ege kara. Ni ekŝatis nin multe. Mi tuj vidis ke mia amiko estas malsana. Pulmo-malsana. Pro la milito. Vienanoj multe suferis en tiu milito. Onidire estis nenio por manĝi. Laŭdire, ili formanĝis eĉ tutan bestĝardenon. Mi volas diri, ili manĝis ĉiujn bestojn. Tiel malsaniĝis mia amiko. Kiam li parolis al mi, ŝajnis al mi ke li jam estas ĉe la vivo-fino. Mi ne akceptis lian amproponon. Tuj post Prago li mortis. Lia fratino enterigis lin en Ĉehio ĉar lia familio estis ĉeh-devena. Lia fratino starigis sur la tombo monumenton kaj sur ĝi skribis ĉeĥlingve: "Facilan sonĝon deziras Helena" – tiel ŝi nomis min. Mi neniam edziniĝis. Oni dirus, ke mi restas fidela al Janda; tio estis lia familia nomo.

Sed mi ne multon diris pri la kongreso en Prago.

Ĉiu portis ŝildon sur sia brusto. Mi promenis tra parko kaj alproksimiĝis du Japanoj. Ĉu ankaŭ ili scias esperanton? – pensis mi. Ili subite diris "Bonan tagon". Ili rigardis la ŝildon kun mia nomo kaj esperanto ekfunkciis. Tio multe impresis min.

Prago mem estis mirinda. Mi sentis min kiel en la deka ĉielo, kiel oni diras pri io preskaŭ ne reala. Eĉ vestaĵojn kiujn mi surhavis estis apartaj. Estis kudritaj de unu membro de nia klubo. Ŝi kudris por ĉiuj de ni ion. Ŝi vere regaladis nin nur por aŭskulti esperanton. Mi neniam en mia vivo aĉetis luksaĵon. Mi ne estas moda damo. Ĉiam mi ŝparis por vojaĝoj kaj ĉiam mi estis modesta. Tiel ni estis edukitaj.

En la esperanto-grupo en Zagrebo estis unu samideano kun kiu mi simpatiis. Mi ne diros la nomon. Eble li vivas ankoraŭ. Jes, mi amindumis promenante tra parko. Unu fojon li kisis min en Zrinjevac, fama parko.

Dum kongresa vojaĝo, li komencis multe okulumi kun unu virino. Mi tuj komprenis kaj ne plu volis pensi pri li.

Tiu kongresa vojaĝo estis en 1923 por atingi la UK-on en Germanio, Nurenbergo.

Tial mi apartiĝis kaj sola vagadis tra la kongresejo. Tiam mi vidis malgrandan virineton. Ŝi similis al mi. Tio estis Klara Zamenhof. Mi ne povas diri kiom mi feliĉis vidinte sinjorinon Zamenhof. Lin mi ne povis koni, sed jes, lian kunulinon. Li faris tiom da bono por la homaro. Tamen homoj malpaciĝas, malamas unu la alian.

Klara Zamenhof estis tiun momenton sola. Mi salutis ŝin :

"Pardonu sinjorino, ĉu vi estas sola?"

Jes, mia akompanantino ne fartas bone.

"Ĉu mi rajtas akompani vin al la kongresejo?"

Kaj ni tutan tagon pasigis kune.

Eta virino ŝi estis, pli malalta ol mi. Okulvitrojn ŝi portis. Malhelan jupon ŝi surhavis, bluzon, ĉapelon rektan, sen florornamo, jaketon, kvazaŭ robo en du partoj. Ŝuoj kaj ŝtrumpoj neniam interesis min, sed certe kun kalkanoj estis ŝiaj ŝuoj. Insignon ŝi havis. Ŝia voĉo estis mallaŭta. Mi akompanis ŝin ĝis la kongresejo. Tie ni sidiĝis ĉe tablo kaj ŝi subskribis por mi mian kajereton. (Mi havas ankoraŭ kolekton de subskriboj. Jam paliĝis pluraj literoj en la kajereto.) Per krajono ŝi subskribis. Mi donis al ŝi la krajonon ke ŝi ne devu serĉi la sian. Mi estis feliĉa.

Poste venis al ŝi negravuloj, simpluloj, kaj mi adiaŭe salutis ŝin. La alian tagon mi nur vidis ŝin.

Reveninte Zagrebon, en mia esperanto-grupo ne plu estis tiom da harmonio. Tiam venis nian urbon Hohlov. Kvazaŭ falus iu ombro en klubejo pro nur du personoj kiuj ne bone interrilatis. Hohlov estis slavo kaj Kastner germano. Hohlov estis gaja, kapabla teatraĵulo, alta kaj blonda. Fakte ne tre blonda. Kiel viro li ne estis bela. Ho, kion mi diris? – neniam mi vidis belecon ĉe viroj. Li estis simpatia. Li diris ke li havas edzinon kaj infanon ie. Mi ne scias kie li laboris. Kontraŭe al li estis Kastner, ĉiam serioza.

Mi ŝatis ambaŭ, sed ili reciproke rivalis. Imagu, inter esperantistoj ekregis rivaleco. Kialojn mi provis trovi. Ĉu ĉar ili apartenis al du diversaj nacioj? Kaj mi kredis ke esperanto estas la lingvo kiu helpas.

Ni tamen daŭrigis ekskursi. Al Samobor ni veturis per "Samoborĉjo". Tio estis etspura fervojo, kun malfermitaj fenestroj. Hohlov ne ekskursis. Li preferis teatraĵojn.

En la teatraĵo de Hohlov mi rolis kiel unua Agnezo. Li dediĉis al mi libreton kun jena teksto: "Al la unua Agnezo" de la spektaklo "La morto de la delegito de UEA."

Hohlov tre multe amikiĝis kun Rotkviĉ. Ili harmoniis tre bone. La poetaj animoj. Tamen post teatraĵo Hohlov subite foriris. Li korespondis kun Rotkviĉ, sed Rotkviĉ estis tre fermita persono kaj ne rakontis al ni. Rotkviĉ estis iom stranga. Li adoris la poeton Domjaniĉ. Foje li promenis tra Tuŝkanac-parko apud la busto de Domjaniĉ. Mi alparolis lin. Antaŭe li ĉiam marŝadis sola. Post tiu momento, dum multaj jaroj ni promenis kune. Tio ne estis amindumado, sed tiel amike. Ni parolis kaj promenis. Ankaŭ mi ŝatis poezion.

Pensante pri postaj esperanto-kongresoj, mi ne plu memoras kiom da mi partoprenis. Tamen ili estis miaj celoj de somero al somero. Same tiom da landoj mi vizitis. Mi multe vojaĝis. La mondon mi vidis. Mi ŝatis sperti kiel homoj vivas, kion ili manĝas. Vere tio interesis min. Min feliĉigas la fakto ke mi vidis tiom da homoj. Tiom da homoj...

Se oni demandus min kiujn kongresojn mi plej bone memoras? – certe mi devus iom pensi. Eble tiu kongreso sur ŝipo en Genovo (en Italio). Tio estis itala kongreso. El universalaj kongresoj eble Rejkjaviko impresis min. Mi jam estis aĝa. La okdeka alproksimiĝis. Mi havis ŝparaĵon por la enterigo. Mi devis pensi – ĉu malŝpari monon kaj iri??? Sed, Islando estas Islando kaj mi pensis – la morto atendu! Kaj vere ĝi atendas. Jes, belan puloveron mi portis el Islando. Tre varma ĝi estis. Jes, mi ne plu havas ĝin. Kiam mi lastvintre malsanis kaj estis en malsanulejo, tiuj en maljunulara domo kredis ke mi mortos. Ili bezonis mian ĉambron por alia sinjorino kaj simple metis ien miajn aĵojn. La mantelon transprenis mia nevino. Ŝi tuj mallongigis ĝin. Kiam mi resaniĝis, nun ĝi ne plu taŭgas por mi. Krome mi ne povas diri al ŝi ke ŝi redonu al mi la mantelon. Eĉ mian mansakon ili tiam perdis kaj nun neniun dokumenton mi havas. Estas tiel, kion fari?

En la maljunulara domo mi povis paroli en esperanto kun Ljerka, mia amikino. Ek de kiam ŝi mortis, mi havas neniun por kunparoli ĉiutage en esperanto. Kiam estos pli varme kaj kiam mi ne havos kapturniĝon, mi iros sola al la klubo. Ankaŭ tiu milita alarmodanĝero estas ja obstaklo. Sola avantaĝo estas ke tiam alkuras Spomenka. Ŝi estas babilema kaj rakontas al mi novaĵojn pri esperantistoj ne nur el Kroatio, sed ŝi havas kontaktojn kun Sarajevanoj. Ŝi interesiĝas pri mi kaj dum mi rakontas, mi kvazaŭe reirus alian mondon, memorante pri miaj geamikoj kaj pri nia tempo...

Jes, ja, tio estas la tria milito mia. Kiom da kruelaĵoj okazas. Mi bele vivis, mi ne plendas. Nia maljunulara domo akceptis amason da rifuĝantoj. Pro tio, jam je la sesa oni ŝlosas la enirpordon. La rifuĝantoj perdis ĉion. Ili venis kunportante nur plastan saketon. Ili fuĝis de bomboj kaj vidis kaj aŭdis teruraĵojn.

Feliĉe mi ne malsatas, sed tamen mi timas. Mi naskiĝis en Serbio kaj havas serban nomon. Mi sentas min, kaj jes mi estas, la Zagrebanino. En Zagrebo mi travivis preskaŭ la tutan vivon.

Mi estas tre malfeliĉa ĉar okazas tiom da malbonaĵoj en Kroatio. Mi kredas ke Serboj devas pace interkonsenti kun Kroatoj. En neniu ĝisnuna milito tiom suferis civila loĝantaro.

Kiam kaj kiel finiĝos tiu milito, foje mi demandas min. Ĉu mi vidos la pacon???

(Spomenka Štimec intervjuis Jelena Manojloviĉ en janurao 1993,
kaj la vivprotokolon preparis Zdravka Metz.)

Ĝisdatigoj:

Jelena mortis en Zagrebo, tri semajnojn poste, la 29-an de januaro 1993.

Esperantistoj ne plu renkontiĝas en Amruŝeva strato, sed ekde la jaro 2001 en la strato Kneza Mislava 11, kie troviĝas la nova sidejo de KEL.

Silenti signifas konsenti

Intervjuo kun Saeed el Pakistano, kiam li havis 36 jarojn

Dum pli ol unu jaro mi vivas en Kanado. La vivo en tiu moderna socio kie ekzistas plena libereco, foje eĉ troe uzata, vole-nevole pensigadas min pri mia lando, pri la islamisma mondo en kiuj kreskas miaj kvar infanoj. Tie ankaŭ mi naskiĝis, grandiĝis, vivis kaj baldaŭ revenos.

Mi naskiĝis la 22-an de aŭgusto 1957 en Ĝelam, Pakistano, aŭ pli precize Panĝabo. Tiun ĉi veran daton scias nur miaj gepatroj, ĉar miaj oficialaj paperoj montras ke la dato de mia naskiĝo estas la 1-a de marto 1958. Tio estas kutimo en mia lando, ĉar tiel la infano estas pli matura kiam ĝi eniras lernejon. Kutime infanoj havas kvin jarojn kiam ili komencas la unuan klason. Mi, pro mia junigo, estis sesjara, ĉar tiel volis mia patro.

Mi naskiĝis en la gepatra domo de mia patrino kun helpo de saĝa virino (akuŝistino). Oni konsideras ke la patrina familio pli komprenas la bezonojn kaj nelertecon de la nova patrino kiu nepre bezonas senti sin agrable kaj senzorge. Tio estas la kutimo por la unuaj tri infanoj, dum la patrino mem ne fariĝu pli sperta. En familia domo, la nova patrino restas unu ĝis du monatojn.

Ankaŭ mia patrino nutris min, sed mi ne scias ĝuste dum kiom da tempo. Tio estas afero de virinoj, kaj mi neniam rajtis demandi tion nek al mia patrino nek al mia edzino. En Kanado, kelkaj patrinoj starigis al mi tiun, por ili naturan, ordinaran demandon. Ili eĉ petis min esplori kaj skribe respondi, sed mi vere ne povas tion fari.

Kiel knabo mi dormis en la ĉambro kun mia patro kaj la frato. Miaj fratinoj komprenebla dormis kun mia patrino. La mondo de viroj estas tute apartigita de la virina mondo, kaj inter niaj du mondoj ekzistas granda malsameco. Foje oni diras: kiel tago kaj nokto, aŭ tero kaj ĉielo. Ni ne povas libere paroli, komuniki, rigardi unu la alian.

En mia infanaĝo, dumtage pri mi zorgis mia patrino kiu multe amas min. Mi ja estas la dua infano, sed la unua filo inter ŝiaj dek gefiloj. Pensante pri ŝi, mi vidas ŝin sidante surplanke, apud kudromaŝino kiun ŝi turnas mane. Mi sidas proksime de ŝi kaj elpensas ludojn. La plej ofta ludo estis tiri la kudratan ŝtofon por ke ŝi pli facile kaj pli rapide finu la kudradon. Sed post la fino de unu, aperis jam nova materialo kaj mi daŭrigis la ludon. Bone mi memoras la plej diversajn kolorojn de virinaj vestaĵoj, ĉar ŝi rajtis kudri nur por virinoj.

Mia patrino neniam eniris moskeon. Laŭ islamo estas permesate ke virinoj venu, sed laŭ la tradicio, virino ne eniras moskeon. Ili preĝas hejme, verŝajne pro la nombro de infanoj, pro la kvanto de laboro endome ili ne povas trovi tempon iri kvinfoje tage preĝi ekster la domo. Dume, iri en moskeojn ja, estas kutimo de viroj. La viroj iras preĝi unufoje antaŭ sunleviĝo, dufoje tage kaj dufoje post sunsubiro. Ankaŭ mi kiel kvinjara knabo regule akompanis mian patron dumtage. Li foje havis ankaŭ vesperajn aŭ noktajn religiajn kunvenojn. Tiam mi restis sola en lia ĉambro.

Unu nokton, mi bone memoras. Mi estis tiam kvarjara. En nia domo ne estis elektro, kaj por lumigi la lokon ni uzis oleajn lampojn. Mi ne povis dormi kaj mi komencis ludon. Mi surmetis larĝan ĉemizon de mia patro kaj ludis bruligante paperojn super la lampo. Subite, tro longa maniko ekflamis. Mi provis haltigi la fajron frotante mian brakon sur la ventro. Anstataŭe la flamo bruligis la ceteron de la ĉemizo. Mi ploregis, kaj mia patrino bonŝance aŭdis min, enkuris la ĉambron kaj ĵetis sur min kovrilon kaj tiel estingis la flamon. Tamen mi jam estis sufiĉe brulita kaj devis resti en malsanulejo dum pluraj tagoj.

Mi pensas ke mia patrino estis tre kuraĝa.

Ŝi naskiĝis en riĉa familio kiu posedis negocon kaj domon en urbo. Facilan vivon ŝi anstataŭis per simpla, modesta vivado kun mia patro kiu venis de malriĉa familio.

Lia patrino, nomata Dadi, en la panĝaba lingvo "avino", restis tre frue vidvino kun sep infanoj. Dadi kudrante gajnis ĉiutagan panon por siaj infanoj inter kiuj nur la knaboj povis iri lernejon.

Mia patro finis regulan, dekjaran lernejon. Poste li estis trejnita dum unu jaro kiel instruisto de islamismo. En 1952 li eklaboris kaj poste edziĝis en 1954. Lian edziĝon aranĝis Dadi, same kiel ĉiuj patrinoj aŭ gepatroj faras por siaj gefiloj. Tamen eĉ la riĉeco de la patrina familio ne helpis por ke ni povu vivi simile. Mia patro instruis en registara lernejo matene, dum la posttagmezaj horoj li ĉiam havis kelkajn lernantojn kiuj private studis en nia domo. Li estis tre severa, kaj kiel multaj patroj, ankaŭ li uzis perforton por eduki min. Mi estis ofte batita kaj tiel mi fariĝis ribela infano.

Kiam mi havis 13 jarojn, por la unua fojo mi forkuris de la domo. Mi volis esti sendependa. Mi fororis al la urbo Lahore, granda urbo en Pakistano. Tie vivis mia kuzo kaj mi iris al li. Mia onklo, nomata Ĉaĉa, la pli aĝa frato de mia patro, venis diri al mi ke mi povus vivi kun li, kaj ni iris al Ĉakwal, urbeto de 100.000 loĝantoj. Post kelkaj tagoj vizitis min mia patrino, kaj ŝi volis ke mi revenu. Pro amo ŝia, mi akceptis kaj revenis hejmen.

Mi komencis pli interesiĝi pri studado, ĉar en mia kapo restis frazoj de mia patrino, ke mi kiel granda estos kuracisto. Mi revis esti ne kuracisto, sed tamen iu granda persono. Kiam mi finis la dekjaran lernejon per fina ekzameno, mi estis unu el la plej bonaj lernantoj. Mi eniris privatan bankon por lerni tajpi. Mia patro volis ke mi ankaŭ laboru por gajni monon por la familio. Estas unu tradicia frazo en nia lingvo kiu diras ke filoj estas brakoj de la patro. Li premis min kaj deziris ke mi fariĝu lia brako kaj ke mi helpu lin finance. Sed mia deziro estis studi. Li batis min kaj ŝlosis min en ĉambro de la supera etaĝo por puni min. Li mem foriris al religia kunveno.

Mi ja estis 16- jara kaj mi sentis min kapabla vivi sola. Ŝlosita pordo ne estis grava barilo. Mi malfermis fenestron, saltis eksteren kaj foriris al la trajna stacidomo. Monon mi ne havis, same ne la ŝuojn, ĉar estis somero. Kiam venis trajno por Karaĉi, mi eniris. Estis nokto. Mi trovis kupeon kie sidis homoj de alia provinco protektin-taj sin de alies rigardoj per kurtenoj. Mi kaŝe eniris kaj prenis lokon sub la benko inter pakaĵoj de vojaĝantoj. Tiel mi pasigis 26 horojn elirinte nur dumnokte por iri al necesejo kie mi ankaŭ trinkis akvon pro troa soifo.

Kutime, fine de vojaĝo, ĉe la elirejo kontrolisto demandas pri la biletoj. Mi eliris aliflanke de la trajno kaj marŝis inter reloj por ke mi ne estu rimarkita kiel vojaĝinto. Ĉio bone pasis. Proksime de la stacidomo, marŝante, mi preterpasis fruktovendejon. La frukto-vendiston mi demandis ĉu mi povus labori por povi manĝi iom da fruktoj. Post kvarhora mia laboro, li estis kontenta kun mi kaj donis al mi ne nur bananojn, sed ankaŭ du rupiojn. Tio sufiĉis por ke mi povu aĉeti cigaredojn, ĉar tiutempe mi emis fumi.

Mi tuj skribis al mia patrino por diri ke mi vivos sen helpo kaj ke mi zorgos pri mi mem, kaj ke ŝi ne malfeliĉu pro mi. Adreson mian mi ne povis doni.

Mi laboris kiel laboristo ĉe konstruado, en fabriko, en haveno. Loĝejo mia estis duonkonstruitaj domoj. Feliĉe en Karaĉi estas varmaj noktoj, tio ebligis al mi surstratan loĝadon. Mi ankaŭ manĝis en ĉestrataj, moviĝantaj restoracioj. Iu staras kun granda kaserolo kaj vendas manĝaĵojn sur teleroj. Tio kostas tre malmulte. Foje mi iris kinejon kiel aliaj viroj.

En Karaĉi mi restis dum unu jaro kaj duono. Mi multe maldikiĝis kaj entute ŝanĝiĝis. Kiam mi revenis hejmen, amikoj kaj familianoj ne rekonis en mi tiun rebeleman Saeed.

Kun patro mi paciĝis kaj kun lia permeso mi ekstudis private.

Mi studis en Lahore dum kelkaj jaroj ĉe universitato, unue komercon, poste magistriĝis en ekonomio kaj lingvoj. Mi ŝatas studi kaj mi ĉiam daŭrigas iun studadon.

Dum la studentaj jaroj mi aŭdis ke en Ĝelamo okazos prelego pri esperanto. Mi vojaĝis tien por ke mi aŭdu pri la internacia lingvo. Internacieco, alia kulturo, alia raso komencis interesi min dum mi vivis en Karaĉi. Tie mi vidis veni ŝipojn el plej diversaj landoj. Landoj kaj homoj interesis min. Aŭdinte pri esperanto mi kredis ke mi povus kontakti la tutan mondon per tiu neŭtrala lingvo. La anglan mi ne ŝatis. Foje miaj instruistoj en la baza lernejo estis mal-liberigitaj pro sia ribeleco kontraŭ la angla.

Tial mi bovenigis esperanton kiel la lingvon ankaŭ facilan kaj simplan.

Nun ŝajnas al mi ke mi estis iom freneze entuziasma. Mi komencis multe verki en la urdua, angla kaj panĝaba lingvoj pri esperanto. Mi volis informadi, paroli al ĉiuj pri la ekzisto de esperanto. Mi mem vojaĝis al Murre, al s-ro Muztar Abassi, kaj dum kvin tagoj li gvidis por mi bazan kurson. La facileco de tiu lingvo donis la emon ke mi mane preparu ankaŭ etan libron en 1980 – "Esperanto-urdu dialo-goj". Mi mem eldonis tiun libron. Poste mi ricevis kelkajn librojn el Londono de samurbano kiu studis tie. Inter la libroj troviĝis ankaŭ la instrulibro "Teach Yourself". Post la studo de tiu ĉi libro mi multe plibonigis mian konon de esperanto. Mi havis bonŝancon paroli eĉ ĉe televido pri esperanto. Kun pluraj esperantistoj, ankaŭ mi estis kunfondinto de Pakistana Asocio, kaj en mia urbo, mi sukcesis same organizi Pakistanan Junularan Esperanto-Organizon. Mi ŝatis skribadon kaj mi verkis du librojn, vortaron "Esperanto-urdu vortaron" kaj lernolibron "Esperanto per urdua lingvo". Ambaŭ libroj estis eldonitaj helpe de la registaro. Tiu registara helpo ludis gravan rolon kiel pruvo kontraŭ tiuj kiuj komencis diri ke esperanto endanĝerigas la islamismon. Mi ŝatis pliproksimigi mian landon al esperantistoj. Panĝaba Esperanto-Akademio eldonis "Nia lando Pakistano".

Por mi esperanto estas ligo, ponto por amikeco inter diversaj personoj kaj rasoj (kulturoj) kiuj alproksimiĝas unu al la alia per respekto kaj honoro por la alia.

Kun respekto mi ankaŭ akceptis mian edzinon.

Mian edziĝon aranĝis mia patrino. Ŝi kaj ŝia fratino promesis unu al la alia ke mi edzinigos la filinon de mia onklino, mian kuzinon. Edziĝo inter gekuzoj estas normala kaj permesata afero en la islamismo. Oni diras ke la filino devas resti en la propra familio. Laŭ mi, la ĉefa kaŭzo povas esti la tradicia sistemo de terposedo. La familio ne ŝatas dividi sian posedaĵojn kaj tiel ĝi fariĝas ofta tradicio.

Alia kaŭzo estas pli facila interkompreno kaj harmonio kio helpas por sukcesa edzeco.

Mia patrino tamen demandis mian konsenton kiam venis la tempo de geedziĝo. Tiun kuzinon mi jam vidis kelkfoje ĉe familiaj festoj, au ĉe la edziĝo de iu kuzo, ĉar virinoj ne kaŝas la vizaĝon ene de la familia domo.

Kelkajn jarojn antaŭ la geedziĝtago miaj gepatroj vizitis miajn geonklojn kunportante tradiciajn dolĉaĵojn – *laddu* – por la deklaro de la geedziĝo. Dum tiu ĉi vizito, nomata *baŭklake* – konsento de gepatroj – oni interkonsentas pri la nomoj de la geedzoj. Kutime la virino akceptas la nomon de la viro.

La nomo de mia edzino antaŭ la geedziĝo estis Waqar Un Nisa, sed ekde tiam ŝi nomiĝis Waqar Saeed. Ŝi anstataŭis la nomon de la patro per mia nomo. Ne temas pri la familia nomo, sed pri la propra nomo de la patro aŭ de la edzo. Pro tio, ĉiu persono havas plurajn proprajn nomojn de kiuj la dua estas de la viro. Post tiu tago miaj geonkloj diskonigis la informon pri la geedziĝo al siaj najbaroj donacante al ili *laddu*.

La geedziĝtagon elektas denove la gepatroj. Mi estis 26-jara, kiam okazis mia edziĝo. Duono de nia familio jam foriris en la domon de mia kuzino kaj atendis tie la alian duonon por bonvenigi nin. Ĉe ni familio signifas geonkloj kaj iliaj infanoj.

Matene ni foriris per autobuso kaj kelkaj automobiloj. Kiam kuniĝis la tuta familio en la domo de mia onklino, ni estis ĉirkaŭ kvindek personoj kun infanoj. En la domo kun la familianoj estis ankaŭ imamo, gvidanto de preĝoj. En islamo ne ekzistas pastroj, kaj iu ajn viro kiu bone konas la Koranon povas laŭokaze esti imamo. La imamo en nia domo atendis nin por mallonga ceremonio.

Li demandis min ĉu mi akceptas Waqar kiel edzino, kaj mi laŭte jese konfirmis. Poste la saman demandon li starigis al mia kuzino pri mi, sed ŝi ne rajtis paroli. Virino eĉ ne rajtas kapklini, sed estas la imamo kiu movigas ŝian kapon por kapklini jese.

Ŝi per sia silento, laŭ la tradicio, konsentis kun ĉio tio. Dum la tuta tempo mi ne povis vidi ŝian vizaĝon, ĉar vualo kaŝis ŝin. Foje iu demandis min en Kanado pri la geedziĝa kiso, sed tio vere ne okazas ĉe ni, same kiel tuŝo de mano neniam okazas antaŭ ies vido. Ĉio estas privata, nevidebla.

Sekvis la manĝo kiun preparas la gepatroj de la novedzino. La manĝo kuiriĝas sur la strato "mahala", kiu fermiĝas pro tiu evento. Por tiu multekosta festo ambaŭflankaj gepatroj ofte pruntas monon, ĉar laŭdire, se estas malriĉa festo, ankaŭ la vivo de la novgeedzoj estos tia. Krome tio montras la malriĉecon de la familio kaj samtempe tio signifas malrespekton por la gefiloj.

La gepatroj de la novedzino aĉetas meblojn por la nova domo. La gepatroj de la novedzo, do de mi, devas alporti oraĵojn kaj vestaĵojn por sia bofilino. Por tiu okazaĵo mia patrino preparis 32 tre belajn luksajn robojn. La roboj ne estas por porti, sed pli por miri kaj laŭdi.

Mi mem ne ŝatas tiun hipokritan tradicion, ĉar laŭ mi oni multe elspezas kaj ne vere uzas.

Mi eĉ ne volis ke mia onklo aĉetu meblojn, sed miaj gepatroj ne volis transdoni la informon por ne ofendi la onklon. Tiel ankaŭ mi ricevis kelkajn meblojn kiujn ni ne uzas en la ĉiutaga vivo.

Post la festo en tiu domo, ĉiuj festantoj venas en la domon de la edzo. Mi revenis en la gepatran domon, kie jam por ni du estis preparita aparta ĉambro. La sekvan tagon okazas festo – la invito por tagmanĝo – kiun organizis miaj gepatroj. Eble menciindas ke dum la festa manĝo, oni trinkas nur akvon aŭ trinkaĵon faritan kun akvo kaj jogurto. En islamismo ne estas permesate trinki vinon aŭ alian alkoholaĵon. Geedziĝfesto ĉiam dependas de la riĉeco de la familio. Foje ĝi povas esti organizita eĉ dum pluraj tagoj kun diversaj ceremonioj. Por mi, tiu mia tute sufiĉis.

Nun mi estas patro de tri filinoj, kaj dum mi estas en Ameriko, naskiĝis mia filo. Laŭtradicie, endome la patro estas reĝo. Li rajtas premi ĉiujn aliajn por ke ĉio okazu laŭ lia ordono. Tamen mi ne ŝatas ludi la rolon de reĝo endome. Mi volas esti amiko kun miaj infanoj.

Multaj ne komprenas min, ĉar mi neniam batis miajn infanojn. Mi ankoraŭ havas tre malagrablan senton pensante pri tia edukado. Hodiaŭ, kiam mi pensas pri mia patro, ŝajnas al mi ke li pravis esti kolera kontraŭ mi. Mi ja estis la plej granda filo, kiu kapablis labori, sed mi evitadis tion pro la propra plezuro kaj la emo studi.

Mi estas certa ke bati infanojn ne helpas plibonigon de situacio. Mi komprenas la profundajn kaŭzojn de la kolero de multaj patroj. Laŭ mi estas du kaŭzoj de kolero: sociaj kaj ekonomiaj. Patroj ŝatus ke iliaj infanoj estu edukitaj kaj civilizitaj personoj, laŭ brita modelo, malgraŭ tio ke ili mem ne estas instruataj. Ili ne scias manierojn kiel esprimi tiajn pensojn al infanoj kaj ili provas severe eduki ilin. Kiam ili vidas iun agon kontraŭ la patra volo kaj permeso, ili koleriĝas. La ekonomia kaŭzo estas malriĉeco. Ili ne havas sufiĉe por realigi siajn dezirojn, por iel eliri de tiu malriĉa medio. Tiu senpovo kaŭzas frustriĝon kaj tiu situacio en la menso kaŭzas ke ili fariĝu emociaj kaj ne raciaj.

Emocioj estas granda tragedio por needukitaj panĝabanoj. Kiam ili interbatalas aŭ batas infanojn, ili blinde koleriĝas kaj ne zorgas kien ili frapas. Multfoje infanoj estis vunditaj pro tia fizika, perforta edukado.

Panĝabanoj sentas ankaŭ politikan senpovon kiu estis trudita al ili de 1849, kiam la angloj venis al Panĝabo. Ekde tiam nia lingvo komencis malaperadi. Pli ol cent jarojn poste, hodiaŭ, kiam panĝabanoj ekkonis la perdon de la propra lingvo, ili jam fariĝis needukitaj. Nun uzataj oficialaj lingvoj estas la urdua kaj la angla. Panĝaban oni nur parolas endome. Ili ne sentas fierecon parolante la panĝaban, ĉar la urdua kaj la angla estas lingvoj de civilizacio. Pro la propagando de la amasa informado, panĝabanoj en Pakistano turnas sin al urduo.

Mi konscias tiun problemon de nacia identiĝo kaj mi fariĝis batalanto por propra lingvo. Tamen mi provas esti racia. Mi ja havas pli da sperto, pli da kono. Studado kaj vojaĝo helpis al mi rigardi kaj vidi ĉion de la alia angulo.

Mia deziro estas instrui al miaj gefiloj tiom, kiom mi povas, ĉar nur lernante ili kapablos esti pli fortaj, pli raciaj, pli modernaj por kompreni la hodiaŭan mondon kaj helpi al la propra socio. Jes, ankaŭ esperanton mi instruos al ili, ĉar esperanto helpis al mi senti amikecon kaj amon kiun mi vere ne multfoje spertis en mia familio.

Eĉ kontaŭe, doloro kaj amareco akompanis min ofte. Amon mi ofte ne sentis.

Ĉu eble mi tro multe postulas???

Mi sentis min feliĉa multfoje dum miaj esperantaj vojaĝoj. Kvankam mi estis fremdulo en iu urbo, dum mi estis ĉirkaŭita kaj komprenita de esperantistoj, mi sentis iun hejman varmecon, senton de aparteno al monda familio, de kie mi ĉerpas energion, kaj reciproke ankaŭ mi alportas mian amon kaj mian konon.

(Notita de Zdravka Metz en 1993)

Ni ne faru anĝelojn el la homoj

Intervjuo kun Petro el Kanado, kiam li havis 68 jarojn

Mi naskiĝis en Belgio, en la urbo Liège (Lieĝo) en la jaro 1925. Mia patro estis inĝeniero kaj laboris en unu el la multaj karbominejoj kiuj en tiu epoko ekzistis en la regiono. Mia patrino estis instruistino en unuagrada lernejo.

En 1929, mia patro akiris postenon en la iama Jugoslavio, en la urbo Aleksinac (Serbio). Do tien migris la tuta familio, miaj gepatroj, mia juna fratino, mia avino, kiu estis vidvino, kaj mi.

En Serbio mia fratino kaj mi ne vizitis publikan lernejon. Miaj gepatroj deziris ke ni estu instruataj en la franca lingvo kaj ĉefe en romkatolika medio. Nu, la regiono estas ortodoksa, kaj neniu katolika lernejo ekzistis proksime al nia urbo. Ĉar nia patrino estis instruistino, ŝi donis al ni ĉiujn kursojn de unuagrada belga lernejo. Krome ni ricevis trifoje ĉiusemajne la viziton de iu kroata profesoro, kiu instruis nin pri la serba kaj la germana lingvoj kaj ankaŭ pri la violonludado. Kiam mi atingis mian dekan jaron, mi estis preta por komenci la duagradan lernadon.

Miaj gepatroj nepre volis ke mi lernu ĉe jezuita institucio. Nu, neniu ekzistis en nia regiono, pro kio mi revenis en 1935 al Lieĝo kun la avino, kaj tie komencis la duagradan lernadon. Krome mi enskribiĝis ĉe muziklernejo kie mi havis kursojn pri piano, violono, solfeĝo kaj harmonio. Ĉiusomere la avino kaj mi revenis al Serbio por trapasi dumonatajn feriojn kun la gepatroj.

En 1939 eksplodis la dua mondmilito, kaj la kontaktoj inter ni kaj la gepatroj iĝis malfacilaj. En majo 1940 la germanoj atencis la belgan neŭtralecon kaj invadis la landon. Mia avino, mia juna fratino kiu ankaŭ estis en Lieĝo, kaj mi refuĝis en Francion. Tie ni havis la nekredeblan ŝancon retrovi la gepatrojn. Mia patro estis mobilizita de la belga armeo, sed kiam li alvenis Francion, jam estis proksima la kapitulacio de tiu lando. La tuta familio revenis al Lieĝo aŭ aŭgusto 1940, kaj komence de 1941 miaj gepatroj reveturis al Serbio.

Du monatojn poste, Jugoslavio estis siavice invadita de la nazioj, kaj de tiam la kontaktoj estis preskaŭ tute rompitaj inter ni kaj la gepatroj. Mia patro tuj rezignis sian postenon, ĉar li ne volis labori por la germanoj. Sed nur post jaro da formalaĵoj li kaj mia patrino povis reveni Belgion.

En oktobro 1941 mi komencis studojn pri juro ĉe la universitato de Liego. En 1943 mi aliĝis al la Rezistado. Post kelkaj monatoj mi estis arestita de la germana armeo, sed per mirakla ŝanco mi estis liberigita post du semajnoj (eble ĉar mi ŝajnis tro juna por esti krimulo). Post dusemajna ĉiutaga demandado mi diris ke jen, mi diros la "veron" (kio fakte ne estis) kaj rakontis ke mi forkuris de la domo. Ili kredis mian respondon kaj akompanis min hejmen dirante al mia patro ke nun li rajtas bone "korekti" min (t.e. frapi). Mia patro nur jesis, ĉar li jam konis mian respondon. Ili jam antaŭe estis informitaj de mi letero, kiun mi lasis al li antaŭ la foriro, kaj kiun li komprenble bruligis. Feliĉege mi estis ne en la manoj de Gestapo*.

Ekkiam Belgio estis liberigita, mi iĝis volontula soldato en la belga armeo kaj mi pasigis kelkajn monatojn en Norda Irlando por la militisma servo. Kiam mi revenis al Belgio, la milito estis preskaŭ finita, kaj mi neniam iris al la fronto. Eble tio estis alia ŝanco...

Mi akiris mian diplomon pri juro en 1948, kaj dum du pliaj jaroj studis ekonomion ĉe la universitato de Liego. Mi iĝis advokato, kaj tiun profesion mi praktikis ĝis 1959.

Intertempe mi edziĝis al Ĝermana, kaj ni akiris kvin infanojn inter la jaroj 1948 kaj 1956.

En tiuj postmilitaj jaroj la vivo en Belgio estis tre malfacila por juna advokato, kaj mi tute ne povus vivi sen la helpo de miaj gepatroj.

En 1949, kvar jarojn post la fino de la dua mondmilito, la situacio en Koreio estis eksplodema. Multe da eŭropanoj timegis la aperon de tria mondmilito, kaj centoj da miloj el ili decidis elmigri al Nord-aŭ Sudameriko. Inter tiuj personoj estis du fratoj de mia patro, kiuj estis terkulturistoj en Belgio. Ili elektis Kanadon (en tiu tempo oni ankoraŭ ne menciis Kebekion kiel apartan kanadan regionon). La du onkloj aĉetis po unu grandan farmbienon en la ĉirkaŭaĵo de la urbo Saint-Jean-sur-Richelieu. Ambaŭ estis edzoj kaj havis po tri infanojn.

En 1950 imitis ilin iu kuzo mia, kun edzino, kiu estas la fratino de mia edzino. Ankaŭ ili aĉetis farmbienon apud Saint-Jean.

---

* Sekreta polico en nazia Germanio

En oktobro 1959 estis vico de mia fratino Janine kaj de la edzo. Ili alvenis al la urbo Kebeko kun du beboj.

Samjare mia edzino kaj mi pensis ke la malfacila vivo en Belgio sufiĉis, kaj ankaŭ ni decidis elmigri kun niaj kvin infanoj. Niaj familianoj jam vivante en Kebekio senĉese konsilis al mi veni al Nordameriko, kie laŭ ili la vivo estis multe pli facila. Kaj tiel mi obeis tiun konsilon.

Ni alvenis Kebekion, en Montrealon, fine de 1959. La transiro estis por ni tre facila. Unue ni havis tie jam tri familiojn de nia parencaro. Due ni estis tre agrable ŝokitaj de la fakto ke ni trovis ĉi tie france parolantan komunumon. Eĉ se mi sciis ke en Kebekio oni parolas la francan, tamen estas ŝoko konstati la fakton konkrete. Por mi tio estis gravega afero, ĉar mi neniel povus vivi en lando, kie oni parolas la anglan lingvon.

Sed tre amare mi seniluziiĝis kiam mi konstatis la rolon de la franca kaj de la angla en la ĉiutaga lingvo. Mi tuj pensis ke Kebekio estas vera kolonio. La francan oni uzas en la familio kaj en la preĝejo. Sed la seriozajn aferojn oni traktas en la angla. Tion mi konstatis kiam mi klopodis akiri postenon, eĉ francparolantoj respondis al mi nur angle. Eĉ en multaj magazenoj estis neeble esti servita france. Tio kolerigis min kaj indignigis min. La rezulto estis, ke post tri semajnoj de loĝado ĉi tie mi aliĝis al la ununura sendependisma movado kiu tiam ekzistis: "Alliance Laurentienne". De tiam mi konstante aktivadis en sendependismaj movadoj: unue en R.I.N. kaj poste en kebekia partio.

Krom tio nia impreso alveninte Kebekion estis, ke ĉi tie la homoj estas ĝenerale tre afablaj (speciale la publikaj oficistoj, la policistoj kaj la servistoj en la magazenoj) kaj ke la vivo estas multe malpli komplika ol en Eŭropo. Sed tio tre ŝanĝiĝis en la lastaj jaroj...

Nia loĝado en Kebekio estis baldaŭ pliĝojigita per la naskiĝo de nia sesa (kaj lasta) infano en aŭgusto 1960, nia filino Franciska.

En septembro 1960 mi estis dungita de la universitato de Ŝerbruko kiel profesoro pri la latina kaj franca lingvoj. Dum deko da jaroj mi instruis ĉefe la latinan. Samtempe mi vizitadis kiel studento la universitaton de Montrealo, kien mi veturadis unu aŭ du tagojn ĉiusemajne. Tiel mi akiris licencion pri belarto kaj magistrecon pri lingviko. Kiam la latina lingvo elmodiĝis, mi dediĉis min al la lingviko kaj al la franca: gramatiko, reviziado kaj resumo de tekstoj. Entute mi instruis dum tridek unu jaroj kun plej granda kontento.

Ĉirkaŭ la jaro 1976 mi tute hazarde retrovis ĉe mia patrino libreton "Esperanto Manuel", el kiu mi estis lerninta antaŭ tridek kvin jaroj, sed kiun mi tre rapide estis forgesinta. Tiutempe, mi devas konfesi, interesis min nur la fakto de la ekzisto de tiu stranga kaj simplega lingvo, okulvideble tre proksima al la latina. Revidinte tiun atestaĵon de mia juneco, mi subite emis restudi la internacian lingvon. Mia vidpunkto rilate esperanton tute ŝanĝiĝis. Memkomprenenble min plu interesis la lingvo mem, des pli ke intertempe mi estis akirinta seriozajn lingvikajn konojn. Sed, super tio, mi konsciiĝis pri la primirinda rolo kiun esperanto povus ludi kiel pontlingvo inter la popoloj. La ĉefa fakto kiu frapis min estis ke ĉe la nunaj cirkonstancoj, kiam la angla ĉiam pli kaj pli rolas kiel interponta lingvo, la situacio estas tute maljusta por ĉiuj kies denaska lingvo ne estas la angla. Mi pensis ke la facileco de la lingvo povas obligi la interhomajn rilatojn, kio ŝajnis al mi la plej bona rimedo por doni al nia povra mondo iom pli da ebloj de feliĉo.

Ekde tiam – eĉ kiam mi ankoraŭ ne finlernis la lingvon – mi sentis min esperantisto. Mi studis tute sola, per la metodo "Asimil". Fine de 1978 mi retrovis en Ŝerbruko du personojn, kiuj antaŭe okupiĝis pri esperanto, sinjorojn Treffle Mercier kaj Bruno Pelletier. Ni kunvenis la 23-an de decembro 1978 kaj decidis krei novan esperanto-klubon en Ŝerbruko.

De la komenco de 1979 ekzistas do la "Ŝerbruka Esperanto-Societo", kiu de tiam kunvenadis dufoje ĉiumonate. Ekde septembro de la sama jaro mi faris kurson ĉe la universitato. La lasta okazis en la somero de 1992. Entute mi instruis la lingvon al ĉirkaŭ 200 studentoj. Mi tute ne scias kio estas la estonteco de tiu kurso. En aŭtuno 1992 oni ne petis min ree instrui en tiu kurso, kaj nun mi estas emerita…

La 5-an de septembro 1982 mi havis grandan ĝojon partopreni la fondon de la Esperanto-Societo Kebekia. Nia celo estis havi ne nur tut-kanadan societon, kies membroj estas disigitaj sur miloj da kilometroj de unu oceano ĝis la alia, kaj sekve ne povas facile renkontiĝi kaj kunlabori. Grava celo de ESK estis provi enkonduki la esperanto-instruadon en kebekiajn lernejojn. Nome en Kanado la lerneja sistemo estas organizita pere de provincoj; do havante provincan asocion ni kredis ke ni povus pli facile eniri la lernejan sistemon. En 1989 en unu mezgrada lernejo en Ŝerbruko estis sukcese organizita esperanto-kurso pri kiu zorgis s-ro Pelletier, sed post du jaroj pro nesufiĉa intereso la kurso falis.

Persone mi iom perdis tiun verdigan entuziasmon, ĉar mi pli kaj pli spertis ke sur ĉi-kontinento homoj ne konscias pri la bezono de unu neŭtrala, komuna lingvo. Do kiel emerito kaj malsanulo de la pasinta somero, mi ĉefe prizorgas min. Kompreneble mi ĝojas pri ĉiu sukceso de esperanto pri kiu mi legas en la esperanto-gazetaro. Tamen mian tempon mi dediĉas al la familio kiun mi ŝatas iom pli prezenti.

Mia edzino neniam laboris eksterhejme. Kontraŭe, ŝi ĉiam estis tre agema por plibeligi nian eksterdoman ĉirkaŭaĵon, ĉie, kie ni loĝis. Ŝi adoras florojn, arbojn, birdetojn...

En 1973 trafis nin granda malfeliĉo: nia plej aĝa infano, Johano-Miĥaelo, malaperis dum vojaĝo al okcidenta Kanado. De tiam ni neniam ricevis novaĵojn pri li.

Mi diru nur kelkajn vortojn pri la ceteraj infanoj :

Mia dua filo, Dominique, estas de antaŭ pli ol dekkvin jaroj kariera diplomato. Nun li estas konsulo de Kanado kaj konsilanto ĉe la Kanada ambasado en Moskvo.

Mia filino Marie-Ange finis bakalaŭron pri sociala servo, laboras sur tiu kampo, interalie kiel profesorino ĉe la kolegio (CEGEP) de Ŝerbruko.

Mia filo Jean-Paul estas inĝeniero kaj estras la publikajn laborojn en la urbo Pierrefonds.

La alia filo, Christian, kun la edzino starigis antaŭ ses monatoj en Ŝerbruko malgrandan farejon kaj vendejon de fajnaj kukaĵoj.

Fine mia lasta infano, Françoise, okupiĝas kun la edzo pri jogo-instruado en Saint-Jean-sur-Richelieu.

Ni ĉiuj ofte intervizitadas nin – ĉi tie mi pensas pri nia granda familio, belgdevena. Pro tio la familia sento restas tre viva. Ankaŭ interhelpo doniĝas malavare kiam ĝi necesas, sed feliĉe tio ne okazas ofte.

Ĉiujare okazas granda festo organizita de tiu aŭ alia familio – ĉiu laŭvice. Tiajn festojn ĉeestas ĝenerale kvardeko aŭ kvindeko de personoj, aŭ eĉ pli. Ekzemple pasintjare, ni kunvenis en Ibervilo. La renkontiĝon organizis kuzo mia. Dum la posttagmezo ni faris krozadeton sur la rivero Richelieu ĝis la fuorto Lennox, kaj poste ni iris al restoracio por havi delikatan vespermanĝon. Post multe da kantado kaj dancado, la vesperaĵo finiĝis noktomeze.

Antaŭ du jaroj la festo estis organizita de mia filino Marie-Ange. Ĝi okazis ĉe vinberejo apud Magogo. Ĝi komenciĝis per tre interesa gvidita vizito de la vitobieno kaj de la vinfarejo kaj finiĝis per fajna manĝado en la manĝoĉambrego de la entrepreno. Ni estis preskaŭ sesdek partoprenantoj.

Krom tiuj ĝeneralaj festoj okazas kelkfoje pli modestaj renkontiĝoj. Ĉefe temas pri invitoj kiuj koncernas nur la samgeneraciajn gekuzojn.

Memkompreneble mi ne parolas pri la kunvenoj de la malgranda familio de mia edzino Germaine kaj mi (malgranda, sed tamen enhavanta dudekon da personoj). Nature ni pli ofte kunvenadas, sed ne ĉiam ĉiuj samtempe. En tri okazoj ĉiujare ni provas kunigi ĉirkaŭ nin ĉiuj niajn infanojn kaj genepojn: ĉe Kristnasko, ĉe Pasko kaj meze de la somero (en iu turisma loko de nia regiono).

Mia plej ofta ŝatokupo estas la aŭskultado de bela muziko. Mi ne parolas pri tiuj stultaĵoj kaj malbelaĵoj nuntempe fabrikitaj de niaj sentalentaj kaj sengeniaj teknikistoj pri la sonmanipulado. Ne. Mi celas la vere belan muzikon, kiun komponis geniuloj de la pasinteco: de Schütz, Buxtehude kaj Bach ĝis Ravel, Stravinski, Poulenc kaj Bartók. Mi tre ŝatas ankaŭ legi historiajn verkojn. Mia tre profunda opinio estas ke ni ne povas kompreni la nunan mondon se ni ne perfekte konas la pasintecon de la homaro. Pro tio mi bedaŭras ke niaj infanoj kaj nepoj preskaŭ ne plu lernas historion, kio estas laŭ mi vera tragedio, ĉar ili iĝas barbaroj nur vivantaj en la nuna momento sen ion ajn kompreni pri sia deveno, kaj sekve pri sia futuro.

Sur la sama kampo, mi tre interesiĝas pri la pasinteco de mia familio. Do mi dediĉas parton de mia tempo al la studado de la genealogio de ĉiuj familioj el kiuj mi devenas.

Entute vi komprenas ke mi estas tradiciulo, ĉar mi pensas, ke ekstere de tradicio estas neniu bona estonteco por la homaro. En la tradicioj ni trovas certajn regulojn kiuj garantias harmonian vivon. Tio ne signifas ke devas ekzisti neniu evoluo. Sed la historio instruas nin, ke ĉiu evoluo devas esti ne tro rapida. Voli ŝanĝi la menson de milionoj da homoj en kelkaj jaroj, tio estas sensenca kaj malsaĝa.

Nu, tio estas tamen nuntempe la kredo de la malŝatinda hommulto, kiu tro facile ĵetas sin senpense sur iajn ajn teoriajn abstraktajn sistemojn, kiuj supoze devus fari la feliĉon de la homaro. Tiel ni konis la komunismon, kiu feliĉe preskaŭ malaperis de la planedo. Sed nun furoras tiuj sovaĝaj liberalismo kaj individualismo kiuj ne multe pli valoras ol komunismo.

La samon oni povas diri pri la virinismo, kiu detruis multege da geedzaj paroj, pri la ekologiismo, kiu finfine pli kompatas pri bestoj aŭ vegetaĵoj ol pri homoj, ktp. Ĉiuj ĉi ideologioj, sen iu escepto, estas konstruitaj sur unu abstrakta skemo, kiu tute ne respektas la realan vivon de la homaro. Ĉiuj kondukas multajn homojn al sentoleremo kaj eĉ al fanatikismo, ekzakte kiel la religiaj integrismoj, kaj mi malŝategas ĉiujn.

Por mi, la ĉefa valoro en nia homa vivo estas amo. Sed mi tute ne celas tiun supraĵan kaj vantecan amon, kiun nuntempe oni orgie celebras, kiu igas ĉiujn ci-paroli al ĉiuj, kiu instigas onin elbuŝigi sen iu ajn pudoro la plej profundajn intimaĵojn antaŭ grupo de nekonatoj ktp. Ne. Mi pensas pri tiu vera amo aŭ amikeco kiu rezultas el multaj personaj kontaktoj kaj el profunda penskomuno. Laŭ mi, monstra hipokritaĵo estas la diro de tiuj kiuj asertas ke ili amas ĉiujn homojn. Tio ne povas esti vera. Temas nur pri vortoj.

Persone, mi honeste konfesas ke mi ne amas la viktimojn de tiu aŭ tiu naturkatastrofo kiuj tiel ofte plenigas la unuajn paĝojn de la gazetoj: tertremo, inundo, nutromankego, ktp. kaj mi ne amas la regatojn de la afrikaj aŭ aziaj sangosoifantaj diktatoroj, nek la viktimojn de la kruelaj militoj kiuj servas en Bosnio, en Armenio, en Somalio kaj en multaj aliaj lokoj. Ne, tiujn multegajn viktimojn mi ne amas.

Oni povas ami nur personojn kiujn oni bone konas. Kio estas la vero, tio estas ke mi kompatas ilin per ĉiuj fibroj de mia koro, ke mi priploras ilian destinon, kaj ke mi indigniĝas kontraŭ la homoj aŭ superhomaj fortoj kiuj tiel nehome suferigas tiom da miaj samplanedanoj. Tiu sento, kiun mi havas, ne estas amo, sed simple sento pri la homa digneco kaj pri la interhoma solidareco, sento kiu similas la "karitaton" predikatan de la Kristaj eklezioj. Tio estas eksmoda. Oni preferas fuŝuzi la vorton "amo" – kiu tiel perdis sian veran signifon.

Krome, se ĉion diri, mi devas konfesi, ke mia persona vivfilozofio estas hedonisma. Eĉ se multegaj estas la malfeliĉuloj en la mondo, ni ne provu fari el la ordinaraj homoj anĝelajn estulojn. Nature estas ke ĉiu homo serĉas sian propran feliĉon kaj plezuron. Mi ŝatas ĉiun delikatan plezuron: mi amas belajn artojn, sed ankaŭ bonajn manĝaĵojn (kiuj povas esti ĉefverkoj), mi ŝatas bonan vinon (kiu povas esti miraklaĵo) kaj mi ŝatas cigaredojn ĝis tia grado, ke mi estus preta morti se iu kuracisto dirus al mi ke mi devas rezigni pri ili.

Precize pro tiu hedonismo (kiun dividas kun mi multege da personoj) mi pensas, ke ni devas firme alkroĉiĝi al niaj tradicioj kaj ne detrui tro rapide la kutimojn lasitajn de la prapatroj.

Des pli tiel mi pensas, ĉar mi kredas nek je Dio nek je Diablo. La historio kondukis nin ĝis tiu punkto, ke ni nun havas certan ideon pri la homa digneco, pri la homaj devoj kaj al homaj rajtoj. Nia devo estas progresigi tiun evoluon, kaj mi ne pensas, ke niatempe la progreso estas evidenta...

Tio kondukas min al mia konkludo pri tiu temo: se ni devas progresigi la homan dignon sur la planedo, unu el niaj plej gravaj devoj estas helpi al homoj kiuj, en aliaj partoj de la tero, suferas pro malsato, malsano, aŭ eĉ pli grave, pro persekutoj kaŭzitaj de siaj naciecoj, religioj, opinioj. Tio ŝajnas al mi la plej granda skandalo de nia epoko. Mi estas fundamente pacisma, sed en tiaj okazoj, mi profunde pensas, ke la forto devus esti uzita de la mondaj organizaĵoj por respektigi la homajn rajtojn ĉie kie ili estas senhonte primokataj.

(Notita de Zdravka Metz en 1993)

Ĝisdatigo: Petro mortis pro pulma kancero en 1997.

Decidema mi ĉiam estas

Intervjuo kun Emil, akadiano, kiam li havis 42 jarojn

Akadiano mi estas, same kiel miaj geavoj, praavoj kaj unuaj familianoj venintaj sur ĉi tiun kontinenton el Francio fine de la 16-a jarcento. Mia fratino, studinte pri nia familio, sukcesis fari familiajn arbojn kies trunkoj estis ekplantitaj en Kanado unue en Nova Skotio en la jaro 1700 por la flanko de mia patro kaj kelkajn jarojn antaŭe por la patrina flanko.

Ambaŭ trunkoj estas dikegaj ĉar ili portis multnombrajn branĉegojn, branĉojn kaj branĉetojn kiuj simbolas la nombron de infanoj dum naŭ generacioj. En tiuj preskaŭ tri jarcentoj la familio vivis modeste, hodiaŭ ni dirus malriĉe. Tamen, ĉiu estis riĉa je infanoj kies nombro ĉiam super ses kaj plurfoje grimpis ĝis dekses.

Mi vivas en Kebekio kie oni parolas ankaŭ france, aŭ kebekece. Kebekianoj tuj rimarkas mian akĉenton kiu tute ne similas al ilia kiu, ankaŭ kiel akadia, estas malnova franca lingvo. Akadianoj vere parolas lingvon same kiel oni parolis en Francio, en regiono de Normandio, antaŭ tricent jaroj. Mi ne parolas pri malsamaj vortoj, tipe akadiaj, sed pri la elparolo.

Foje oni demandas min pri akadianoj, kaj kun ĝojo mi rakontas tion kion mi scias.

Akadianojn oni nomas francparolantoj kiuj alveninte sur la amerika kontinento vivis en Nova Skotio kaj Nova Brunsviko. Akadianoj kiel popolo multe suferis post la batalo kun la angloj kiuj en 1755 devige translokigis ilin al Luisiana kaj aliaj lokoj en Usono por ke malfortiĝu la popolo. Ili vivis kun forta sento por la komunumo. Pluraj sukcesis forkuri kaj ekloĝis en Kebekio. Post iom da tempo, parto de la akadianoj revenis en Novan Brunsvikon kie ili loĝas en nord-orienta parto nomata Akadio, kaj sudoriente ĉirkaŭ la urbo Monkton.

Proksime de Monkton troviĝas la vilaĝo Acadiville (Akadiurbo). Tien venis mia praavo de Norda Skotio en la jaro 1875. En la sama vilaĝo, miaj gepatroj konatiĝis kaj havis naŭ infanojn.

Mi estis la oka infano, kiu naskiĝis en 1952. Mia patrino naskis min hejme kiel ĉiujn siajn infanojn. Kuraciston ŝi eĉ ne planis voki, ĉar la unua loĝis 50 kilometrojn fore. Ŝi petis helpon de akuŝistino.

Nur ŝi ĉeestis la akuŝadon. Viroj, edzoj, patroj havis la kutimon preni la bebon kiam ĝi jam estis vestita – ne kiel hodiaŭ, kiam ili partoprenas en ĉio.

Kvankam mi havas nur 40 jarojn, pensante pri mia infanaĝo sen elektro kaj kun mana akvopumpilo en la kuirejo, ŝajnas al mi ke mi naskiĝis en la pasinta jarcento. Bone mi memoras kiam miaj pli aĝaj fratinoj lernis apud petrola lampo: mi memoras longajn vintrajn noktojn kiam ni, elirante la domon havis pli da lumo rigardante la ĉielon kaj nordajn lumojn. Oni nomas tion boreala lumo kaj ĝi estas reflekto de la suno sur la glacio de la norda poluso. Endome ni povis nur babiladi aŭ kartludi apud malforta lumo. Mi memoras ankaŭ kiel akvo frostiĝis en la pumpilo kaj la patrino devis antaŭ ol pumpi enverŝi bolantan akvon. La varmigado en la granda domo okazis per unusola forno por ligno. Kompreneble kiam la fajro estingiĝis, iom post iom la temperaturo malaltiĝis. Foje miaj haroj estis eĉ frostigitaj kiam mi vekiĝis. Pro tio mi ĉiam preferis esti en la lernejo, ĉar tie estis agrable varme. Ankaŭ mia lernejo estis kvazaŭ el la pasinta jarcento. La tuta lernejo havis dekkvin gelernantojn kiuj studis de la unua ĝis la sesa klaso. Do, estis nur unu instruistino por la tuta elementa lernejo. La sola moderna aspekto estis la gelernantoj, ĉar ĉiuj aliaj grandaj lernejoj tiutempe estis aŭ knabaj aŭ knabinaj.

Post la elementa lernejo mi komencis vizitadi la mezgradan, kiu troviĝis 15 kilometrojn for en la unuaj tri jaroj kaj 40 kilometrojn por la postaj tri jaroj. Aŭtobuso venis ĉiutage por veturigi la gelernantojn. La aŭtovojoj ne estis asfaltitaj kaj ĉiuprintempe kun la degelo de neĝo kaj kun pluvoj estis multaj truoj kaj tiuj kilometroj ŝajnis duobliĝi. En la jaro 1969 lernantoj kaj gepatroj helpis la subskribadon de peticio por ke la provinco asfaltigu vojojn. Nia kampanjo estis sukcesa.

Neforgesebla por mi estis la vespero kiam eklumis la unua ampolo en nia domo. Mi estis dekjara kaj elektro kvazaŭ modernigis nian domon. Tuje estis aĉetita elektra akvopumpilo kaj nia domo ekhavis internan, akvan necesejon kaj bankuvon kun duŝo. Kiom agrabla estis tiu varma "pluvo" – kaj ĉio fariĝis tre simpla. Ni adiaŭis etajn lavujojn kaj grandegajn akvo-varmigpotojn kiuj tutjare staris sur la kuireja forno. Ni ne plu bezonis pumpi akvon por benzin-motora vestaĵ-lavmaŝino. Ni ne plu bezonis mane turni du kaŭĉukajn rondaĵojn pere de kiuj lavitaj vestaĵoj senakviĝis. La moderna vivo komenciĝis. La noktoj estis lumaj.

Tamen, la penso pri elektro kaj pri miaj dek jaroj foje malgaji-gas min. La saman jaron mia plej aĝa frato, tiam havanta 20 jarojn, mortis pro akcidento ĉe laboro. Li laboris por elektra kompanio kaj la morto estis tuja. Mi konsciis ke la elektro, krom la ĝojon unu-flanke, povas porti malĝojon.

Mi mire memoras mian patrinon kiu tiom nature akceptis la morton de sia filo. Ŝi nur diris: "Bone, ne suferis longe." Ŝia sperto kun mia alia frato estis kontraŭa. Dum unu jaro ŝi rigardis la filon, ĉe kiu la kuracisto konstatis kanceron, kiam li estis nur sep jara. Ŝi rimarkis kiel li iom post iom malaperadis; ĉiutage ŝi vidis la filon suferi pro doloro kaj ŝi mem sentis senpovon iom helpi al li. Do, tiu subita morto kvazaŭ estis pli akceptebla.

Por mi ĝi ja estis granda perdo. Tiu mia frato ne nur estis mia frato, sed ankaŭ kvazaŭ mia patro. Estis li, kiu edukadis, konsilis, kuraĝigis min dum la preskaŭ ĉiama taga foresto de mia patro. La patro laboris sur maŝino por konstrui vojojn duonjare, kaj la alian duonon sur maŝino por puŝi neĝon. Lia labortago daŭris 16 horojn por ke li povu gajni la salajron por nutri grandan familion. Krom ni, naŭ infanoj, ĉe ni vivis unu kuzo. Lia patrino, bofratino de mia patro, mortis kaj ŝiajn infanojn prenis pluraj familianoj. Miaj gepa-troj ankaŭ adoptis kvar knabinojn de apuda vilaĝo, ĉar iliaj gepatroj disiĝis. Tiel en nia hejmo vivis kvazaŭ tri familioj en harmonio kaj interkompreniĝo.

Pro la morto de la kara frato mi sentis profundan doloron, sed beaŭrinde mi ne ploris, kaj pro tio mi sentas foje tiun doloron ĝis hodiaŭ. Kiam okazis la morto de mia granda frato, mi sentis min maljuniĝi, des pli ĉar mia plej aĝa fratino duonŝerce diris al mi ke nun mi estas la plej aĝa filo, kaj dum la foresto de mia patro mi havos la ĉefan respondecon. Feliĉe mia patrino bone prizorgis ĉion kaj mi vere ne sentis multe tiun ŝarĝon. Ŝi edukadis nin ĉiujn ke ni estu memstaraj. Mi lernis kudri butonojn, gladi kaj kuiri, kaj tion eĉ hodiaŭ mi faras dum mia edzino laboras aŭ faras ion alian.

Kun ĝojo mi memoras nian gepatran domon kiun vizitis ofte aliaj familianoj. Pensante pri tiu domo mi memoras ankaŭ nian pordon kiu neniam estis ŝlosita. Ni vivis kun la penso ke nur bonaj homoj eniros ĉe ni. Pro tio mia patrino ĉiam permesis, kiam venis iu senhej-mulo, ke li dormu en nia fojnejo.

En Monkton mi komencis studi ĉe kolegio sciencon kaj teknologion dum du jaroj. Por la studado mi ricevis registaran monprunton kiun mi tute redonis nur kiam mi sukcesis eklabori kelkajn jarojn poste.

Tute normale, tiu financa situacio por mi estis terura. Mi ja estis juna kaj ŝatintus vivi, elspezi, amuziĝi.

Rigardante min kiel dudekjarulo, mi faris decidon. Jes, mi eniros aviadilan armeon por povi daŭrigi la studadon kaj poste havi sekuran vivon kaj certan laboron.

La armea vivo certe estas aparta ĉapitro en mia vivo. Mi ne plu bezonis zorgi pri la ĉiutagaj kostoj: loĝado, nutrado, lernado. Mi eĉ ricevis ĉiusemajne poŝmonon. Ĝi tamen ne sufiĉis por aĉeti cigaredojn kaj mi decidis ĉesi tiun kutimon komencitan en mia 16-a jaro. Estis malfacile, sed mi estas decidema kaj memrespekta persono kaj neniam plu mi tuŝis cigaredon.

Post dektrimonata studado en la armeo mi tuj ricevis laboron ĉe "Vudu"-aviadiloj. Ili estas militaj aviadiloj kiuj portas bombojn por detrui aliajn raketbombojn. Se ili falus teren, ili ne eksplodus. Mi laboris kiel radara teknikisto kaj mi prizorgis la sistemon kiu kontrolis la bombojn.

Eble estas strange por kelkaj personoj, sed mi povas diri ke mi ne ŝatas militi, eĉ pafilon mi neniam uzis. Por mi la armeo estis rigardata de ene. Mi estis nur unu el miloj de personoj kiuj laboris por la sama celo – scii defendi en la kazo de milito. Ni estis trejnitaj ĉiam bone pensi, ĉiam pravigi nian laboron.

Unu el miaj laboroj estis deĵorado en kontraŭkatastrofa hospitalo. Dum la labortempo mi portis dikan, protektan vestaĵon kun masko kontraŭ atoma eksplodo. Estis ĉiam varmege kaj ŝvitige. Malgraŭ ĉio mi ŝatis la laboron, ĉar mi pensis ke iam mi povus helpi al personoj kiuj travivis atoman radiigadon. Dum kvar jaroj mi deĵoris en sekura hangaro. La deĵorado estis dum 24 horoj. Mia tasko estis helpi al pilotoj ligi sin al la seĝo kaj funkciigi la aparatojn por starigi la reakciajn motorojn. Estis ĉiam tetura bruego, ĉar la hangaroj estis fermitaj kaj la sonoj ne povis disiĝi. Mi ĉiam portis orelprotektilojn, sed sincere, ili nur iomete helpis.

Foje mi ankaŭ devis flugi por poste surtere pli bone kompreni pilotojn. Mia korpo estis tre sentema. Ĝi ne bone alkutimiĝis al la ŝanĝo de alteco.

Unufoje mi eniris ĉambron kiu estis hermetike fermita kaj kun elprenita aero por simili al ses mil metra alteco. Tio necesas ĉar tiel nia korpo alkutimiĝas sur la tero al la kondiĉoj en la aero. Mi volis plifortigi mian korpon. Mia kolego funkciigis aparaton por ŝanĝi la aerpremon. Mi tuj sentis fortegan doloron kaj mi rimarkis ke mia dekstra orelo sangas. Venis kuracisto kaj donis medikamentojn al mi kaj la oreldoloro pasis. Tamen dufoje mi estis operaciita post mia forlaso de la armeo, kaj foje mi surmetas aparaton por pli bone aŭdi filmon aŭ teatraĵon.

Vivi en la armeo estis por mi kiel vivi en aparta familio. Junuloj venis de diversaj partoj de la lando. Ili vivis same kiel mi – for de siaj familianoj – kaj estis nature vivi pli amike, pli fratece, kion mi vere sentis. Ni dividis ne nur tre streĉajn situaciojn, multajn kazojn de urĝeco, kiam la sireno aŭ vekis nin aŭ interrompis nian trankvilan manĝon aŭ legadon, ni kune ŝvitegis dum someraj paradoj kaj eĉ unufoje mi vidis kelkajn amikojn senkonsciiĝi kaj fali vizaĝe sur la asfalton. Ni dividis ĝojon pro ies naskiĝtago, ni ridis kiam pilotoj rakontis pri renkonto de neanoncita soveta aviadilo nomata "Urso" montrante al ni fotojn. La rusa soldato mansvingis. Li ja estas nur homo faranta sian laboron.

Mi kredas ke, se estus nur soldatoj, militoj ne okazus. Ili ja estas nur timemaj estaĵoj kiuj plenumas ordonojn de siaj ĉefoj estritaj de politikistoj, registaroj. Certaj registaroj ricevas financojn de produktantoj de armiloj kiuj pere de informado organizas iun situacion, al kiuj registaroj devas reagi, ĉar la etoso en la popolo kvazaŭ postulas intervenon. La armeo atakas, ĉar la politikistoj trovis ankaŭ alispecan profiton.

Ni armeanoj, ni dividis ĝojon pro ies edziĝo – ankaŭ mi edziĝis en 1976 kun amikino kiun mi konis kaj amis jam de kvar jaroj.

Nia edziĝo similis al ĉiuj aliaj katolikaj geedziĝoj en Akadi-urbo. Ĝi okazis en preĝejo kun ĉeesto de ducent personoj, inter kiuj mia edzino kaj mi havis la tiel nomatajn edziĝ-atestantojn. Ili estis kutime frato aŭ fratino. Mia edzino havis sian fratinon kaj mi havis mian fraton. Antaŭ la tago de la geedziĝo, nia pastro anoncis dum tri sinsekvaj dimanĉoj pri la edziĝontoj. Ni kune elektis malsamajn orajn ringojn kiujn ni interŝanĝe donis unu al la alia dum la preĝeja ceremonio. Poste ni interŝanĝis kisojn kaj subskribis la preĝejan libron pri geedziĝoj. Niaj atestantoj ankaŭ devis subskribi certan lokon en la libro. La vera festo okazis en komunuma domo de la vilaĝo kun ĉiuj partoprenantoj inter kiuj troviĝis ankaŭ miaj tri bonaj amikoj el la armeo. Dum la festo aŭdiĝis kvazaŭ tondro kiam tiuj ducent personoj komencis kune frapi tablon per kulero kio signifas ke ni, novaj geedzoj, kaj niaj ambaŭ gepatroj kiel malnovaj paroj, devas ekstari kaj interŝanĝi kisojn antaŭ tiu publiko.

Foje ŝajnis al mi kiel gimnastiko ekstari kaj sidiĝi.

Nia familia vivo komenciĝis tuj ĉar mi luis malgrandan domon en la proksimeco de la milita bazo. Por mi estis normale iri labori en la armeo kaj vespere reveni hejmen.

En oktobro 1981 mi decidis forlasi la armeon. Komence mi estis iom malgaja forlasi tiun sekuran vivon, kaj mi timetis ĉu mi trovos laboron, sed mi komencis vivi kun aliaj emoj en la vivo.

Mia edzino kaj mi ŝatas infanojn, kaj ni volis havi proprajn. Komence ni ne sukcesis havi kaj ekde la 32-a jariĝo de mia edzino, ni akceptis la vivon nur por ni du. Dum sep jaroj ni ĉeestis kurson de dancado, ĉar ni ambaŭ ŝatas klasikajn dancojn. Dum la libertempo ni malofte vojaĝas eksterlanden, ĉar ni ĉiam ŝatas ferii en Akadiurbo kiu troviĝas pli ol mil kilometrojn for de nia loĝloko. Niaj gepatroj estas maljunaj, kaj ni ŝatas pasigi libertempon kun ili kaj aliaj familianoj kaj malnovaj geamikoj. Foje ni uzas kelkajn liberajn tagojn por povi ĉeesti la ĉiujaran grandan renkontiĝon kiu okazas dum la tiel nomata laborista semajnfino. Ĝi estas aŭ la lasta semajnfino de aŭgusto, aŭ la unua semajnfino de septembro, kiam ankaŭ lundo estas libera tago. Ĉiu kiu iam vivis ĉe ni dum pli aŭ malpli longa tempo scias ke tiam renkontiĝas ĉiuj kiuj ŝatas renkonti multajn karajn personojn. La loĝantaro de Akadi-urbo preparas tradiciajn manĝojn kiujn ni ĉiuj iam manĝis vivinte tie. "Putine rape" – terpoma rondaĵo, en kies mezo troviĝas porkaĵo. La bulo estas kuirita en akvo dum du horoj. La bonodoran kaj la bongustan ĉi manĝon eblas aĉeti nur ĉi tie. Post simplaj hejmaj pladoj ankaŭ kun omaro, la vespero daŭras preskaŭ ĝis mateno, ĉar oni promenas de tablo al tablo, sidas kaj parolas, paroladas ĝis satiĝo. Komprenble tiam danco kaj muziko ne estas organizitaj, ĉar tio estas semajnfino de babilado amika kaj ĉiam neforgesebla ĝis la sekvonta jaro.

Mi povus ĝui vojaĝojn per aviadiloj, ĉar post la armeo mi rapide eklaboris por Air Canada ĉe la flughaveno Dorvalo. Komence mi eĉ vizitis kelkajn sudajn insulojn – landojn, sed pasigi tempon kun konatoj estas nuntempe pli alloga.

Mia laboro ĉe la flughaveno estas elektronike kontroli la bonan funkciadon de la aviadiloj Boeing 747 kaj 767. Mi zorge kaj atente laboras, ĉar mi konscias pri la graveco de perfekta funkciado de ĉiu aviadilo kiu venas en la flughavenon. Mi laboras kun kolegoj, kaj dum ni tagmanĝas eblas paroli. Unufoje mia kolego rakontis al mi pri esperanto. Tio ne estis la unua fojo ke mi aŭdis pri la internacia lingvo.

Pri esperanto mi legis antaŭ dekunu jaroj kiam okazis la Kanada Esperanto-kongreso en Fredriktono, la ĉefurbo de Nova Brunsviko. Tiam mi ankoraŭ vivis kaj laboris apud Monkton. Pasintjare okazis en Montrealo Internacia Junulara Kongreso, kaj mia kolego parolis al mi pri ĝi.

Do mi havis la okazon denove decidi ion en mia vivo. Kial ne lerni esperanton? Mi tuj rimarkis similecon inter la du flagoj: akadia kaj esperanta. Ambaŭ havas stelon en la maldekstra angulo. Eble ĝuste tiu steleto de espero allogis min. La akadia flago estas la plej malnova kanada flago. Ĝi ja estas la franca flago sur kies blua linio supre, troviĝas ora stelo. Tiu stelo simbolas por akadianoj esperon en nova lando kaj estas gardata kiel simbolo de la akadianoj de 1884. Ĝi havas la celon de paca batalo por la rajtoj de nia minoritato.

Mi eksciis ke la verda stelo kiu troviĝas sur blanka parto de la esperanto-flago, kune kun ĝia verda parto havas similan signifon. Estu paco sur la kvin kontinentoj, kaj ni vivu kun espero ke la homoj komprenante unu la alian respektos rasojn, kolorojn, religiojn; respektos ĉiujn minoritatojn. La esperanta flago estas nur dek jarojn pli juna ol la akadia.

Mi vere sentis la similecon inter tiuj du flagoj, kaj des pli granda estis mia intereso pri esperanto.

Mi tuj aĉetis librojn kaj komencis studi sola, ĉar estis somero, kaj kurso estis planita por aŭtuno. Mi tre ŝatis la kurson kun instruistino kiu mem ne estis francdevena. Poste mi komencis pli kaj pli legi. Mia esperanta libraro amasiĝas. Feliĉe Montreala Esperanto-klubo havas bibliotekon, kaj regule mi pruntas diverstemajn librojn por legi. Mi rimarkas ke mi uzas vortaron malofte.

Komence mi pensis ke esperanto estas nur lingvo, sed pli kaj pli mi rimarkas la ekziston de granda, evoluinta kaj bone organizita movado. Mi kredas ke venis la tempo ke la homoj de la mondo kuniĝu. Tro da landoj interbatalas. Tion volas registaroj, sed ne la popoloj.

Mi mem ŝatas bicikli, kaj mi jam imagas vojaĝoj al Eŭropo kie mi povos uzi esperanton vizitante esperantistojn kaj babiladi kun ili. Biciklado estas bona maniero esplori landojn. Mi legis pri BEMI (Biciklanta Esperanto-Movado Internacia).

Mi konas ankaŭ Pasportan Servon. Mi havas domon, sed mi ankoraŭ ne aliĝis al PS. Unue mi ŝatus havi iom pli da spertoj pri la movado.

Kiam mi pensas pri mia lasta decido – esperanto – mi estas tre feliĉa. Decidema mi ĉiam estas. Decido por mi estas kvazaŭ konvinko ke tio kion mi decidas estas pozitiva. Tiam mi pensas pri la destino, kvazaŭ iu alia organizas tiujn cirkonstancojn, kaj la situacio helpas ke mi decidas.

Ĉu mi kredas je la destino? Eble, sed ĉiukaze jes ke tio, kion mi decidas, estas bona por mi.

(Notita de Zdravka Metz en 1993)

Ni ĉiuj estas partoj de la sama mondo

Intervjuo kun Jim el Usono, kiam li havis 32 jarojn

Estas iomete komplike. Mia patro estas ĉina kaj mi tute ne konas lin. Mia patrino estas el Pensilvanio en Usono. Ŝia patro estas de Irlando kaj ŝia patrino estas de Germanio. Do mi estas duone ĉina, kvarone irlanda kaj kvarone germana. Mi naskiĝis en Novjorko. La tuta familio de la flanko de mia patrino ankoraŭ vivas en Pensilvanio. Sed ŝi post la mezlernejo eniris en la armeon. Ŝi laboris kiel flegistino. Kaj ŝi estis en Germanio, en Frankfurto. Ne dum la milito, sed poste en la kvindekaj jaroj. Poste ŝi iris al Pensilvanio, pli poste al Kalifornio, al Los-Anĝeleso. Tie ŝi renkontis mian patron, ĉinon. Sed la rilatoj estis komplikaj inter ili, kaj iam ŝi venis al Novjorko, kie mi naskiĝis. Ŝi estis la plej scivolema kaj sendependa persono en nia familio.

Mi mem sentas min tamen usona, eĉ novjorka. Al tiu ĉi urbo rilatas miaj pensoj, ĉar mi ĉiam loĝis ĉi tie. Mi havas ankoraŭ unu fratinon. Ŝi loĝas same en Pensilvanio.

Mia patro: Mi eksciis pri li nur antaŭ ok jaroj; mi jam estis sufiĉe aĝa. Mi origine pensis ke mi estas filipina. Kaj la ekscio ke mia patro estas ĉino, estis surprizo por mi. En la aĝo de dudek kvin jaroj mi kontaktis kun li, ni ne renkontiĝis, sed korespondas de tempo al tempo, nu, almenaŭ ĉe Kristnasko. Mi estis surprizita ke mi similas al li. Mi ne kredis tion, ĉar li tute ne zorgis pri mi antaŭe. Sed mi rimarkis ke la manskribo estas simila, la voĉo same, io en la voĉo similas. Mi konstatis tion kiam ni telefonis. Mi pensas ke mi estas objektiva, ke mi ne serĉas tiun similecon. Kiam li parolis kun mi, li timis. Ne min, sed li demandis, kiel mi fartis sen patro, li pensis ke la manko de patro iel damaĝis al mi. Mi jam antaŭe vidis fotojn, li kun mi, kiam mi estis tre malgranda, sed mi ĉiam pensis ke tiu viro estis nur amiko de la familio. Ankoraŭ ni ne renkontiĝis ĝis nun, pro tre diversaj kialoj.

Mi edziniĝis antaŭ dekunu jaroj. Tiam mi estis studento. Pri *frisbee*. Nu, mia akademia fako estis ĝenerala lingvistiko, sed en tiu tempo mi ne finis la studojn, mi ne serioze studis, mi estis en la *frisbee*-teamo, mi estis la prezidanto de la *frisbee*-teamo, mi organizis la konkursojn inter la teamoj kaj inter la universitatoj. Mia nuna edzino ankaŭ estis en la teamo. Ŝi tiam studis anglan literaturon kaj teatron. Ni ambaŭ tuj post la konatiĝo interrompis la studadon. Ŝi jam havis la B.A. *(bachelor of arts,* t.e. baza universitata grado) kaj faris la "majstran" *(masters)* diplomon pri edukado. Hodiaŭ ŝi estas sekretariino. Ŝi komencis instrui en novjorka lernejo, sed ŝiaj unuaj spertoj estis teruraj. En multaj novjorkaj lernejoj estas problemoj pri la disciplino. Ekzemple ŝia unua klaso: Ŝi estis anstataŭanta instruistino. Ŝi estis jam la tria anstataŭantino, la klaso estis freneza. Tio estis antaŭ kvar jaroj. Mi tiutempe ankoraŭ studis, ricevis la dujaran diplomon pri franca lingvo kaj komputiko, t.n. "liberaj artoj", do ĝeneralan diplomon.

Poste ni aĉetis domon en Tenesio, kaj denove ni ambaŭ interrompis la studadon. Temas pri dekses hektaroj, tereno kun domo, tre bela. Tenesio estas sufiĉe malmultekosta, kaj ni ankoraŭ pensas iam ekloĝi tie. Ne nun, mi ankoraŭ volas resti en Novjorko, ŝpari iom da mono. Mi ja havas fortajn radikojn ĉi tie. Por la aĉeto ni prenis krediton, dekkvinjaran. Tio estas tute kutima afero en Usono, kiam vi ne estas riĉa.

Tio estis la ĝisnuna fino de la studado, do afero daŭrigenda. Mi laboris en firmao, ekde la unua studklaso. Mi estis en tiu firmao dum dekdu jaroj. Unue en provlegado, poste financado, komputilaj aferoj, instruado ktp. Estis financa kompanio.

Nun mi estas hejme pro nia familio. Mia edzino pli malpli hazarde ekhavis laboron en la sama kompanio, kaj kiam nia filino naskiĝis, antaŭ dekok kaj duona monatoj, ŝi unue restis hejme, sed poste volis reveni al la laboro. Do mi finis mian laboron, post dekdu jaroj mi sentis ke mi estas preta ne labori. Mi estas dommastro. Do mi ricevas neniun monon. En Usono ne estas iu oficiala ŝtata programo por priinfana laboro. Mi ankaŭ ne ricevis pagon por senlaboruloj, ĉar mi mem finis mian laboron.

Mi naskiĝis en Manhatano kaj kreskis tie ĝis la aĝo de ses jaroj, kaj poste mia patrino transloĝiĝis kun mi al Kvinzo, parto de Novjorko, sed kvazaŭ antaŭurbo. Kvinzo havas pli da verdo, parkoj, arboj, pli da malgrandaj domoj. Nia loĝejo estis atingebla post duonhora metroveturado de Manhatano. Kiam oni loĝas en Kvinzo kaj veturas al Manhatano, oni diras ke "hodiaŭ mi veturas al la urbo". Ni loĝis tie en multetaĝa konstruaĵo. Poste en aliaj partoj de Kvinzo.

Mi pensas ankaŭ, ke la vivo en Kvinzo estas iom pli malmultekosta ol en Manhatano. En Kvinzo ni ankaŭ geedziĝis. Mia edzino same kiel mi loĝis tie, sed laboris en Manhatano. La geedziĝa ceremonio estis tre bela, okazis ekstere en ĝardeno, kun pastro, multaj amikoj kaj parencoj venis, estis bela vetero, la tulipoj floris ĉie. Mia edzino estas katolika, mi protestanta, sed ni ambaŭ ne ofte iras al preĝejoj. Ni diras ke ni ne certas pri tio kio kiel kaj kial okazas. Unu jaron antaŭ la geedziĝo, dum la fianĉado, estis multaj diskutoj pri la religia flanko, sed ni fine interkonsentis. Nun ni estas sufiĉe senreligiaj. Ni fakte ŝatus iri al preĝejoj, ni ŝatus elprovi kelkajn, sed alia parto de la vivo estas, ke oni ne havas la tempon, kaj mi krome ankaŭ ne ŝatas leviĝi frue en la dimanĉa mateno.

La geedziĝa vojaĝo kondukis nin al Eŭropo, unue tri tagojn al Londono, kie loĝas la fratino de mia edzino, kaj poste ni prenis la ŝvebboaton al Kalezo (mi malsaniĝis dum la transiro), ni iris al Parizo, Romo, Munkeno, Garmisch-Partenkirchen, Amsterdamo. Tute tipa usona vojaĝo, dum tri semajnoj. Ni elektis Garmisch-Partenkirchen por vidi ankaŭ pli malgrandan urbon en Eŭropo post la multaj grandegaj.

En tiu ĉi loĝejo, en la oriento de Manhatano, ni nun loĝas la dek unuan jaron. Ne estis facile ricevi la loĝejon, ĝi estas iom malmultekosta por Novjorko, ĝi situas en parko, havas gardistojn. Kaj oni devis enskribiĝi en liston por atendi liberan loĝejon ĉi tie, la listo estis tiam ses jarojn longa. Sed mia edzino havis parencon en la komunumo, kiu helpis al ni. Eble kvaronon el niaj enspezoj ni pagas por la loĝeja lupago. Vi vidas kelkajn tipajn usonaĵojn en nia loĝejo, kiel la televidilon, la troon da aĵoj, komputilon.

En mia libera tempo mi multe okupiĝas pri mia filino, kaj ofte ŝatas vidbendigi scenojn el la vivo. Krome mi multe okupiĝas pri la apartamento, ĉar ni havas multe da aĵoj, ni eĉ ankoraŭ ne elpakis ĉiujn skatolojn de la lasta transloĝado. Mi ankaŭ legas pri historio, pri lingvoj, mi okupiĝas multe pri esperanto, tio eĉ konkursas kun la filino: Mi faras la lokan bultenon, mi instruas, estas estrarano de la loka klubo, organizas renkontiĝojn, kaj mi havas multajn gastojn kiel membro de Pasporta Servo. Tiu ĉi estas, se mi povas tion diri, por mi la plej grava parto de esperanto. En la loka klubo ni povus paroli la anglan, se ni volus, sed kun la gastoj mi devas uzi esperanton, mi sentas kiel bone esperanto funkcias. Do mi ŝatas esti gastiganto. Krome mi ne multe vojaĝas. Do per Pasporta Servo la mondo venas al ni.

Vi scias ke tipa usona kompanio donas averaĝe du semajnojn da feriaj tagoj, komence kelkfoje eĉ nur unu. Ekzemple post dekdu jaroj en mia kompanio, mi atingis nur tri semajnojn. Do mi ne havas multe da libera tempo por vojaĝi, krome tiu domo en Tenesio kostas multe da tempo por zorgado, riparoj. Mi ja estis en Parizo, poste, unu monaton, dum la studado. Sed kiel gastiganto de Pasporta Servo mi jam havis proksimume cent gastojn el tridek landoj, plejparte el Eŭropo, sed ankaŭ el Sudameriko, Azio, Novzelando, kaj ankaŭ el aliaj partoj de Usono. Cetere ni esperantistiĝis kune, mia edzino kaj mi. Mi aŭdis pri esperanto en la lingvistika kurso en la universitato, la profesoro parolis pri artefaritaj lingvoj, kaj mi amis la ideon, serĉis lernolibron, unue lemis "Mi amas vin", ĉar en tiu tempo ni lernis diri tiun frazon en dudek lingvoj. Unu jaron post la geedziĝo ni ricevis bultenon de la loka komunumo, kie oni ofertis klason pri esperanto. Ni restis en ĝi la tutan semestron, poste la instruisto pluhelpis al ni private, ni konatiĝis kun aliaj esperantistoj, kaj mi rimarkis ke ni mirinde rapide kaj facile povis paroli pri multaj ordinaraj temoj. En tiu tempo hejme ni kune parolis preskaŭ nur en esperanto, eble ne en iuj gravaj situacioj, sed ĝenerale jes. Bedaŭrinde la klubo ne multe reklamas, nur de tempo al tempo en iuj gazetoj, tamen multaj novaj anoj aŭdas pri esperanto de ni, do rekte de la membroj. Okulfrape estas, ke la klubo ne estas tiel kunmetita, etne, kiel la loĝantaro de la urbo.

Parolante pri kulturo, mi povas diri ke mi ŝatas iri en kinejon, unufoje en la jaro ni rigardas muzikalon, unufoje ni iras en muzeon. Ĉiam estas tiu sento, ke vi povus iri, sed prokrastigas tion. Tiaj aferoj ne forkuras. Se mi estus en Berlino kiel turisto, mi irus ĉiutage al diversaj kulturaj ejoj, sed ĉi tie... Mi ne ŝatas operon, ni estis unu fojon en *Don Giovanni.* Bedaŭrinde ni ne sciis antaŭe pri kio temis, kvankam la muziko kaj la scenejo estis tre belaj. Sed iel ni ne multe ĝuis ĝin. Ni ŝatas iri al rokkoncertoj.

Se mi estus riĉa, mi certe ŝatus multe vojaĝi, kaj finfine iros al Tenesio, krome mi plustudos, restos en la universitato la tutan vivon. Sed la vivo en Novjorko estas rapida, streĉa. La teknologio faras ke ni povas esti en kontakto kun ĉiu, estas amaso da revuoj, libroj, televidprogramoj, ĉio estas tre intensa. Vi iras en la strato, kaj ĉiu en la strato hastas, ne estas tiel trankvila kiel en la kamparo. Sed mi ŝatas tion, kaj fakte estas ĉefe mia edzino, kiu volas iri al Tenesio. Sed eble mi povas esti kontenta ĉie ajn. Mi povas bone adaptiĝi al situacioj kaj estas tolerema.

Mia esperanta revo temas ankaŭ pri Tenesio, pri farmo, kiel nia domo, ne aktiva farmo, kaj ni ne intencas aktivigi ĝin, sed se ni havus la eblecon, ni malfermus tie esperanto-farmon, por ripozado, renkontiĝoj. Ni vidos, ĉu tio eblos.

Ĝis nun mi estis sufiĉe nepolitika homo, kiam temas pri la ŝtata politiko. Sed mi rimarkas, ju pli aĝa mi estas, des pli mi interesiĝas pri tiaj aferoj, pri la socio kaj kiel ĝi funkcias, paroli pri ĝi ktp. Ĉar kiam vi iras tra la stratoj de Novjorko, vi vidas la multajn almozpetantojn, senhejmulojn kaj aliajn mizerajn homojn. Sed kiam oni vidas ilin ĉiutage, oni iel kutimiĝas al ili. Ĉi tie riĉaj kaj malriĉaj urbopartoj estas tre, tre proksimaj. Bona ekzemplo estas la Morningside-parko, kvazaŭ nigra kaj blanka estas unu kaj la alia flankoj. Sed mi preskaŭ ĉiam donas ion al almozpetantoj. Kvankam nun mi iom hontas, ĉar mi ne havas laboron, kaj vivas de mia edzino. Multaj ankaŭ diras ke oni nenion donu, ĉar onidire ili kutimiĝas al la almozpetado kaj ne plu serĉas vojojn honeste akiri vivbezonaĵojn. Tamen mi estas helpema homo, mi pensas. Mi ĉiam imagas, ke mi povus esti en la sama situacio, povus bezoni helpon, monon, mi sentas ke ni ĉiuj estas partoj, gepartoj, de la sama mondo. La venontan fojon eble estas mi, kiu bezonas helpon. Mi ne certas ĉu estas iu karmo, kiu redonos al vi vian helpon. Ekzemple tiu Joey, kiun ni renkontis hodiaŭ vespere en la strato, mi helpis ŝovi iomete lian rulseĝon, respondis liajn demandojn, sed mi ne havis la tempon aŭ emon iri kun li ĝis la vendejo kiun li serĉis. Tamen mi iomete helpis lin, kaj mi pensas se ĉiu iomete helpus, la vivo estus pli eltenebla por multaj homoj.

(Notita de Ulrich Becker en 1994)

Miaj lernantoj estas miaj infanoj

Intervjuo kun Zdenka Ivek el Kroatio, kiam ŝi havis 75 jarojn

Mi emeritiĝis antaŭ dudek jaroj. Matematikon kaj fizikon mi instruis ĉe mezgrada lernejo, nomata gimnazio, en la baroka urbo Varaĵdin en Kroatio. Tiun-ĉi gimnazion organizis jezuitoj en la 17-a jarcento. Tiam, same kiel en 1953, kiam mi venis labori, estis du enirejoj kaj fakte du gimnazioj: por knaboj kaj knabinoj. Hodiaŭ tio nur restas skribita super du enirpordoj. Mi komencis instrui knabinojn, sed jam en la sesdekaj jaroj ĝi fariĝis geknaba lernejo.

Gimnazio estas nedeviga, kvarjara lernejo post la okjara elementa lernejo. Ĝi instruas ĝeneralan scion pri naturaj kaj homaj sciencoj. La lernanto povas mem elekti la direkton: naturan aŭ socian post la unua klaso. La kvara jaro finiĝas per abiturienta aŭ matura ekzameno. Lernantoj preparas sin por ĝi dum unu monato, ĉar ili finas kursojn jam en majo. Dum tiu monato ili preparas skriban laboron kiu ja estas unu de tri ekzamenoj kiun ĉiu devas pasi.

Kompreneble, post tiu abiturekzameno okazas abitura danco kiel granda festo. Por tiu balo, tiel oni nomas tiun dancvesperon, junulinoj vestas belan robon. Ankaŭ la knaboj aspektas kiel por edziĝo. Laŭ la tradicio, ĉe nia gimnazio okazas poste ĉiun kvinan jaron pli modesta revido kaj danco. Tio estas ebleco por ke la samklasanoj aŭ samgeneracio rerenkontiĝu. Tiam ni profesoroj aŭ eksprofesoroj estas ankaŭ invitataj. Por mi okazas ke ĉiu junie mi iras kunfesti unu aŭ eĉ plurajn jubileajn renkontiĝojn.

Tiuokaze samklasanoj revenas al gimnazio, eniras la kutiman klason, klasestro havas malnovan nomlibron de kie li aŭ ŝi legas la nomojn laŭ la alfabeto. Ĉiu diras ion pri si, komuna fotado en la korto de gimnazio sekvas. Poste oni kune iras vespermanĝi kaj danci.

Mi ŝatas tiajn renkontiĝojn, ĉar ne nur ni aĝiĝas, ankaŭ niaj lernantoj. Foje ili devas iom memorigi min per kelkaj anekdotoj de ilia gimnazia tempo. Ili nun estas gepatroj aŭ geavoj. La vespero fariĝas plena de rido kaj ĝojo.

Kvankam mi ŝatas ciferojn, mi bezonus tro da tempo por statistiko, al kiom da lernantoj aŭ al kiom da klasoj mi instruis matematikon, fizikon aŭ esperanton.

Lernejo kaj lernantoj estis granda parto de mia vivo kaj dum mi festas kun ili, mi sentas miajn lernantojn kiel miaj infanoj. Kiam mi iras al kuracisto kaj se tiu estas iu eksa lernanto, li aŭ ŝi ne permesas ke mi atendu. Tuj vokas min. Iom kun ĝeno mi eniras, pro la longa vico en la atendejo. La ĝeno malaperas kiam li aŭ ŝi alparolas min. Mi fidas al tiu kuracisto kvazaŭ al mia gefilo. Pro tio mi facile akceptas operacion kaj nun mi havas artefaritan kokson. Mi povas marŝi senprobleme. Foje kiam mi promenas tra la urbo, iu alparolas min kaj denove sufiĉas diri kelkajn nomojn aŭ la jaron kaj mi memoras tutan klason.

Jes, ja, proprajn infanojn mi ne havas. Nature mi volis havi. Mi gravediĝis post la geeziĝo kun Ivo en 1955. Mia naskita filino mortis tuj post la naskiĝo. Unu plian fojon mi provis, sed okazis spontana aborto. Malgaja mi estis sed ne por longe. Mi ekvivis kun la ideo ke miaj lernantoj estas miaj infanoj.

Tiam esperanto kaj aliaj aktivecoj helpis mian mensan kuraciĝon. Mia edzo ne parolis esperanton, sed li estis elkora amiko de esperanto. Li veturigis min ofte ke mi vizitu geesperantistojn en Hungario aŭ en iu alia proksima urbo. Li ankaŭ facile akceptis ke mi forvojaĝu ĉiusomere sen li. Kutime kun amikinoj mi vojaĝis ien eksterlanden por partopreni UK-on.

Mia koro batis ĝoje dum mi revidis kongresanojn kiuj ja estas kvazaŭ familianoj. Kun multaj mi korespondadis kaj interŝanĝis vizitojn. Kun ili mi dividas alian amon, amon por internacia kompreniĝo.

Pri tia familia sento mi multe aŭskultadis kiel gimnazianino en Nova Gradiška. Tiama klasestro kaj profesoro de matematiko kaj fiziko, sinjoro Novljan, rakontis pri Zamenhof kaj liaj ideoj. Mi tuj volis lerni tiun lingvon same kiel aliaj klasanoj. Mi komencis korespondi unue kun amiko el Ĉehio kaj poste el aliaj landoj. Esperanto verdigis min. Hodiaŭ mi foje interŝanĝas leterojn, aŭ fakte nur bildkartojn.

Mi ĉesis skribi, mankas la emo. Sincere, nur plendi mi ne volas. La tempo de milito ne inspirigas min por skribado. Tamen mi feliĉas kiam poŝtisto alportas iun leteron, aŭ revuon. Tiam mi ĉesas rigardi televidan programon. Post la morto de mia edzo, ĝi fariĝis la ĉefa akompananto en la ĉiutaga vivo. Tiu moderna fenestro alproksimigas al mi homojn, landojn kaj novaĵojn. Tiel mi ekscias kio okazas en mia lando kaj en la mondo.

La vivo nuntempe por mi estas iom soleca. Multajn verajn familianojn mi ne havas. Mi naskiĝis la 27-an de julio 1919, en Podgoraĉ, vilaĝo apud Naŝice en Kroatio. Miaj gepatroj laboris tie kiel instruistoj ĉe elementa lernejo. Kiam mi devis eniri lernejon, ili translokiĝis en pli grandan urbon kie mi povis fini ankaŭ mezgradan lernejon. Mi havis du fratojn kiuj same kiel mi studis en Zagrebo dum la dua mondmilito. Ili ambaŭ studis medicinon.

Mia pli aĝa frato devis iri al kruca vojo. Pli frue estis ni ĉiuj, patro, frato Zlatko kaj mi, arestitaj. Frato Anĝelko, studento de medicino, estis arestita en majo 1945 dum nokta servo en malsanulejo. Neniam li revenis kaj ni ne revidis lin. Poste ni ricevis avizon ke li estis mortigita. Post kelkaj jaroj ni aŭdis ke li estis mortigita ŝajne de nia najbaro el Nova Gradiŝka, Ranko Zec. Li nun vivas kaj promenas en Zagrebo.

La pli aĝa frato Zlatko eklaboris en Varaĵdin kiel kuracisto kaj havas kvar filinojn. Zlatko mortis antaŭ kelkaj jaroj. Miaj nevinoj foje venas helpi min endome. Mi ne volas tro ĝeni ilin ĉar ili nun havas infanojn kaj siajn zorgojn. Tial mi vivas iom sole kun fojaj vizitoj de miaj gekolegoj kiuj emeritiĝis kiel mi.

Telefono ja alproksimigas geamikoj. Mi konfesas al vi, se ĝi ne sonoras unu tagon, tuj la vesperon mi turnas ciferojn kaj alparolas iun.

Kiam mi pensas pri nia varaĵdina esperanto-klubo, ĝi iam estis tre aktiva kiam Boĵidar Vanĉik fondis ĝin tuj post la UK en Zagrebo en 1953. Centoj de lernantoj volis lerni esperanton. Nun neniu havas intereson. Mankas la tempo aŭ emo. Al mi mankas forteco. Iu devus puŝi min por ke mi eliru. Mia apartamento estas komforta kaj nesekureco milita ne helpas. Estas la vero ke esperanto ne estas la plej grava bezonaĵo nuntempe.

Restas al mi memoroj. Kiam mi instruis esperanton, abundis gimnazianoj en nia klubejo. Mi scias, estis tio pro matematiko. Dum tiu tempo mi daŭrigadis la vojon de mia profesoro Novljan. Mia celo estis ke multaj lernu la lingvon aŭ almenaŭ sciu pri ĝia ekzisto.

Mi estas kontenta ĉar du el miaj lernantinoj daŭrigas movadi kaj aŭdante pri ili, mi tre fieras.

Spomenka estas jam fama verkistino en nia movado. Ŝi multe agas, gvidas la esperanto-movadon de Zagrebo kaj Kroatio, same internacie ŝi aktivas.

Zdravka foriris malproksimen, en Kanadon. Ŝi kaj la edzo, Normando, fariĝis "motoro" de E-movado en Montrealo kaj Kebekio.

Mi esperas ke ilia rikolto pli abundos ĉar ili tiom longe kaj bone semas.

Por ke la civilizacio progresu, diras unu proverbo, lernantoj devus superigi siajn profesorojn samkiel infanoj devus esti pli bonaj ol siaj gepatroj.

(Notita de Zdravka Metz en 1994)

Ĝisdatigo: Zdenka Ivek mortis du tagojn antaŭ la solena malfermo de la UK en Zagrebo, en julio 2001.

Nigrulo, ruĝulo, blankulo – mi ne vidas diferencon

Intervjuo kun Jean el Kanado, kiam li havis 65 jarojn

Mia praavo Sorel Pigeonnel venis el Francio por vivi en Haitio, hodiaŭ verŝajne unu el la plej malriĉaj landoj de la mondo. Veninte tien, li estis rimarkebla inter la loĝantoj malhelhaŭtaj kaj tre intermiksitaj rase kaj religie. Li asimiliĝis edziĝante, kun virino de alia raso, kaj en la tri postaj generacioj de la familio Sorel, ĉiuj infanoj pli similis al la praavino.

Kaj mi venis Kebekion antaŭ 29 jaroj, kaj ankaŭ mi estis tre videbla, ĉar mi apartenis al la unuaj enmigrantoj de alia koloro. Mi konscias pri tiu mia rasa aparteniĝo, sed mi neniam vere vidis tiun diferencon, ĉar ekde mia naskiĝo tiun kapablon mi ne havas.

Jes, mi naskiĝis blinda, sed mia patrino eksciis tion nur ses monatojn poste, kiam ŝi portis min al kuracisto. Ŝi rimarkis ke mi kiel bebo ne reagis kiel la aliaj. Mi ne ekĝojis pri multkolora tolaĵa pupo, nek mi ridis al la patrino kiam ŝi alproksimiĝis. Kompreneble mi ridis al ŝi, sed nur kiam mi rekonis ŝian voĉon aŭ kiam ŝi prenis min. Miaj okuloj estis krome iom pli elstaraj pro denaska malsano - *congenital buftalamos glaucom*.

Kiam do mia patrino eksciis pri mia handikapo, ŝi ankaŭ eksciis ke operacio ne helpos. Tiam ŝi diris al si mem ke blindeco ne estas obstaklo por instruiĝo en la vivo. Ŝi estis religiema kaj same kredema al Dio kiel al si mem. De mia naskiĝo ŝi parolis al mi kaj al miaj kvar gefratoj en la franca, kiu tiutempe, en 1928, la jaro de mia naskiĝo, estis la lingvo de prospero. La kreola lingvo, kiu estis parolata inter la popolo, onidire, estis nur dialekto kaj ne lingvo. (Hodiaŭ oni konsideras la kreolan kiel oficialan lingvon de Haitio kaj eĉ lernejoj instruas al infanoj en la kreola kaj instrulibroj ekzistas ankaŭ kreole.) La kreolan mi tamen aŭdis en mia domo de helpantinoj kiuj laboris ĉe ni. Ankaŭ surstrate infanoj interparolis kreole, same kiel en la lernejo dum ne estis proksime ĉe ni iu instruisto.

Ĉar la kreola estis malpermesita, por mi kiel infano ĝi estis des pli interesa. Tiel mi estis dulingva, ekde la komenco de miaj memoroj.

Tre frue miaj ludiloj konsistis el lignaj kubetoj kiuj surhavis unu literon de la alfabeto. Tiel ludante konstrui ponton kaj domojn, mi estis instruata de mia patrino rekoni literojn. Estis ŝi, kiu speciale por mi farigis tian ludilon ĉe majstro en ligna arto.

Trijara, do frue por infano de mia lando, mi eniris la lernejon. Tiam mia plej aĝa fratino estis matura por la lemejo kaj mia patrino sendis ankaŭ min, por ke mi estu en ŝia klaso; kaj mi komencis lerni aŭskultante. Mi estis tre trankvila infano en la lernejo. Verŝajne pro la scivolemo mi neniun ĝenis. Tamen hejme, mi estis infano ŝajne tre vigla. Oftege vundata, ĉar ofte mi falis ludante kun aliaj amikoj. Feliĉe mia patrino ne timis vidi sangon kaj, post la lavado de la vundo per alkoholo, ŝi sendis min denove eksteren al la ludo. Mi bone memoras ke mia frato ofte portis min sur sia dorso kaj eĉ kuris kun mi surdorse, kaj mia fratino portis min tiel ke mi sidis sur ŝia kokso kaj kelkfoje ŝi aspektis iom kurbita pro mia sidado kaj pezo.

Dank' al la patrino, malgraŭ mia handikapo, mi sentis min normala, egala al aliaj infanoj. Kun la penso de egaleco, infana, homa kaj poste rasa, mi kreskis unue en Jacmel, urbo de dek kvin mil loĝantoj, kaj poste plimaturiĝis en Usono kaj Kanado.

En Jacmel mia patrino renkontis francan kuraciston kiu pro sia aĝo perdadis la vidpovon. Kiam li aŭdis pri mi, li sentis sin stimulita mendi instrulibron el Francio por lernigi min brajlon, kaj krajonojn kaj dikajn kajerojn por skribi per literoj por blinduloj. Li mem lernis pere de libro kun siaj gefiloj, kaj poste organizis privatan lemejon por blinduloj. Mi, tiam sesjara, estis unu el liaj unuaj lernantoj en Haitio kiu vizitadis specialan lemejon kies programoj similis al publikaj lernejoj. La problemo estis ke le instrulibroj ne ekzistas brajle, do mi mem transskribadis historiajn aŭ geografiajn librojn laŭ ies legado el ordinaraj libroj. Kiel dekjara infano mi estis operaciita, sed rilate la blindecon nenio ŝanĝiĝis. Mi daŭrigis la lernadon en mia naskiĝurbo ĝis mi finis la mezgradan lernejon en 1948. Samtempe kun la ĝenerala instruado en lernejoj mi devas denove mencii mian patrinon. Ŝi decidis instrui al siaj infanoj la anglan kaj hispanan, kvankam ŝi mem ne scipovis paroli tiujn lingvojn. Nekredeble, kelkaj diros, sed vere: mi tre bone komprenis ambaŭ lingvojn, sed kelkajn problemojn mi havas parolante, ĉar la patrino ne scipovis prononci ilin. Krom la libro por memlernado, tiutempe ne ekzistis diskoj aŭ kasedoj kun la prononco. Ni feliĉe havis kurtondan radioaparaton, kaj ĉiutage mi sidis almenaŭ kvar-kvin horojn por aŭskulti radiostaciojn de la tuta mondo, ĉefe anglajn kaj hispanajn.

Tiel mi kompletigis la lernadon de fremdaj lingvoj.

Vere pensante pri mia patrino, mi devas diri ke ŝi estis eksterordinara virino. Ŝi estis instruita sufiĉe bone konsiderante ke ŝi estis virino kaj vivis en Haitio. Si mem havis kvinjaran instruadon en mezgrada lernejo, kaj ne pli. Tiam ne ekzistis universitato, kaj pri studado eksterlande oni ne pensis komence de la jarcento. Laŭ mi, ŝi estis perfekta psikologo kiu sciis kiel stimuli, kion la infanoj ĉefe bezonas. Ni ĉiuj infanoj estis tre ligitaj al la patrino, ĉar la patro estis tro okupita kiel komercisto. Li posedis ĝeneralan vendejon, aŭ vendejon de ĉioaĵoj, en nia urbeto. Li amis mian patrinon, kaj pro ŝi, kiu havis alian religion, baptistan, li akceptis vivi sen katolika religio. Kompreneble post la disiĝo de mia patrino li rekatolikiĝis. La disiĝo mem ne multe ŝanĝis nian vivon, ĉar patrino organizis propran vendejon, sed daŭre prenis la tempon por ni. Tiam mi estis iom pli ol dekjara. Mia plej aĝa fratino studis en Parizo. La dua mondmilito prepariĝis. (La militon, poste, ni ne multe sentis en Haitio, krom ke mankis kelkaj varoj, aŭ ke la prezoj plialtiĝis. Tiutempe Usono investis en suda Haitio por organizi plantejon de kaŭĉuko, ĉar la kaŭĉuko ne plu venis el Indonezio kaj mankis.)

Post la mezgrada lemejo mi daŭrigis la studadon en Usono, en la ŝtato Massachusetts en la urboj Perkyns kaj Harvard. Tri jarojn poste mi revenis Haitien kun diplomo de Pedagogia Fakultato, kaj mi povis eklabori kun infanoj kiuj havis handikapojn, en la ĉefurbo Port-au-Prince.

Mi mem volis daŭrigi la studadon kaj komencis studi juron. Apud la studado, mi laboris en lernejo por handikapitaj infanoj. Mi instruis al blindaj infanoj, sed ankaŭ al vidantaj instruistoj kiuj specialiĝis por labori kun blinduloj. Tiutempe mi estis okupita de la sesa matene ĝis la oka vespere, senĉese, ĉar mi instruis ankaŭ la anglan private kaj laboris ĉe Radio Haiti. Ĝi estis ne nur radio por la tuta lando, sed oni povis aŭdi ĝin pere de kurtondaj radioj. Multaj haitianoj loĝantaj ekster la lando aŭskultadis ĝin regule.

Ĉe la radio mi ludis plurajn rolojn: mi anoncis novaĵojn, informadis pri novaj diskoj, menciante kantiston, muzikiston kaj ĉion kio estis skribita sur la disko; mi anoncis reklamojn. Foje mia voĉo devis esti ĝoja, aŭ male, pli rapida aŭ ekscita. La radio estis tiutempe iuspeca scenejo kie mi estis la aktoro kiu devis ŝanĝi la humoron depende de la spektaklo. Tiam ne ekzistis televidiloj, do radioaparatoj estis tio kio ne nur devis transdoni la informojn, sed priskribante la eventojn devis helpi la homan imagon.

Mi ŝatis la laboron ĉe la radio same kiel mi ŝatis geamikojn kaj aparte la socian vivon. Tiu profunda emo renkonti la aliajn kaj havi komunan celon, kaŭzis ke mi multe agis por fondi la unuan societon por blinduloj en Port-au-Prince kaj en aliaj urbetoj en 1952.

La politika situacio en Haitio malboniĝis kiam komencis diktatoreci Duvalier. La vivo fariĝis malfacila, ĉar oni ne plu povis libere esprimi sin. En 1960, unu mia bofrato jam estis malliberigita pro politikaj kaŭzoj. Dum mi vizitis alian fratinon, venis la polico en ŝian domon kaj arestis ŝian edzon pro samaj kialoj. Tiu surpriza ŝoko por mi malsanigis min, ĉar tiel mi spertis la momenton de nejusteco. Du bofratoj malliberigitaj sufiĉis. Mi diris al mi mem ke mi ne povas plu vivi en la lando kie mi ne rajtas esprimi mian opinion. Kune kun mia fratino mi petis vizon por enmigri Usonon, kaj bonŝance pro niaj profesioj ni ricevis ĝin en 1964.

Ni alvenis en Novjorko, sed mi mem ne vivis longe tie, ĉar internacia koresponda lernejo, gvidata de Instituto Hadley, proponis al mi labori kiel korektanto de la angla kaj franca kursoj en Montrealo. Volonte mi translokiĝis en oktobro 1964 en Kebekion. Havante la laboron, mi jam solvis la plej gravan problemon de enmigrinto. Ankaŭ loĝejon mi trovis post iom da tempo helpe de amikino el Kebekio. Ŝi konfesis al mi ke ĉio irus pli facile se mi estus blankulo. Feliĉe, mi ne vere vidis la reagojn la domposedantoj, same kiel mi ne povis vidi ĉu unu dancejo estis vere plena kiam ni kvar Haitianoj volis eniri kaj ĉe la pordo oni tion diris al ni.

Jes, tiutempe oni sentis iom pli tiun rasan diskriminacion, kvankam ĝi ne estis institucia problemo kiel en Usono. Ci tie ne ekzistis apartaj lernejoj por nigruloj, rezervita loko en aŭtobusoj por nigruloj. Ŝajnas al mi ke la homoj ĉiam timas tion kion ili ne konas. Tiam nigruloj ne estis multnombraj, ili ne konis nian kulturon. Laŭ mi, eĉ hodiaŭ oni ne povas malaperigi tiun rasan problemon, sed pere de edukado oni povas certe malaltigi ĝin.

Ni ĉiuj havas niajn gustojn, ideojn, kulturojn, kaj eĉ se oni ne ŝatas ion de la alia, oni devas respekti, lerni toleri la diferencon. Toleremo estas tre grava en la vivo, kaj ĝi mankas al diversspecaj ekstremistaj gejunuloj, ne nur en Montrealo, sed ĉie en la mondo.

Por mi, la homo estas homo, ĉu blankulo, nigrulo aŭ ruĝulo, mi ne vidas la diferencon. Por mi tuŝi manon blankan aŭ nigran estas same. Tio, kio pli gravas, estas la manpremo: ĉu firma, amika aŭ tute senemocia. Jam manpremante mi povas senti ĉu iu estas persono kun karaktero aŭ sen ĝi, ĉu estas simpatia al mi aŭ ne. Do, homo estu bona, krea, pozitiva, helpema. Tio gravas en la vivo, kaj ne, kiun haŭtkoloron iu havas aŭ kiun lingvon parolas. Mi mem ne scias kiel agi kiam mi kontaktas iun kun antaŭjuĝoj. Tiam mi eksilentas kaj evitas la personon kun la espero ke mi neniam plu renkontas lin.

Sed reen al mia alveno en Montrealo. Ĉe mia internacia lernejo montriĝis la bezono de korektanto de esperantaj lecionoj. La direktoro de la lernejo konis mian inklinon al lingvoj kaj skribis al mi tre interesan proponon studi esperanton pere de libro kaj kasedo dum tri monatoj. La ideo de internacia lingvo entuziasmigis min kaj mi ne nur komencis lerni sed ankaŭ interesiĝi pri la ekzisto de esperanto-societo. Sufiĉe rapide mi eksciis pri Montreala Esperanto-Klubo kiun gvidis en 1965 sinjoro De Kinder. La klubanoj renkontiĝadis ĉiumerkrede kaj tiel mi povis ekzerci esperanton. Samtempe mi bone pasigis ekzamenon kiun organizis Kanada Esperanto-Asocio.

Estis serioza ekzameno. Mi havis pruntitan brajlan tajpilon por povi traduki en esperanton la tekston kiun iu legis al mi. Sekvis ankaŭ buŝa ekzameno. Poste mi havis plurajn perkorespondajn lernantojn. Pri unu mi tre fieras ĉar li ne nur partoprenas esperanto-kongresojn kiel mi, sed eĉ prelegas dum la kongresoj.

Mia unua partopreno en Universala Kongreso estis en la jaro 1971 en Britio, kaj la posta en 1978 en Bulgario. Post tiu kongreso, mi regule partoprenis ĉiujn krom tiuj kiuj ne okazis samlande kiel la kongresoj por blinduloj.

Por mi esperanto-kongreso estas granda familia renkontiĝo. Mi mem preferas kongresojn por blinduloj ĉar estas pli facile renkontiĝi kun 200 ol kun 2000 homoj. Mi ĝojas ke la kongresoj okazas ĉiam en alia lando, ĉar tiel, malgraŭ la blindeco, mi povas konatiĝi pli kun la kongresa lando, pli da homoj de tiu lando ĉeestas, oni lernas pri kutimoj, oni aŭdas alian lingvon surstrate, gustumado de naciaj pladoj tre plaĉas al mi, la nacia vespero estas ĉiam bone organizita, prelegoj pri la lando, ĝia historio kaj kion ili faras por blinduloj estas aparte interesaj temoj por mi.

Esperantajn aktivecojn en Montrealo mi daŭre partoprenas, sed nuntempe la renkontiĝoj okazas nur unufoje monate. Tamen mi povas ĉiutage uzi esperanton, ĉar antaŭ kvar jaroj Patriko organizis en Montrealo telefon-komputilan servon "La Papago". Tiel mi povas papagi: aŭskulti kion diris aliaj kaj mem paroli ĉiutage. Kvankam ĝi estas nur telefona interparolado, ĝi multe helpas ne nur por la plibonigo de lingvo-konoj, sed ankaŭ pro la diversaj temoj ĝi helpas esprimi proprajn ideojn kaj same kompreni la opinion de aliulo.

Ĉu vi jam pripensis en kiu lingvo venas al vi la ideoj? Multaj starigis al mi tiun demandon: ĉu mi pensas angle, france, kreole, hispane aŭ germane? Unue ŝajnis al mi ke mi ne estas normala ĉar entute mi ne pensas vorte sed image kaj sente, kaj poste depende de tio kun kiu mi parolas mi vortigas pere de lingvo kaj buŝo. Poste leginte pri la vivo de Margaret Trudeau, mi eksciis ke ankaŭ ŝia eksedzo revis image kaj ne vorte. Ankaŭ kelkaj aliaj konfirmis al mi la samon, do mi ne plu estas la sola kiu kredas ke imago kaj sento estas antaŭ la vortoj. La vorto ne kreas ideon, sed ideo antaŭas la vorton. La pruvo estas beboj kiuj ne scias paroli, sed ili povas reagi pri ĉiu agrabla aŭ malagrabla sento. Ankaŭ plenkreskuloj foje diras: Estas ĝi sur mia lango-pinto, sed mi ne trovas la vorton. Miaj geamikoj diras ke tio estas unu el miaj filozofiumaj flankoj kiun mi mem tre ŝatas.

Ĉar mi jam parolas pri filozofiemo, mi diru ke mi apartenas al iu realisma optimismo, kaj por mi optimismo ne estas la malo de realismo. Oni rajtas revi ĉar multaj revoj realiĝas, sed en tiu revado mi estas ankaŭ realisma.

De ĉi tie venas mia opinio pri diskriminacio: ĝi ne tute povas malaperi ĉar ĉiam estos iaj individuoj kiuj pensos aliel, sed mi esperas ke la socio kun siaj plimultoj vivos kun respekto kaj toleremo.

Mi ŝatas ankoraŭ nur listigi kelkajn aliajn aktivecojn rilate la socian vivon: Post dujara restado en Montrealo, mi membriĝis al klubo por blinduloj. Oni nomas min helpanto de blinduloj en Haitio ĉar mi aŭ aĉetas aŭ ricevas aŭ riparigas brajlajn maŝinojn, tajpilojn, bastonojn por marŝado, kaj por ĉio mi poste trovas vojojn por la sendado al Haitio. Dum mia lasta translokiĝo, mi decidis sendi 18 kestojn da libroj brajle skribitaj. En Montrealo mi starigis la unuan servon de gvidado kaj legado por blinduloj, kaj mi fieras pro tio. Oni konas min ankaŭ en Multetna Asocio por la Integriĝo de Handikapitaj Personoj en Kebekio, kaj Kanada Konsilio por Blinduloj konis ankaŭ mian aktivan partoprenon. Pasintjare mi aliĝis al jam ekzistanta literatura haitia klubo.

Pro tia aktiva socia vivo, nuntempe, malgraŭ mia emeritiĝo, mi estas okupata per volontulaj laboroj. Foje mi eĉ devas rifuzi ion, ĉar mi ankaŭ havas emon kaj bezonon fari ion por mi.

Mi vivas sola. Iam mi volis edziĝi, sed rigardante tion kio okazas al geedzoj, mi ne bedaŭras. Mi preferas esti sola, feliĉa, kaj senti ke mi havas multajn geamikojn kiujn mi povas renkonti dum klubaj vesperoj aŭ private. Neniam en la vivo mi estis membro de iu partio, ĉar mi tre ŝatas la spiritan liberecon, kaj la neaparteno al iu partio permesas al mi esprimi ĉion libere kaj nature. Eble ĝuste tiu spirita libereco, kiu tamen baziĝas sur kredo, kaŭzas ke mi estas granda optimisto, ridemulo kaj ŝercemulo. La kredo estas ligita kun mia infanaĝo. Tute eta mi kredis pri la ekzisto de Sankta Nikolao, kiu estis priskribita kiel ĉiela homo kiu agrable surprizas infanojn. Kiam mi estis sesjara, miaj pli aĝaj amikoj diris al mi, ke Sankta Nikolao ne ekzistas, ke la gepatroj ĉion preparas. Do, mi ĉesis kredi. Sed kiam mi havis dek jarojn, pro operacio mi forestis de la gepatroj, ĝuste en la tago de Sankta Nikolao. Mi estis certa ke nenio okazos, ĉar mi ne estis hejme. Tamen, kiam mi venis por surmeti la ŝuojn, en unu el ili estis sukeraĵo. Mi estis tiom ĝoje surprizita, kaj mi rekredis. Ĉu en tia aŭ alia maniero: tamen iu ne forgesas vin.

Tiel mi vivas. Mi kvazaŭ havas iun ene de mi kun kiu mi komunikas, kaj ofte dimanĉe mi iras preĝejon por preĝi, mediti kun la kredo ke iuj enaj mesaĝoj realiĝos iun tagon; kaj ke ne estu malsato en Somalio kaj milito en Kroatio, kaj malaperu nejusteco ĉie en la mondo.

Mi konscias ke miaj pozitivaj ondoj kuniĝas kun ĉiuj homaj, pozitivaj pensoj, kaj tiel la homoj vivos pli bone en la mondo.

(Notita de Zdravka Metz en 1994)

Rat i Mir

Intervjuo kun Ratimir el Kroatio, kiam li havis 77 jarojn

Pasas jam la tria somero ekde kiam mia lando troviĝas en milito kaj paco (kroate: Rat i Mir). Tiu milito estas la plej terura en la 13-jarcenta historio de Kroatio. Ĝi kaŭzis ne nur grandajn domaĝojn detruante naturon, vilaĝojn kaj urbojn, sed eĉ grandajn homajn tragediojn.

Vole-nevole foje mi cerbumas pri mia vivo. Ankaŭ mi naskiĝis en milito. Tiam en Eŭropo daŭris la unua mondmilito. Laŭ la rakontoj, mia patro – tiam fianĉo de mia patrino – devis foriri al la itala fronto. De tiu tempo restis en nia domo gitaro kiu kunmilitis, kaj foje li ludis ĝin endome.

Post lia reveno okazis la geedziĝa festo, kaj en la posta jaro, en 1917, mi naskiĝis. La sekvan jaron finiĝis la milito kaj komenciĝis dudekjara paco. Mi longe supozis ke mia nomo – Ratimir – devenas el tiu tempo, sed iam mia patro rakontis al mi pri duko Ratimir el la kroata historio de la 9-a jarcento.

Mia naskiĝurbo estas Varaĵdin (Varaždin). Ĝi fariĝis en la 12-a jarcento libera urbo per la atesto-dokumento – Zlatna Bula – donita de la reĝo Andrija la Dua.

Verŝajne pro oftaj historiaj rakontoj mi ja ekŝatis la historion. Pensante pri la vorto historio, tuj mi rememoras la proverbon: "Historio estas instruistino de la vivo". Latine ĝi estas : "Historia magistra vitae est". Tamen pensante pri mia vivo mi sentas ke mia korpo travivas la trian militon. Kvazaŭ la homoj nenion lernis, kvazaŭ la historio ripetiĝas; ĉar ĉiu generacio spertas militon kaj suferojn.

Tamen la militoj malsamas inter si. Mia patro estis mobilizita de fremduloj (dum la aŭstro-hungara monarkio). Mi estis devigita fari laborservon de la kroata registaro, kiu ligis sin kun la germana registaro dum la dua mondmilito. Nun mia bofilo surmetis soldatan uniformon de la propra registaro por defendi la propran teritorion kaj demokration, kiun elektis la popolo per referendumo en majo 1990.

Tiu nuna milito almenaŭ donas esperon ke ni kroatoj decidados pri nia sorto kaj ne iu alia. Tamen, same kiel la hitlera milito, ĝi ĉesigis ĝojan junecon. Tiu ĉi milito de Milošević kaj serbaj ekstremis-

toj kontraŭ aliaj sudslavaj popoloj, laŭ la plej kruelaj metodoj: detru-
ante hospitalojn kie estis malsanuloj kaj senarmilaj homoj, organi-
zante fizikan perforton en koncentrejoj, vilaĝoj aŭ urboj kontraŭ
civitanoj kaj soldatoj – tiu milito de etna purigado pere de perforto,
amarigas mian vivon kiel emeritulo.

Pri la historio ĝenerale kaj pri mia vivo, mi ofte rakontis al miaj
tri filinoj. Sed restis unu paĝo aŭ eĉ ĉapitro en tiu 77-jara romano
kiun mi neniam rakontis al ili. Mi timis ke ili povus ĝin rerakonti ie,
kaj tio povus malhelpi al la tuta familio. Ankaŭ mi ne volis kreskigi
malamon kontraŭ la lando en kiu ili naskiĝis, ĉar tio ja restas hon-
tiga rakonto de Socialisma Federacia Respubliko Jugoslavio. Pen-
sante pri ĝi denove kaptas min malagrabla sento, kaj mi demandas
min ĉu iam estos oficiale kaj internacie rekonata, kian malbonaĵon
faris la partizanoj* de Tito en jam libera lando, post majo 1945.

Unue mi revenu al mia infanaĝo kiun mi travivis kun la gepatroj
kaj du fratoj en la urbo Varaĵdin dum miaj unuaj 12 jaroj. Nia patro
ofte distris nin per grekaj aŭ latinaj proverboj, ekzemple: "Mens
sana in corpore sana" (menso sana en korpo sana). Tiu diraĵo estis
kvazaŭ "slogano" de nia familio. Tre frue ni tri fratoj sekvis la gepa-
trojn en iliaj gimnastikaj kaj montgrimpaj aktivecoj, kaj mem poste
aktivis en la societo Sokol (Falko). Eĉ hodiaŭ 15 minuta gimnastiko
estas parto de mia matena rito.

Gimnastikon, ŝaton al naturo kaj dimanĉan promenadon ni
daŭrigis vivante en la urbo Zagrebo, kien ni translokiĝis en 1929.
Mia patro kiel financa konsilanto ŝanĝis postenon. Tiutempe la
lando estis grandparte agrikultura, kaj kiam mi finis la gimnazion
(mezgradan lernejon), mi elektis studi agronomion. La studado ne
nur larĝigis miajn sciojn pri naturo kaj la homo, sed ankaŭ vekis
intereson al vojaĝoj, malnovaĵoj kaj lingvoj. Kiel studento mi vizitis
Sofion kaj Pragon, kie okazis internacia gimnastika festivalo de
slavaj landoj. Mi vidis plurajn germanajn urbojn dum mia prak-
tika laboro en agrikulturo en Germanujo. Tiuj vojaĝoj ebligis al mi
konatiĝi kun homoj kaj landoj.

Ankoraŭ nun, pensoj pri la studenta vivo kaj travivaĵoj kun ge-
amikoj-montgrimpantoj ĉiam varmigas mian koron.

---

* partizanoj – soldatoj organizitaj de Tito kaj la komunisma partio

Dum mia lasta studjaro, en Eŭropo jam komenciĝis la dua mond-milito, kiu en 1941 atingis ankaŭ nin. La tiama kroata registaro apartiĝis de la lando SHS (Slovenio-Kroatio-Serbio) kaj mem dividiĝis laŭ diversaj ideologiaj tendencoj. Restis al mi kelkaj ekzamenoj por fari, sed mi ne rapidis diplomiĝi. Tiam mi eĉ enskribiĝis ĉe la filozofia (scienca) fakultato pri zoologio kaj botaniko. Tiutempe studentoj ne devis soldatiĝi. Ankaŭ la tuta familio provis resti neŭtrala.

Tamen en 1943 ĉiuj junuloj kiuj restis hejme estis devigitaj partopreni tiel nomatan "honoran laborservon". Tie ni lernis fari baraĵojn, vojojn, fosi kanalojn por reguligi riverojn. Unuvorte: ni laboris per ŝoveliloj.

Ni loĝis en lignaj dometoj, ne fore de Zagrebo. Pro kontentiga laboro dum la unua monato, nia teamo rajtis reiri hejmen semajnfine. La fakto ke por tiu servo mi devis resti en vilaĝo, tio iom helpis al miaj gepatroj, kiuj en la urbo povis aĉeti nur porciumitan manĝaĵon pere de paperaj kuponoj aŭ tolaĵon laŭ poento-sistemo. Ofte el Zagrebo al la vilaĝo mi portis salon kaj diversspecajn tukojn, interŝanĝante tion por ovoj, fromaĝo, kremo, faruno... Eĉ unu fojon mi aĉetis tiel meleagron por familia festo por la Tago de ĉiuj Sanktuloj, la 1-an de novembro. Tiam oni pensas pri la mortintoj, vizitas kaj ornamas iliajn tombojn.

Dum du jaroj mi vivadis tiel, kaj tiam venis la liberiĝo en majo 1945.

En Zagrebo, la liberiĝo okazis la 8-an de majo. La tagon poste en la urbo regis stranga silento, kaj jam la 10-an, por miloj da gejunuloj dise tra Kroatio komenciĝis la "kruca vojo" kiu, depende de la regiono, daŭris ĝis la fino de la jaro. Dum kruca vojo mi plurfoje proksimiĝis al la morto, kiu videblis ĉie, kie ni marŝadis. Nun mi decidis priskribi tiun okazaĵon, ĉar mi volus ke la mondo aŭdu kaj komprenu kroatojn kaj ilian deziron rajti nomi sin kroatoj kaj senti liberiĝon de Jugoslavio.

Tiun majon 1945, en nian domon venis pluraj junaj gepartizanoj. Ili estis informitaj ke ĉi tie loĝas kelkaj junuloj. Ili traserĉis nian domon de la kelo ĝis la tegmento, kaj poste ordonis ke ni fratoj eliru kaj sekvu la junularon de nia kvartalo. El ni tri, unu frato sukcesis kaŝi sin dum la eliro, kaj tio estis bonŝanca por li, sed ankaŭ por mi poste.

Ni kolektiĝis ĉe la Vinogradska hospitalo kie ili gardis nin dum du tagoj en malplenigita parto de tiea stalo. Ni ĉiuj, jam pluraj centoj, ricevis malplenajn pafilojn kaj oni nomis nin liberiga 13-a brigado. Poste ni ekmarŝis al Slovenio. La urbon Celje ni atingis post septaga kaj –nokta marŝado, ricevinte nek akvon nek manĝon. Foje la loĝantoj donis al ni iun manĝaĵeton aŭ akvon. Pri unu tia akvodonacintino de Varaĵdin mi scias ke ŝi sidis en malliberejo dum du jaroj, nur pro tiu ago. Pri aliaj kiuj helpis al ni, mi ne povas scii.

Dum tiu kvazaŭ senfina marŝado (ni dormis foje tri aŭ kvar horojn) ĉiu kiu ne plu povis iri, falis kaj tuj ricevis pafon. Tio ja sufiĉis por certigi ke tiu ne plu forkuros. Foje mi sentis malforton, sed mia frato kaj konatoj helpis al mi, same kiel mi faris dum ilia malbonfarto. Bonŝance mia korpo eltenis ĝis Celje. Tie mi travivis la plej malĝojan naskiĝtagon en mia vivo. Estis la 19-a de majo, kaj ni ricevis manĝon. Vice ni staris por ricevi ion kuiritan en kaserolo. Jam antaŭ mia vico mi aŭdis la murmuradon: "la fazeoloj estas kuiritaj en gudro". Amiko sugestis al mi ne manĝi. Sed kiel konanto de leguminacoj mi ja sciis ke fazeoloj povas helpi min. Do, mi iom forŝovis la akvon kun gudro kaj manĝis la fazeolojn. Pri bongusteco mi ne ŝatus paroli, sed ĝi ja helpis al mi por travivi aliajn tagojn.

En Celje oni forprenis la pafilojn kaj anoncis, ke ni estas arestitaj. Ni devis ŝanĝi niajn vestaĵojn kaj botojn, kontraŭ jam uzitaj, truitaj kaj fetoraj de aliaj korpoj. De Slovenio ni reiris Kroation. 20 kilometrojn antaŭ Zagrebo, ĉe Jastrebarsko, ili metis nin en vagonaron kaj veturigis nin al Karlovac – la koncentrejo Turanj. Ĝi situis en malnova kazerno de la 18-a jarcento el la aŭstro-hungara tempo. Ĉi tie mi komencis senti timon, ĉar inter ni senkulpuloj troviĝis homoj kiuj aktive partoprenis la militon kiel domobranoj* kaj ustaŝoj**.

Mi deprimiĝis. Mi sentis min trompita. Manĝon ni daŭre ne ricevadis. La ĉiutagan maldensan venenigan supon mi ne nomas manĝo. Kun kvar aliaj homoj, ni decidis deĵoradi apud barilo, atente ke la gardistoj ne vidu nin, kaj ke ni petu manĝaĵon. Jam la duan

---

*domobranoj – "domo-defendantoj" – armeo organizita nek de la kroata registaro, nek de komunistoj, sed de la popolo.

** ustaŝoj – (ustati – leviĝi) porkroata organizaĵo kiu estis organizita en 1925 post la murdo de du kroatoj en la parlamento en Belgrado; ĝi agis eksterlande, sed dum la dua milito ĝi estis apogita de la kroata registaro.

tagon iu virino portis al ni metalan sitelon kun *polenta* (maiza faruno kuirita en akvo) kaj blanka kafo (trinkaĵo el cikorio, tiel nomata pro la nigra koloro). Ni ĉion frate dividis inter ni kvin. Poste ŝi reprenis sian ujon, kiun ŝi ĉiutage portadis al ni. Ni nomis ŝin nia anĝelo.

Ene de tiu malliberejo estis ankaŭ ĉambro por la Ruĝa Kruco. Iun tagon proksimiĝante al ĝi, mi ekvidis kuraciston, mian amikon Stojan. Li estis partizana kuracisto, bakteriologo, kaj li vidinte min diris ke li ŝatus helpi min.

La sekvan tagon oni demandis nin ĉu iuj ŝatus reiri Zagrebon, kaj mi volonte aliĝis al tiu grupo, ĉar en mia kapo brilis unu lumo – Zagrebo.

Kun kvindeko da aliaj malfeliĉuloj mi marŝis tutan tagon. Tiun vesperon ni rimarkis ke ni marŝas laŭ la rivero Kupa kaj ne iras Zagrebon. En la dua tago ni atingis Pokupsko. Unu post la alian, oni vokis nin en iun lernejon. Neniu vokita revenis. Kuris la diraĵo ke okazas buĉado de personoj. Mi teruriĝis pro mortotimo kiam ili nomis min.

Mi ekpreĝis al Marija Bistrica, sanktulino kiu helpis al multaj senesperuloj. Mi eniris klasĉambron kie mi devis malvesti min. En dua ejo ili diris al mi ke mi elektu aliajn vestaĵojn. Inter ĉiuj pantalonoj mi elektis unu kiu same kiel aliaj estis plena de puloj. Mane mi prenis kaj forĵetis pulojn kiom eblis, kaj vestis min per ĉemizaĉo, pantalonaĉo kaj per ŝuoj tute truigitaj.

Tamen mi estis feliĉa. Mi daŭre vivis. Mi dankis Marija Bistrica kaj resentis vivoforton.

La vivkondiĉoj en Pokupsko estis teruraj. Jam multaj personoj mortis ĉiutage pro malsato. Homoj malfortaj kaj malsanaj faladis en feko-truojn kiuj estis elfositaj por ni, sed neniu iris elpreni ilin. Disenterio, tifo atakis centojn da personoj. Mi sciis ke la enan akvon mi ne rajtas trinki, eĉ soifante, se mi volus vivi. Iun tagon mi tamen eksentis doloron en la ventro.

En naiva espero pri helpo mi proksimiĝis al la kuracistejo, kaj tie denove renkontis mian amikon Stojan. Li preskaŭ ne rekonis min, sed tuj ekĝojis, dirante ke li provis ekserĉi min en Karlovac, sed mi ne plu estis tie.

"Ĉi-foje", li diris, "nenien plu foriru, sed skribu mesaĝon kun via hejmadreso kaj la peto, ke via frato venu serĉi vin". Li samtage portos ĝin al Zagrebo kaj aranĝos ke oni liberigu min, ĉar li konis mian senkulpecon.

Jam la postan tagon mi aŭdis mian nomon per laŭtparolilo kaj mi iris, kun certa hezito, al la oficejo. Antaŭ la pordo staris mia frato. Vidante min li ekploris. Pli rapide pensis lia amiko, kiu venigis lin per motorciklo. Tiu ordonis ke mi sidiĝu inter ili, kaj post mallonga papera formalaĵo mi jam rapidis Zagrebon.

Kiam mi venis hejme, mia patrino estis plena da emocioj, kaj ankaŭ ŝi ne povis reteni la larmojn. Mia aspekto – maldika, malpura, vestita kiel plej aĉa stratloĝanto kaj plena je puloj, tamen vivanta – ja estis kortuŝa por patrino.

Tuj post la unua larmoplena silento ŝi proponis varman banon, kaj mia patro forbruligis ĉion kion mi surhavis.

El la bano mi kvazaŭ renaskiĝis. Kiel pura bebo mi komencis novan vivon, tamen ŝmirita per petrolo por forigi la pulojn.

Pri tiu nura monato da travivaĵoj, mi silentis pli ol kvardek jarojn. Kiam la polica sistemo de Jugoslavio iom post iom malfortiĝis fine de la okdekaj jaroj, oni komencis paroli pri la kruca vojo. Tiam ankaŭ mi rakontis unu scenon de tiu kruca vojo, sed neniam ĉiujn detalojn. Ja, tio estis krimo kontraŭ kroatoj farita post la milito kaj organizita de serboj. Ili verŝajne volis timigi la popolon antaŭ ol ekmastri ĝin en nova respubliko. Fakte Jugoslavio promesadis diversspecajn rajtojn, sed la bazan rajton – esprimi sian nacian identecon – oni malfaciligis. Publike kanti malnovajn kroatajn kantojn ĉiam pagiĝis per malliberejo.

En 1988 internaciaj komisionoj vizitis Bleiburg ĉe la aŭstria landlimo, kie malaperis preskaŭ miliono de kroatoj. Estis pruvite, ke kroatoj mortis pli nombre en tiu postmilitaj monatoj ol dum la tuta milito. Feliĉe ankoraŭ hodiaŭ vivas la homoj kiuj same kiel mi travivis ĉion kaj povas diri la veron.

Nun mi vidas ke mia decido silenti valoris oron. Mi ĉiam povis labori, neniam plu mi estis vokita al polico, kaj mi ne bezonis forlasi la landon kiel ja faris milionoj da kroatoj en la postmilita tempo. Ili elmigris kaj nun troviĝas ĉie sur la terglobo. Foje eĉ la jugoslava, aŭ pli precize serba sekreta polico mortigis kroatojn eksterlande, tiel ke eĉ multaj el tiuj vivis en timo. Same ni enlande ne emis korespondi kun ili por ke ni ne havu malfacilaĵojn. Post la milito regis la Komunista Partio, sed kroatoj kiel fidelaj katolikoj ne fariĝis tuj partianoj, kaj dume serbaj partianoj, armeanoj kaj policanoj prenis estrajn rolojn, eĉ kiam ili ne havis taŭgan instruitecon. Ankaŭ miaj ĉefoj ne sciis multe pri agrikulturo, kaj estis al mi malfacile komprenigi al ili la problemojn, kiujn mi renkontis dum la laboro.

Tamen la familia vivo feliĉigis min. Mi edziniĝis en 1948 kun Marija Agić el Vinkovci, kaj unu jaron poste naskiĝis nia unua filino. Post trifoja translokiĝo ni reiris al Varaĵdin kaj ekloĝis en la kelo de la geava domo, kie mi resentis hejman feliĉon. Naskiĝis du pliaj filinoj, kaj iom post iom armeaj oficiroj kiuj loĝis en tiu domo, ricevadis loĝejon aliloke, tiel ke mia familio rajtis lui ĉiam unu plian ĉambron.

La laborsemajno estis streĉa, de lundo ĝis sabato, de frua mateno ĝis vespero dum agrikultura sezono (marto ĝis oktobro). Mi vidis la filinojn dormi kiam mi foriris frue aŭ revenis malfrue vespere. Pro tio dimanĉe mi provis ĉiam promenigi ilin al arbaro, al la rivero Drava, ĉu bicikle, piede aŭ tirante sledilon, por transdoni iom da amo de mi al ili por la naturo. Tio estis mia plej ŝatata okupo de la tuta semajno. Somere ni provis almenaŭ du semajnojn pasigi ĉe la maro, loĝante ĉe mia frato, kaj tio ofte revivigis mian feliĉan infanaĝon.

Mens sana in corpore sana – mi provis daŭrigi la principon en mia familio. Ni vivis modeste kaj proksime de naturo. La filinoj ludis plejparte en nia korto; dum la vintro, sabate vespere la kelo fariĝis gimnastikejo; la ĝardeno estis la unua laborejo kie ili eltiradis herbaĉojn kaj lernis perlabori monerojn. Kiam ili grandiĝis kaj aliĝis al montgrimpanta societo mi estis kontenta; adiaŭante ilin ĉe la pordo antaŭ ilia ekskurso, mi havis la impreson ke mi mem iras marŝi.

Kiam unu filino komencis lerni esperanton, mi rememoris ĉion kio ligis min kun tiu internacia lingvo. La unuan fojon mi aŭdis pri esperanto en Sofio, kiam iu bulgaro rakontis al mi pri ĝia ekzisto. Post la retranslokiĝo al Varaĵdin, kiel juna patro, mi rimarkis anoncon pri esperanto-kurso. Kun aliaj cent personoj mi komencis lerni la lingvon unufoje semajne, sed mi studis ĝin ofte matene antaŭ ol iri labori. En 1953 okazis Universala Kongreso en Zagrebo, kaj mi petis kvartagan feriadon por partopreni la kongreson. Impresis min tiu simpla interparolado, sed poste, krom la lokaj klubvesperoj, mi ne havis eblecojn pli multe movadi aŭ vojaĝi.

Tamen en 1958 mi laboris profesie dum ses monatoj en Nederlando. Mi estis agrable surprizita kiam, promenante en Den Haag, mi vidis sur ies fenestro la gluaĵon: "Esperanto parolata". Kuraĝa mi estis kaj ekfrapis la pordon de nekonatoj. Mirigis min, kiom familiece akceptis min tiu esperanta familio. La interkompreniĝo estis facila malgraŭ mia ne tre bona lingvo-uzado.

Inter la belaĵoj de la vivo mi rakontis al miaj filinoj ankaŭ pri esperanto. Des pli feliĉa mi estis, kiam mia meza filino montris plian interesiĝon. Kun aliaj gejunuloj el Varaĵdin, ŝi provis organizi kluban vivon kaj faris kontaktojn kun aliaj esperanto-kluboj. Kiam tiuj junaj esperantistoj volis iri Zagrebon por ekzamenoj, mi facile akceptis veturigi ilin aŭte. Same kun ĝojo ni gastigis ŝian hungaran korespondamikinon kaj poste aliajn gejunulojn. Ja estis plezuro aŭdi kiam unu el ili diris ke li sentas sin hejme kaj revenos post unu jaro. Tiam mi sentis feliĉon, pensante ke mi sukcesis redoni iom da tiu amikeco, kiun mi sentis en Nederlando.

Esperanto, onidire, estas lingvo por interkompreniĝo. Mi ŝatus jesi al tiu ideo, sed la nuna milito, kiu venas de homoj kiujn ni ja lingve povas kompreni, montras ke ne nur la lingvo gravas por interkompreniĝo. Pli grava estas la toleremo al diferencoj, respekto de ĉies persono kaj ties heredaĵoj: sociaj, kulturaj, religiaj. Provi ĉiam interkonsenti kaj vivi pace en vi mem kaj kun via ĉirkaŭaĵo – ja estas ankoraŭ idealo.

Pensante pri paco, mi tuj ekvidas mian bofilon, Normandon, kiu ja estas tolerema kaj pacema. Foje mi demandas min, ĉu li estas tia ĉar en lia lando vivas indianoj kaj tiu kulturo influis lin. Aŭ eble pro tio, ke nun vivantaj generacioj ne travivis militon en Kebekio kiel ni en Eŭropo. Mi memoras kiel li tuj akceptis kun ĝojo la kroatajn nomojn de siaj infanoj, miaj genepoj Damir kaj Mira, ĉar en tiuj nomoj estas menciita la vorto paco – mir. Tiu malgranda vorto kun granda signifo ja troviĝas en multaj kroataj nomoj ekde la oka jarcento.

Jes ja, paco kun sano estas plej gravaj valoroj de la vivo. Nur en paco oni povas bone pensi, krei, feliĉe vivi. Mia deziro estas ke estu kiel eble plej baldaŭ la paco ĉirkaŭ ni kaj ĉie en la mondo kie homoj suferas pro milito.

(Notita de Zdravka Metz en 1994)

Ĝisdatigo: La milito finiĝis en 1995, Ratimir vivas nun en Varaĵdin kaj dum la vintraj monatoj en Velika Mlaka ĉe sia plej aĝa filino.

Sendependa Estonio
aŭ
Ĉiu lando estas ankaŭ mia lando

Intervjuo kun Ants el Kanado, kiam li havis 93 jarojn

Estonio estas denove sendependa. La vorto sendependa memorigas min pri lia epoko kun sama nomo – Milito por sendependeco.

Jes, ankaŭ mi partoprenis ĝin ekde la aŭtuno 1919 ĝis la printempo 1920. Kun alia persono mi prizorgis kanonon, aŭdis pafadon, sed feliĉe mi ne estis vundita. La partopreno en la milito necesis por ke mi ricevu senpagan studadon ĉe la universitato, tiel la registaro promesis al la junuloj.

Mi estis tiam 20-jara, ĵus fininta liberan gimnazian edukadon, eĉ mi mem foje instruis por iom helpi al la patrino kiu prizorgis fratinon kaj min. Foriro al milito estis bona decido ĉar la posta studado de kemio tute ŝanĝis mian vivon kaj la pordo de scienco estis malfermita al mi.

Tiutempe ŝajnis al mi ke mi sufiĉe konas la vivon de agrikulturistoj. Miaj geavoj ambaŭflanke vivis de la tero. Miaj gepatroj daŭrigis tian vivon ĝis mia naŭa jaro. Tiam mia patro malsaniĝis de tuberkulozo kaj vendis ĉion kaj translokis la familion en la urbon Rakvere. Ses monatojn poste li mortis, ĉar tiam la tuberkulozo estis nekuracebla malsano.

Patrino aĉetis malgrandan domon, feliĉe, ĉar nur tio restis al ni post la granda revolucio, ĉar ĉiuj niaj paperoj en kiuj mia patro investis sian heredaĵon, nenion plu valoris.

Sed mi revenu al miaj studentaj jaroj. Kemion mi multe ŝatis en la mezgrada lernejo, kaj tial mi ne tro cerbumis kion studi ĉe Tartua Universitato. La unuan studjaron mi nur parte studis, ĉar mi parte militservis. Tio estis mia devo por havi senpagan studadon, loĝigon kaj nutraĵon. En majo 1920 finiĝis la milito, komenciĝis la paco en sendependa Estonio. Rusio eĉ pagis milionojn da rubloj al Estonio pro la damaĝoj.

Post la unua studjaro komenciĝis por mi denove zorgoplena somero, ĉar mi devis elpensi, kiel trovi financojn por subteni patrinon, fratinon kaj miajn studojn. La Estona muzeo bezonis helpantojn, kolektantojn de antikvaĵoj en la lando, kaj mi pretis fari tion. La tutan someron mi vojaĝadis tra la lando kaj aĉetadis aŭ prenadis donacitaĵojn por la nacia muzeo.

En aŭtuno, bonŝance mi ricevis laboron kiel instruisto de kemio kaj fiziko en vespera gimnazio, kaj poste ĉe komerca gimnazio. Tiutempe mi daŭrigis plurajn laborojn: mi estis instruisto ĉe gimnazio, asisanto ĉe kemia instituto kaj – plej ŝatate de mi – studento de kemio.

En 1923, tio estis la kvara jaro de studado, mi edziĝis. Mia edzino laboris en banko, kaj ŝia salajro sufiĉis por ni du, kaj mi povis plene dediĉi mian tempon al la studado. Mia edzino estis bona virino, Estonino, tri jarojn pli juna ol mi. Plurfoje ŝi devis resti sola, ĉar la laboro devigis min estadi en alia lando dum kelkaj monatoj aŭ eĉ dum kelkaj jaroj. Poste, ŝi ankaŭ kun niaj kvar infanoj akompanis min eksterlanden.

Miaj profesio kaj ŝato de scienco postulis de mi profundigi la scion pri kemio. Post la fino de studado en 1924 sekvis magistriĝa laboro, kaj tri jarojn poste mi ricevis stipendion por labori en Nederlando ĉe Utrechta universitato. La profesoro ĉe kiu mi laboris, ricevis inviton al Usono kaj proponis al mi daŭrigi la doktoriĝon en Germanio, kie li tuj kontaktigis min kun siaj konatoj ĉe Teknika universitato en Dresden. La doktoriĝon mi ne povis fari sen diplomo de inĝeniero, ĉar la magistra laboro ne sufiĉis. Post tri-kvar monatoj, mi bone sukcesis la ekzamenojn por la inĝeniera diplomo kaj komencis la doktoriĝan disertacion kiun mi finis en 1929 en Dresden.

Reveninte al Tartu, mi laboris ĝis 1935 ĉe la universitiato. La someron 1935 mi laboris en Finnlando, en Helsinki, kaj en 1936 mi fariĝis vicdirektoro de Instituto por juristaj ekspertizoj en Tartu.

La dua mondmilito venigis la germanojn al Estonio, en 1940, kiuj okupis la landon ĝis 1944, kiam en majo la rusoj venkis kaj la germanoj retiriĝis.

La germanoj samtempe translokigis la instituton al Berlino, kaj tiel mia familio kaj mi forlasis Estonion, kaj neniam poste mi reiris al la lando. Komence mi laboris en Berlino ĉe la instituto, kaj baldaŭ ni translokiĝis al Heidelberg. Tie mi fariĝis direktoro de mikroanaliza kemio ĉe la urba universitato ĝis la jaro 1948. Tiam mi ricevis inviton por esti profesoro de analitika kemio ĉe registara universitato en Ankaro, Turkio.

La decido iri tien kaj vivi en Turkio disigis nian familion. Miaj du filinoj decidis enmigri Kanadon, kaj kun du filoj kaj la edzino mi translokiĝis al Ankara.

Tri jarojn poste, ankaŭ ni kvar prenis ŝipon por ŝanĝi kontinenton kaj kunigi la familion en Kanado. Mia nova laboro estis en usona fabriko, kiel ĉefkemiisto, ĝis mia emeritiĝo.

Tamen, mi tro ŝatis kemion, kaj ne povis ĉesi labori por la scienco. Sekvis la dek jaroj de volontula laboro kiel kunlaboranto de monata revuo de amerika kemia societo. Ĝi estis la plej grava informilo mondnivela pri la plej novaj kemiaj esploroj. Mi bone zorgis pri ĝia regula eldonado.

Kiam mi estis 75 jara, mi sentis ke venis la tempo por fari ion alian en la vivo. La muziko, la legado, lingvoj estis ĉiam miaj ŝatokupoj. Bibliotekojn mi vizitadis, koncertojn ĉeestis, mi mem kantis en koruso kun aliaj estonoj kiuj vivis en Montrealo. Unuvorte: la vivon mi ĝuis. Miaj infanoj kreis proprajn familiojn, translokiĝis, havis infanojn. Mi ĝojis pri la rolo de avo, kvin genepojn mi havas kaj nun ankaŭ unu pranepon.

La jaro 1980 restos la jaro kiun mi neniam forgesos. Estis la jaro kiam en aŭtomobila akcidento tuje mortis mia edzino. Ŝia koro ne eltenis la ŝokan frapon kaj rompiĝis. Mi estis kun ŝi, ankaŭ mi estis iom vundita ĉe la sultroj, kaj nia hundo kiu estis inter ni du, elsaltis la aŭtomobilon post la akcidento kaj forkurinte ne estis trovebla dum dek du tagoj. Bonŝance, pere de la polico, loka gazeto kaj la telefona numero, kiun portis mia hundo sur sia kolĉeno, mi povis retrovi ĝin. Ĝi estis feliĉega, same kiel mi.

Mi vivas en Montrealo, la plej granda urbo en Kebekio, kie vivas francparolantoj, mi komprenis la francan, sed uzis la anglan, ĉar tiam ĝi estis la ĉefa laborlingvo de multaj entreprenoj kaj ankaŭ de mia. (Hodiaŭ la situacio ŝanĝiĝis favore al la franca.) Vivante en tiu ĉi urbo, mi sentis fojfoje streĉan etoson, speciale en oktobro 1970. Tiun aŭtunon multaj urbanoj bone memoros pro la tankoj kaj aliaj armeaj veturiloj kaj soldatoj videblaj ĉie en la urbo. La situacio pli similis al milito ol al paco. Mi mem ne timis tion, ĉar mi ne estis partoprenanto de nacia movado, sed tamen mi multe pensis pri tiu malamo. Unu nokton venis en mia kapo la ideo pri esperanto.

La internacian lingvon mi lernis dum mi estis studento en Tartu en 1922. Jes, tiam mi eklernis ĝin sola kaj rapide. En printempo mi trovis lernolibron, tralegis ĝin, kaj jam en aŭtuno mi povis paroli. Sed same facile mi ĉion forgesis. Tamen tiun internan ideon de Zamenhof mi ne forgesis. Kaj nun, en Montrealo eĉ ŝajnis al mi kiel bezono, ĉar en tiu ĉi urbo vivas multaj diversaj nacioj.

Restis en mia kapo bonaj pensoj pri esperanto. Tial post la emeritiĝo kaj kiam mi estis sola en 1981, mi decidis relerni esperanton. Pere de la urba biblioteko mi ricevis unuajn informojn pri lingvo kaj movado. Mi skribis al Wally du Temple, tiama prezidanto de Kanada Esperanto-Asocio, kaj li informis min pri la ekzisto de Montreala Esperanto-Klubo, kies membro mi ankoraŭ estas.

En 1982 mi ĉeestis kongreson de KEA en Frederiktono, la ĉefurbo de la apuda provinco. Tie mi konatiĝis kun Normand Fleury, energiplena junulo kaj "motoro" de la movado. Tie mi ankaŭ renkontis Zdravka Metz kiun mi tre ŝatis aŭskulti paroli. Ŝia nomo Metz en la estona signifas "arbaro", kaj ŝajnis al mi ke eble ankaŭ ŝiaj prauloj povintus veni de Estonio kiel mi.

La etoso de la kongreso estis tre amika, kaj la interesaj partoprenantoj agrable impresis min. La saman someron mi vojaĝis Europen por partopreni la Universalan Kongreson en Antverpeno kaj poste viziti la lokan esperanto-movadon.

Mi vere kredas ke en la mondo estas necesa unu lingvo, ĉar tiel ĉesos interbataloj de diverslingvanoj. Esperanto ebligas kontaktojn kun personoj de diversaj rasoj, religioj kaj pensmanieroj.

Bedaŭrinde hodiaŭ pro mia aĝo – mi ja naskiĝis en 1899, en pasinta jarcento – mi ne plu bone povas aŭdi.

Kion mi ankoraŭ rakontu pri mi? Mian nomon vi trovos en du enciklopedioj: "Men of science in America" kaj "Who is who in West " ("Kiu estas kiu en la Okcidento"). Ili donas informojn pri mia naskiĝlando kaj la profesia vivo.

Por mi, ĉiu nova lando kie mi laboris, estis la lando kie mi amikiĝis kun homoj. Proksimajn familianojn mi havis, la lingvon de la lando mi parolis – aŭ se mi ne parolis, mi rapide lernis ĝin – do mi sentis min hejme. Mi alkutimiĝis, adaptiĝis kaj ĉiam mi estis malfermita por akcepti la aliajn, por helpi aliajn.

Rilate esperanton, mi ne povas ŝanĝi la mondon. Tamen en Montrealo vivas pli junaj kaj entuziasmaj esperantistoj, al kiuj mi provas ĉiam helpi. Mi multon ne bezonas, kaj mi vivas sola, do almenaŭ mi havas eblecon subteni la movadon, kaj mi kredas ke ĝi povas esti la solvo por la tutmondaj problemoj.

Kaj pri mia hejmlando: Nuntempe Estonio estas sendependa stato, pli libere oni ĉie promenas, sed mi nek fizike povas, nek vere volas viziti la landon.

(Notita de Zdravka Metz en 1994)

Ĝisdatigo: Ants mortis tuj post la ricevo de la unua eldono de *Viv-protokoloj* en 1995.

Esperanto por Yumeiho kaj Yumeiho por esperanto

Intervjuo kun Saionji Masajuki el Japanio, kiam li havis 52 jarojn

Kiam eldoniĝis la unua esperanta libro pri Yumeiho kaj kiam mi ĉeestis UK-on en Havano 1990 kaj parolis pri tiu kokso-osta ĝustiga premkneda terapio, mia vivo subite tute ŝanĝiĝis.

Mia vivcelo fariĝis diskonigi tiun kuracadon sen medikamentoj kaj kiu havas tiom da sukcesoj en diversaj landoj. Pro tio mia slogano fariĝis: konatigi Yumeihon pere de esperanto kaj esperanton pere de Yumeiho. Tio perfekte funkcias dank' al esperantistoj ĉie en la mondo kiuj helpas al mi same kiel mi provas helpi al ili.

Parolante pri Yumeiho, mi nepre devas indiki kelkajn statistikojn. La libro estas tradukita en 25 lingvojn, en pli ol dudek landoj estis organizitaj prelegoj por kuracistoj, masaĝistoj aŭ nefakuloj. Sekve de prelegoj, estis dise tra la mondo organizitaj kursoj. Poste oni starigis klubojn aŭ asociojn. La nombro de sukcese kuracitaj personoj estas malfacile juĝi. Temas pri multaj miloj de feliĉuloj. Ilin ĉiujn mi provas regule viziti kaj eble ie starigi novan grupon.

Nun mi vojaĝas ĉiumonate ĉar la Yumeiha kuracmetodo estas pli forta ol miaj etaj familiaj ĝojoj. Tamen mi forestas nur dum dek tagoj. Mi povintus resti pli longe sed mia familio ankaŭ bezonas min same kiel mi ilin. Komence ja estis malfacile, ĉar mia pli juna filino havis nur tri jarojn kaj ĉiam kiam mi foriris, ŝi ne bone fartis.

Bonŝance la Yumeiho-terapio sukcese ekvilibrigas la korpon – do post la vojaĝoj mi unue helpas al ŝi bonfarti.

En Tokio troviĝas tri institutoj de Yumeiho-terapio. Terapiistoj de Yumeiho devas havi krom la bazan ankaŭ altnivelan kurson. Mi ne tuj postulas de ili lerni esperanton. Tamen ĝia kono certe ebligas al terapiisto vojaĝi kaj doni kurson en alia lando. En ĉiu lando, helpe de unu esperantisto, la kurso estas tradukata nacilingve.

Malekvilibro povas esti psika kaj fizika. La nasko povas kaŭzi delokiĝon de koksostoj kaj oni neglektas tion. Grandiĝante la kapo streĉas sin kaj ĉiam pli kaj pli malekvilibriĝas. En certa momento montriĝas malsano. Psika malekvilibro estas kaŭzita de ni mem. Diversaj sentoj: kolero, timo, malĝojo, malamo, negativa penso, ĉio kaŭzas psikan malekvilibron kiu denove, se ne forigita, estas la kaŭzo de malsano.

Pro tio provu tuj liberiĝi de io negativa ĉar nur tiel vi helpas al vi mem. Mi diru ke bona metodo estas rido. Ridante ekzerciĝas muskoloj kiuj bonigas sango-cirkuladon kaj tiel plibonigas cerbon kaj pensadon.

Por esti sana oni nepre bezonas regule malstreĉi. Regula meditado estas kvazaŭ preventiva ekzercado, ĉar tiel oni povas ŝanĝi pensmanieron kio profunde ŝanĝos la sanon.

Mi kredas ke ĉiu homo havas la kapablon, kaj se iu deziras fari ion, nepre devas agi en tiu direkto. Praktiki tion ne nur havos sukceson, sed oni poste havos kredon. Kutime kredon oni rilatas al religio.

Mi ne kapablas juĝi kiu religio estas bona. Pro tio mi hezitas havi unu religion konkrete. Mi ŝatas naturon... Natura mekanismo estas perfekta. Mi ne scias profunde sed mi tiel pensas. Kosmo estas natura mekanismo. Mi ne ŝatas la vorton Dio. Mi preferas diri naturo. Homa korpo mem estas parto de la naturo. Do ankaŭ la korpo estas unu parto de Dio.

Naturo estis unu riĉaĵo kiun mia patro transdonis al mi. Li ĉiam ripetis: "Ŝatu bestojn, ne mortigu ilin." Li estis tro edukema kaj ofte rakontis al ni mesaĝplenajn rakontojn pri rilato kun maljunuloj, pri amikeco aŭ rilato kun najbaroj. Lia laboro estis produkti ĉapelojn sed eble li ne tiom feliĉis en tiu profesio ĉar ofte li estis kolerema.

Hodiaŭ mi faras la kontraŭon. Mi ne multe diras al miaj du filinoj ĉar mi ŝatas ke ili memoru tion kion mi rare diros al ili. Ili havas liberecon. Mi ne havis. La patro provante eduki min, ĉiam trovis laboron por ke mi helpu. Tiel infanoj lernis helpi ĉe simplaj hejmaj laboroj. Kun ni vivis avino. Ne estis televido, sed radion ni ja povis aŭskulti laborante.

Estas la vero ke la vivo ŝanĝiĝis kaj endome ne estas multaj laboroj por infanoj. Mi laborigas knabinojn per pli plaĉaj aferoj: ordigi foto-albumon; kaj mi donacas monon por ke ili lernu perlabori.

Mia patrino okupiĝis pri agrikulturo, ĉefe legomoj apud la domo, kaj ni havis kampojn por hejma uzo. Ŝi sole laboris kaj ankaŭ ĉiujare naskis infanon. Pro tio ni estis granda familio.

Mi estis la plej aĝa inter ni ses infanoj. Mi naskiĝis la 18-an de novembro 1943 en Tokio. Tiam estis milito kaj miaj gepatroj timis ke falos granda bombo sur la ĉefurbo kaj decidis translokiĝi 100 kilometrojn fore, en la regiono Mulvonija. Tie mi finis sesjaran elementan lernejon, tri jaran mezgradan lernejon kaj altlernejon. Poste mi eklaboris dum unu jaro en elektra kompanio. Mi volis lerni pli kaj elektis ekonomion ĉe universitato. Mia revo estis komerci kun Ĉinio. Dum la sesdekaj jaroj inter Japanio kaj Ĉinio ne estis oficiala, ŝtata rilato. Ne ekzistis ekonomia interŝanĝo kaj mi pensis ke tio ne estas normala rilato. Post kvarjara studado mi rezignis. Mi eklaboris kiel ŝoforo por havi tempon pripensi pri la estonta okupo.

Mi deziris esti kaligrafiisto por instrui al infanoj kaj plenkreskuloj. Kiam mi komencis instrui, estis malfacile. Skribi por mi facilis, sed instrui fariĝis problemo. Tamen kiam homo daŭrigas la vojon de la deziro, certe ĝi sukcesas.

Dum tiu tempo mia patrino malsaniĝis pro alta sangopremo kaj kora malsano. Kuracisto diris ke ŝi devas preni medikamentojn. Medikamentoj devenas de ies pensmaniero, de esploroj en scienco en la hodiaŭa medicino. Tio estas nur portempa. Ĝi ne povas helpi en la estonto. Kuracante, aŭ plibonigante sanstaton, aŭ forigante doloron, kemiaj medikamentoj samtempe malsanigas ion alian en nia korpo.

Malsano de mia patrino motivis min alproksimiĝi al iu natura kuracado.

Mi komencis studi kiel kuraci malsanojn. Post la studado pri sano kaj malsano mi komprenis kial homo malsaniĝas. Tiutempe mi ekstudis kaj instruis ĉinan lingvon. Unu lernantino rakontis al mi pri problemo de sia edzo kaj pri lia terapiisto. Tiam mi jam sciis ke grava kaŭzo de malsanoj estas koksoosto.

Tiu terapiisto ĝuste okupiĝis pri normaligo de ostoj. Mi deziris sperti lian terapion kaj vizitis lin kun mia nevo kiu havis iun maloftan haŭtan malsanon. Li ricevis terapion. Mi multe parolis kun tiu terapiisto ĉar mi estis tre scivolema.

La dua vizito estis nur pro intereso kion li rimarkos. Li proponis al mi ekstudi ĉe alta lernejo por fariĝi masaĝisto. Parencoj pruntis la monon ke mi lernu *ŝiatsu*, la japanan masaĝon, ĉe altlernejo. Ŝiatsu-metodo estas prema metodo per kiu oni premante forigas laciĝon, streĉiĝon. Unu de miaj instruistoj konis kned-metodon kiu malsamis de ŝiatsu. Krome li montris al mi ĝustigajn teknikojn de koksoostoj.

Tiun lian metodon mi iom plibonigis, simpligis. Kiam oni rigardas, ĉio aspektas simple, sed kiam oni praktikas montriĝas ne tia.

Kiel ĉiam por esti bona, oni devas multe praktiki, kaj sur tio ja baziĝas niaj kluboj aŭ kursoj de Yumeiho.

Observante la vivon en Japanio, post la dua mondmilito, mi rimarkis ke ĝi ĉiam pli proksimiĝas al la okcidenta mondo. Bedaŭrinde ĝi ne nur kopias bonajn flankojn, sed eĉ pli malbonajn kutimojn. La vivo kvazaŭ pli rapidiĝis. Mono, kiun oni ja devas havi por vivi, fariĝis ĉefa motivilo kaj ĉio alia dependas de ĝi. Miaopinie, monon mi ja bezonas por vivi nun. Sed mi ne bezonas ĝin multe ĉar post la morto mi ne povos kunporti ĝin kun mi.

De infanoj etaj unuflanke oni atendas perfektecon por pli bona estonta sukceso. Aliflanke oni aĉetas ĉion al ili kaj domoj pleniĝas. Vidinte alian landon mi ĉiam miras eĉ foje ne komprenas kial Japanoj povas konsumi tiom multajn aĵojn. Kelkfoje mi demandas min – ĉu Japanio rajtas tiel vivi?

Ŝanĝiĝis manĝmaniero. La rizon pli kaj pli anstataŭas blanka pano, legomojn la viando. Estas pli kaj pli da dikuloj kaj samtempe malsanuloj. Oni ne plu havas tempon por japana tradicio ĉiutaga kiu fariĝas nur festivale, okaze praktikata.

Ĉio tio ŝanĝis ankaŭ mian pensmanieron. Gejunuloj volas havi pli da libertempo kaj pli da salajro. Al junaj personoj mankas energio, sed ili ne komprenas ke ili ne dormas sufiĉe. Por la sano ili bezonas almenaŭ sephoran ripozon. Ili ne okupiĝas pri si mem. Do ili ne respondecas bone, kion oni devus instrui jam al infano.

Junuloj estas nia estonto. Pro tio mi ŝatas instrui. Tiel mi kredas ke mi pleje helpas al homaro kaj ne nur al miaj samlandanoj, sed ĉie kie homoj volas. Ni ĉiuj ja estas infanoj de la mondo, de la tero sur kiu ni vivas.

Iam oni demandis min ĉu mi ŝatas esti fama?

Mi ne estas fama, tute ne. Por mi fama aŭ ne fama egalas. Mi estas nur mi kun aŭ sen ornamaĵo, kun aŭ sen titolo. Diplomo estas nur papero, sed la scio de iu lernejo gravas.

Jes, mi ricevis diplomon de la rusa registaro kiu honorigis min pro multnombraj sukcesoj en kuracado. Tiu honorigo helpis ke en Rusio Yumeiho facile progresas. Efektive nenio publika ŝanĝis min kaj mian laboremon por la homaro pere de Yumeiho.

Ideale bone estus se scienca medicino malkovrus la problemon, donus diagnozon, kaj por la resanigo okupiĝu naturaj kuracmetodoj. Mi scias ke en multaj diversaj landoj homoj kuraciĝas diversmaniere. Sed ĉiuj metodoj ne estas ankoraŭ esploritaj.

En mia vivo mi multon spertadis sed nun kiam mi sukcese kuracas sen medikamentoj, tio ja sufiĉas al mi por stimuligi, motivigi min nun kaj estonte.

Yumeiho, ja, portas al mi grandan plezuron kiam iu venas kaj diras ke sano, do feliĉo, revenis. Tiam por mi tio estas la plej grava premio.

(Notita de Zdravka Metz en 1995)

Ĝisdatigo: Saionji Masajuki mortis en 2005.

Ekster Esperantio mi spertas rasismon

Intervjuo kun M'hammed el Alĝerio, kiam li havis 33 jarojn

Mi nomiĝas M'hammed, mi loĝas en Alĝerio. Miaj gepatroj estis gekuzoj, kaj ili frue mortis. Mia patrino forpasis jam kiam mi estis kvarjara, kaj mia patro ankaŭ forpasis en 1982, kiam mi estis en militservo; do mi havis malfacilan infanecon, kio devigis min forlasi la lernadon pli frue kaj eniri metilemejon por havi metion kiu permesas al mi subteni min mem kaj mian vivon.

Mia patro bonŝance neniam reedziĝis. Li timis ke nova edzino povus nin malbone trakti. Ni estis kvar fratoj kaj unu fratino. Tamen li suferis, ĉar li devis labori ĉe alia loko kaj zorgi pri ni, lavi niajn vestaĵojn, okupiĝi pri ni, ĉar mi estis kvarjara, kaj mia juna frato dujara. Li zorgis pri mi ĝis mi estis plenkreska. Kaj en 1982 mi estis 20-jara kaj en la militservo dum du jaroj. Kvar monatojn post la enloĝigo en la kazerno mi ricevis telegramon ke li forpasis. Oni donis al mi dekdu tagojn por partopreni la funebraĵojn, kaj poste mi revenis.

En 1984 mi konatiĝis kun esperanto pere de mia plej aĝa frato. Mi komencis lerni ĝin per koresponda kurso el Nederlando, post tri jaroj mi atingis nivelon kiu permesis al mi ĉeesti seminarion en Budapeŝto, la 43-an Junularan Kongreson en Krakovo kaj la 72-an Universalan Kongreson en Varsovio. Tio permesis al mi plibonigi miajn lingvosciojn kaj havi kontaktojn kun eksterlandanoj – tiujn mi neniam havis antaŭe, antaŭ ol mi konatiĝis kun esperanto. Kaj hejmenirinte tiam, mi komencis instrui la lingvon al miaj samlandanoj, kaj mi havis plurajn lernantojn, kelkaj daŭrigis, aliaj ĉesis, vi scias, kial. Kaj en 1992 mi havis la eblecon partopreni la Kongreson en Vieno en Aŭstrio.

Do mi entuziasme aktivas en la esperanto-movado nur pro tio, ke mi komprenis bone la celon de tiu ideo kiun Zamenhof kreis kun la lingvo. Li volis oferti al la homaro ilon por interkompreniĝi, kaj anonci la pacon sur la tero pere de tiu lingvo, ĉar kun tiu lingvo neniu povas senti sin supera al la aliaj. Esperanto faris grandajn paŝojn en Eŭropo, ankaŭ en Azio kaj Ameriko kaj en la aliaj kontinentoj, sed tamen ĝi neniun paŝon faris en la araban mondon. Tio estas grava, ĉar Zamenhof pensis pri internacieco, kaj se iu nacio mankas, tiu movado neniam povos esti internacia. Do pro tio mia plano estas jena: Ke ni elpensu strategion kiel enirigi esperanton en la araban mondon. Kompreneble tio estos ege malfacila, ĉar estas kialoj kiuj malhelpas tion, sed ni povas ekzemple fari tradukojn de esperantaj verkoj en la araban lingvon kaj disdoni ilin en la arabaj landoj. Ĉar tie oni ofte pensas ke malantaŭ tiu lingvo estas iu politika aŭ ideologia celo, precipe ĉar la kreinto de la lingvo estas judo. Ekzistas malfido inter judoj kaj araboj, kvankam tiun malfidon kaŭzas nur la politikistoj, kaj ni, la popoloj, pagas la aferon.

Por mi estas grave, ke en la esperanto-familio ne ekzistas rasismo, tute ne! Kiam mi veturas aliloken, kie ne troviĝas esperantistoj, mi spertas rasismon. Tio estas la vero! Precipe en Eŭropo. Sed en la esperanto-familio tio ne ekzistas. Mi povas esti kun germanoj, finnoj, francoj, kaj ĉiuj afable kaj bonkore diskutas kun mi, la arabo, la malŝatata arabo.

Ĝenerale oni juĝas arabojn pro la agoj de iliaj samrasanoj. Ekzistas kelkaj araboj kiuj veturas eksterlanden kaj vendas drogojn, ŝtelas, malbonagadas, kaj pro tio vidante arabon oni tuj ĉie diras: li estas aĉa homo. Tio estas malbona principo laŭ mi, ĉar eĉ en Eŭropo estas malbonuloj. Ne ekzistas en la mondo la ideala lando, la ideala raso. La homo estiĝas el malbono kaj bono. Oni taksu iun laŭ tio, ĉu li kvante havas pli da bono ol malbono, aŭ male. Ni ne estas danĝeroj, ni ne estas homoj. Mi povas erari, sed mi pensas, antaŭ ol juĝi arabon aŭ judon aŭ alirasanon, oni devas kontroli kaj juĝi siajn proprajn agojn.

Mi donas al vi ekzemplon: Tiuj, kiujn oni nomas ĉe ni fundamentistoj, ĉu ili nur mortigas eksterlandanojn? Ne, ili ankaŭ mortigas arabojn, alĝerianojn. Kial? Ĉar tiuj alĝerianojn kontraŭas ilin.

Mi estas islamano kaj mi estas fiera pri tio, kaj tamen mi fariĝis esperantisto kaj agadas sur la kampo de la esperanto-movado. Mi scias ke tio ne kontraŭas nian religion. Mi havas miajn principojn kaj mi diskutas kun kristanoj kaj judoj. Mi ne timas ke ili ŝanĝas mian religion, neniu sukcesos elpreni el mia koro tiun fidon al mia religio. Eble la fanatikuloj aŭ fundamentistoj ne havas tiun fidon kaj timas ke ili ne kapablas diskuti libere kaj klarigi al la aliaj ke ili havas fortajn principojn kaj fieron pri la religio. Ili eble timas ke diskutante ili povus fariĝi alireligianoj.

Antaŭ du jaroj mi invitis ĉirkaŭ cent geesperantistojn el Alĝerio al mia urbo. Mi ricevis liston de UEA, krome kelkajn nomojn mi havis, ĉar mi instruis esperanton. Sed al la kunveno venis nur unu persono. Kaj tial ni ne povis fondi la asocion kiun ni celis. Mi kredas ke multaj alĝerianoj lernis esperanton nur por havi internaciajn kontaktojn kaj iam povi elmigri. Pro tio ili ne agadas en la movado. Kompreneble ankaŭ mi bezonas la kontakton kun eksterlando, sed mi ne volas elmigri. Antaŭe mi ne multe sciis pri la kutimoj kaj kulturoj de eŭropanoj. Hodiaŭ mi lernas tion kaj samtempe povas rakonti pri nia kulturo al eŭropanoj. Unue mi havis 47 gekorespondantojn en 22 landoj, sed bedaŭrinde poste mi ĉesis tion pro la kialoj kiujn vi jam konas, mi iomete timis la daŭrigon, kvankam kun kelkaj el ili mi ankoraŭ korespondas. Miaj leteroj ĉiam estas kontrolataj, ĉu ili enhavas sekretojn. Ili estas simplaj amikaj leteroj, kiuj ne povas kaŭzi al mi danĝeron. Kaj vere la konatiĝo kun aliaj kulturoj klarigis al mi, ke en nia kulturo estas kelkaj trajtoj, kiujn oni devus ŝanĝi, ĉar tiujn kutimojn ni heredis de la mezepoko, kiam ni estis neevoluinta mondo. La mondo ŝanĝiĝis, la kutimoj restis. Precipe tio koncernas la virinajn aferojn. Tiu punkto tre interesas min. En la araba mondo la virino ĝenerale estas morale persekutata. Almenaŭ morale. Kompreneble dum la lasta tempo ŝi akiris iom da rajto, sed mi pensas ke tio ne sufiĉas. Ekzemple en Alĝerio viro rajtas edziĝi kun kvar virinoj. Tio estas nia leĝo. Sed la nuna leĝo diras, ke la viro ne rajtas edziĝi kun la dua virino, se la unua ne permesas tion. Tamen ĉiam okazas premo. La viro povas premi la virinon, ke ŝi konsentu. Li povas minaci ŝin, ke li divorcos de ŝi. Precipe la riĉuloj faras tion, ĉar malriĉuloj ne havas sufiĉe da rimedoj. Sed riĉuloj povas, ili eĉ povas doni al ĉiu virino propran loĝejon. Tio estas nur unu ekzemplo inter multaj.

Mi ne diras ke oni devus transpreni la tutan eŭropan kulturon; ankaŭ tie estas pluraj trajtoj, kiuj ne plaĉas al ni aŭ kiuj estas kontraŭ niaj kutimoj. Cetere estas kelkaj alĝerianoj kiuj vojaĝas al Eŭropo, sed ili nur iras al la hotelo, iom promenadas tra la urbo kaj faras fotojn, kaj poste ili hejmenveturas kun la fotoj, sed ili nenion scias pri Eŭropo. Ili konas nur la parkojn, la muzeojn kaj tiel plu. Sed mi, kiam mi ĉeestas esperanto-aranĝon, mi ekhavas profundan scion pri la vivmaniero de la eŭropanoj, kaj mi babilas kun ili.

Mi havas amikinon en Francio, kiu diris al mi ke ŝi ne ŝatas la Koranon. Mi demandis ŝin ĉu ŝi legis ĝin. Ŝi diris jes. Do ŝi legis kaj poste juĝis.

Sed mi antaŭe nenion legis, nek ion el la kristanismo, nek el la judismo aŭ ion alian; kiam mi malfermis la okulojn, mi ekvidis miajn islamajn gepatrojn kaj konis nur unu libron: la Koranon.

En Eŭropo vi rajtas ŝanĝi la religion aŭ eĉ esti ateisto. Se ĉe ni vi diras ke vi estas kristano, povas okazi ke oni mortigas vin. Do ofte la kristanoj ĉe ni kaŝas la propran religion. Vi eĉ ne iras al moskeo, vi trinkas vinon, faras ion ajn, sed kiam oni demandas vin ĉu vi estas islamano, vi aŭtomate respondas: Jes, mi estas islamano. Devus esti iu libereco. Nur tiel oni povus varbi fidelajn religianojn kiuj libere kaj tutkore konvinkiĝis pri tiu religio.

Mi havas la Koranon en esperanto. Mi montris ĝin al amikoj. Ili diris ke eble en ĝi estas falsaj vortoj. Oni ĉiam trovas argumentojn por kontraŭi vin. Ili demandas: Ĉu vi komprenas la tutan esperantan tekston? Mi respondas: Ne, estas kelkaj vortoj kiujn mi ankoraŭ ne povas kompreni, ĉar mia lingvoscio estas ankoraŭ modesta. Kaj tuj ili diras: Aha, vi ne povas kontroli ĉu tio estas la vera teksto same kiel la araba, eble oni ŝanĝis frazojn kaj ideojn kaj tiel la Korano fariĝis falsa, kaj pro tio la eksterlandanoj ricevas malĝustan ideon pri la enhavo de la Korano.

Mi loĝas en Orano, okcidente de Alĝero, la dua urbo post la ĉefurbo. Ĝi estas tre bela kaj havas belegajn plaĝojn kaj arbarojn. Bedaŭrinde la turismo en la lasta tempo tute endormiĝis. Jam antaŭe ne estis multaj turistoj, sed nun pro la malsekureco, la eksterlandanoj rezignas veni al ni.

Mi translokiĝis al Orano antaŭ pluraj jaroj. Sed post la Varsovia kongreso mi estis maldungita. Tial mi transloĝiĝis al Mascara, urbo ĉirkaŭ cent kilometrojn de Orano. Kaj tie mi havis alian laboron, luis loĝejon kaj restis tie. Ĝis la Viena kongreso. Post tiu ĉi denove mi estis maldungita. Tio devigis min reveni al Orano. Laŭfake mi estas desegnisto de metalaj konstruaĵoj, sed pro diversaj kialoj mi ne plu sukcesis akiri laboron en tiu fako. Do mi laboras en eta vendejo, kiu vendas kafon. Ĝi ne estas mia vendejo, sed apartenas al iu privatulo, mi estas nur laboristo tie. Tamen tio permesas al mi akiri la necesajn vivenspezojn.

Nu, tiu nuna vojaĝo al Eŭropo estas pagita. Alie mi ne povus veni ĉi tien. La restado estas pagita de UEA, kaj la flugado de mia nederlanda amiko, kaj mia franca amikino eĉ donis al mi monon por estadi ĉi tie. Eble mi estas la plej malriĉa homo en Orano. Sed tio estas la avantaĝo de esperanto. Eĉ eksterlandanoj helpas min veturi ĉi tien. Tio kaŭzis al ili elspezojn. Ĉu vi scias ke tiu amikino kiu donis al mi la monon, ne ĉeestas ĉi tie? Ŝi povus veni per tiu mono, tamen donis la monon al mi kaj restis en Francio. Mi havas tre bonan rilaton al miaj gekorespondantoj.

Mi loĝas en loĝejo triĉambra, kiu ne apartenas al mi, sed al la homo, ĉe kiu mi laboras. Mi eĉ senpage rajtas loĝi tie. Sufiĉe bona kaj komforta loĝejo. Mi estas edziĝinta, ĉu mi diris tion al vi? Mi estas edziĝinta kaj havas du geknabojn, unu havas kvar jarojn, kaj mia filo havas tri jarojn. La antaŭnomo de mia filino signifas "pureco", kaj la filo portas la nomon de unu disĉiplo de la Profeto. La nomo de mia edzino signifas "reĝino". Kaj ŝi vere estas reĝino, hejme, kompreneble. La loĝejo estas sufiĉe vasta por ni. La posedanto havas plurajn magazenojn, grandan propran loĝejon. Ĝenerale luado de du ĉambroj povas kosti la tutan salajron de unu homo. La virinoj laboras en Alĝerio, sed mia ne. Ŝi estas hejme kaj zorgas pri la infanoj kaj pri la domo. Tiuj virinoj kiuj laboras ofte instruas, kelkaj estas advokatinoj; mia fratino ekzemple estas instruistino pri la araba lingvo en baza lenejo.

Mi praktikas sporton, karateon. Nuntempe mi ankaŭ komencis okupiĝi pri halterado, pri tio kion angle oni nomas *bodybuilding*. Iomete. Mi krome ŝatas aŭskulti orientan muzikon, legi esperantaĵojn, por senti min en la esperanto-movado, ĉar ne estas esperantista vivo ĉe ni. Mi aŭskultas kasedojn, kiujn mia ricevas de miaj eksterlandaj amikoj, kaj mi legas librojn. Mi promenadas kun mi familio, ĉar en Orano estas ĝardenoj, estas larĝa vojo laŭ la marbordo. Mi havas nur unu ferian tagon en la semajno, vendrede. Feriojn dum la jaro mi tute ne havas, kvankam nun mi estas ĉi tie, sed tio estas hazardo. La posedanto permesis al mi veturi ĉi tien; sed ĉar mi estas la sola laboranto tie, mia bofrato devas anstataŭi min en la vendejo. Li laboras en ŝtata entrepreno, kaj tial havas tridek feriajn tagojn en la jaro, kaj ni interkonsentis ke li prenu siajn feriojn ĝuste dum la nuna tempo por ke mi povu veturi al Eŭropo. Tiel li anstataŭas min en la vendejo kaj samtempe estas kun mia familio.

Orano estas pli moderna urbo ol la aliaj, ĉar ĝi troviĝas tiel proksime al Eŭropo, al Francio kaj Hispanio, ke ni – antaŭe estis tiel – facile veturis per ŝipo tien. Do ni havis kontaktojn. Iomete la popolo estas moderna. Iomete. Se vi veturus al iu urbo en la centro de la lando, vi rimarkus homojn tie kiuj ŝajnas strangaj. Ili ne akceptas eksterlandanojn sen antaŭjuĝoj. En Orano oni ankaŭ havas antaŭjuĝojn, sed almenaŭ oni aŭskultas la alian.

Ni havas la sanktan monaton, kiu nomiĝas Ramadano. La tuta lando ne rajtas manĝi de la kvara matene ĝis la oka vespere, nek trinki, nek fumi, nek labori, kaj atendi la okan horon, ĝis la imamo alvokas al la preĝo. En la fino de tiu monato (kiu daŭras tridek aŭ dudek kvin tagojn) oni festas ĝin dum du tagoj. Dum la unua tago oni aĉetadas belajn vestaĵojn al la infanoj kaj donas al ili monon, kaj la virinoj preparas por ili specialajn manĝaĵojn, kukojn. Dum tiu festo oni vizitadas la familianojn kaj konatojn, oni petas pardonon al homoj, al kiuj oni eble kaŭzis ĝenojn, aŭ eĉ kiam oni kverelis, eĉ kiam oni ne parolis dum la tuta jaro, kiam venas Ramadano, oni devas peti pardonon. La koroj denove estas blankaj, kaj oni forgesas la pasintajn batalojn.

Ni havas ankaŭ alian feston, la Grandan Feston. Ĝi okazas post la pilgrimo, dum kiu la islamanoj iras al Mekko, kaj revenas, kaj en la lasta tago oni devas buĉi ŝafojn. Do estas multaj mortaj ŝafoj ĉie, kaj eĉ malriĉuloj manĝas viandon. Tiu festo okazas nur por la malriĉuloj. La riĉuloj devas buĉi siajn ŝafojn kaj gardi por si nur unu trionon, kaj la du aliajn trionojn ili devas disdoni al malriĉuloj, por ke tiuj manĝu viandon almenaŭ dum unu semajno en la jaro. Ni krome festas la naskiĝtagon de nia Profeto Mohamedo. Tio okazas la dekduan de certa araba monato (ĉar ni havas arabajn monatojn). Kelkaj pasigas la tutan nokton en preĝejo, bruligas kandelojn, preparas specialan manĝaĵon kaj vestas la infanojn laŭ la tradicio, kun la ĉapelo kaj la longaj arabaj vestaĵoj, kaj oni kantas religiajn kantojn dum la tuta nokto.

Iomete Alĝerio estas pli moderna ol aliaj arabaj landoj, ĉar ni heredis kelkajn kutimojn el la tempo de la franca koloniismo. Mi pensas ke Alĝerio, Egiptio kaj Tunizio estas la plej evoluintaj kompare kun aliaj arabaj landoj. Tunizio estas eble pli moderna ol Alĝerio, pro la turismo, la pensmaniero de la Tunizianoj estas ankaŭ pli moderna ol nia. Mi estis en Tunizio kaj Maroko. En Maroko la situacio estas simila. Nur en la golfaj landoj estas alie. Ankaŭ ili estas araboj, sed ili vivas alimaniere ol ni. Ni ŝajnas al ili pli eŭropaj, sed ili havas monon, belan vivon, luksan. Ili nur pagas, eksterlandanoj faras la tutan laboron, kaj ili mem vivas en luksaj domoj, promenadas tra la mondo. Sed ili kulpigas nin esti pli eŭropaj ol arabaj.

La cent tridek du jaroj da koloniiteco lasis siajn spurojn. Estas sufiĉe longa tempo por heredi ion, eĉ se Francio forlasis Alĝerion antaŭ pli ol tridek jaroj, tamen estas kelkaj restaĵoj, ĝis nun. Mi pensas ke ni ne forĵetu ĉion, kion Francio lasis ĉe ni. Ekzemple la francan lingvon ni bezonas. Ĝi utilas al ni. Ĝi estas heredaĵo de la kolonia tempo, tamen ĝi estas bona por ni. Ni devas selekti la avantaĝojn.

Se mi trovos laborlokon, mi tre ŝatus ree labori en mia profesio. Ĝi estas tre interesa. Mi povas fari metalajn konstruaĵojn. Se mi ne daŭrigos, mi tute forgesos mian fakon. Mi bezonas la teknikajn konojn kaj la sperton kaj praktikon. Sed mi ne estas malkontenta pri mia nuna vivo. Ĉefe mi estas tre feliĉa kaj gaja, ĉar mi havas tre ĉarman edzinon. Ŝi estas tre ĝentila, tre zorgas pri mi kaj la infanoj. Iomete ni klopodas havi pli da libereco en nia familio ol ĉe aliaj. Mi ne premas sur ŝin. Mi estimas ŝin, ĉar ŝi estas tre, tre ĝentila. Sed ankaŭ ŝi komprenas ke ekzistas iu socia premo sur min. Ekzemple mi ne rajtas permesi al ŝi forlasi la domon sen kialo, nur por promenadi, sen mi. Tion ni inter ni permesus, ĉar mi fidas mian edzinon, mi scias ke ŝi estas fidela, sed ankaŭ ŝi komprenas, ke, se ŝi ne sekvas tiun regulon, mi povus esti malbone rigardata de la socio. Kaj ankaŭ ŝi estus malbone rigardata. Ni do devas akcepti tion, eĉ kiam ni kontraŭas. Tamen tio ne signifas ke ŝi estas en malibereo. Kaj hejme ni bone interkompreniĝas kaj estimas unu la alian. Foje mi gastigis germanan ĵurnaliston kaj alifoje hungaran kuraciston, ambaŭ esperantistoj. Normale estus, ke mi kaŝu mian edzinon antaŭ vizitantaj viroj, sed mi pensis ke mi ne havus kaŭzon por tio, ke ili ne prenus ŝin. Mi do prezentis ŝin al ili. Do mi respektas ŝin. Tio ne ofte okazas en nia lando, ĉar la viro sentas sin pli forta ol la virino. Mi preferas ke ŝi estimu, ne timu, min, ke ŝi amu min pro mia personeco. Mi estas modesta homo, kaj vivas honestan vivon, mi ne havas malbonajn aferojn en mia koro, pri kiuj mi timas aŭ hontas.

(Notita de Ulrich Becker en 1995)

Ĉiu respondecas pri si mem

Intervjuo kun Andreas el Germanio, kiam li havis 36 jarojn

Kiam mia patro generis min, li ne sciis ke li estis jam mortanta pro kancero. Malmultajn monatojn poste li vere ĉesis vivi, kaj postlasis sian gravedan edzinon kaj du filojn. Kiam mi naskiĝis, en 1958, en Saksio – orienta provinco de la hodiaŭa Germanio – mia patrino ne sciis kion fari. Ŝi estis sen profesio, ĉar en la aĝo, en kiu aliaj lernis iun profesion, ŝi devis helpi al siaj gepatroj labori en vilaĝa gastejo. Ŝi fine decidis fordoni la plej aĝan knabon (kiu iam poste same mortis pro kancero) al la seninfana onklino por kelkjara edukado, kaj min en institucion kiu feliĉe hodiaŭ, almenaŭ en Germanio, ne plu ekzistas: en domon por beboj, kie ili restadis la tutan semajnon sen vidi la familion – nur semajnfine mi venis hejmen. Tiel ŝi almenaŭ povis eklabori kiel tajpistino.

Kiam mi havis tri jarojn, ŝi reedziniĝis. Mia duonpatro prenis ŝin – virinon kun tri infanoj – kaj alportis al ŝi iom pli da mono, el sia laboro, sufiĉa kaŭzo por mia patrino akcepti lian malstabilan karakteron kaj eĉ akcepti ke li, kiu estis facile koleriĝema, ofte batis la infanojn.

Ĉu bonŝance por mi, ke mi estis ĝenerale pli obeema kaj timema ol mia pli maljuna frato, tiel ke mi ofte ne mem ricevis la frapojn, sed devis vidi la fraton plori?

Mi kreskis en provinca urbeto, en la fino de la kvindekaj kaj en la sesdekaj jaroj en orienta Germanio, en la lando kiu nomis sin Germana Demokratia Respubliko (GDR), kaj kiu multe pli malrapide kaj malfacile kapablis reorganizi la vivon post la katastrofaj militaj jaroj, ol tion kapablis ĝia okcidenta najbaro. La kaŭzoj por tio estis tre multnombraj, kaj la aparta ideologia premo ĝuste en tiuj du jardekoj ludis ne malgravan rolon. Oni memoru ke dum tiu tempo oni konstruis la muron, kaj ke la malvarma milito regis ne nur la atmosferon inter la ŝtatoj, sed ankaŭ ene de mia lando. (Parenteze: Kiam mi havis dek jarojn, iun aŭgustan frumatenon, ĉirkaŭ la kvara horo nokte, nia familio provis, kvarope en eta plasta-kartona aŭtomobilo nomita Trabant, ekveturi de nia hejmo en suda Saksio al la Balta Maro, por ferii. Mia duonpatro decidis pri tiu ĉi frumatena forveturo, por eviti tro plenajn aŭtoŝoseojn dum la seshora veturo.

Sed kiam ni provis elveturi el nia eta flankstrato al pli granda, ni ne povis, sed devis observi dum horo aŭ du, kiel senfina aro da armeaj veturilegoj kaj tankoj pasis antaŭ ni. Ni miregis kaj timis ke io okazis. Nur poste ni eksciis el la radio ke ili estis survoje al la landlimo kun Ĉeĥoslovakio. Estis aŭgusto de 1968.)

En la lernejo mi ne havis problemojn, mi facile iris de klaso al klaso, estis plu obeema, kaj regule la instruistoj jarfine riproĉis al mi nur unu aferon: mian silentemon.

Pri la mondo mi ne multon sciis, tute normale mi portis la bluan koltukon de la junpioniroj, kaj iom poste la bluan ĉemizon de la ŝtata junulara organizo. Iel mi sciis, kiel okazos mia vivo, ĉar mi observis, kiel la vivoj okazis al la plej multaj aliaj ĉirkaŭ mi: mi finos la lernejon, soldatservos, studos ion, kaj poste laboros ĝis mia emeritiĝo, sen la timo, ke mi povus perdi la laboron. Kaj tiel okazis – ĝis la fino de GDR. Kun almenaŭ du grandaj obstakloj.

La unua obstaklo koncernis la profesion.

Kiam venis la tempo ke mi devis decidiĝi por iu studfako kaj iu universitato, mi – unue – elektis urbon kiel eble plej foran de mia hejmurbo (Berlino ŝajnis al mi la plej konvena loko, kiu ankaŭ garantios la anonimecon kiun mi tiutempe serĉis, pro kaŭzoj, kiujn mi nur malfacile povis klarigi al mi), kaj – due – decidis fariĝi instruisto de fremdaj lingvoj. Tio ne estis mia revo, sed post kiam mi diris al mia tiama instruistino, ke mi ŝatus studi tradukadon kaj interpretadon, ŝi respondis, ke mi ne taŭgas por tio, kaj ke mi pli bone elektu la profesion de instruisto, kaj ke tio donos al mi ankaŭ la eblecon okupiĝi pri fremdaj lingvoj. (Tiutempe oni provis konvinki junajn homojn fariĝi instruistoj, ĉar tiuj mankis en la socio.) Mi ne multe pensis pri mia vivo, ĉar mi estis – subkonscie – konvinkita, ke mi ne multe aŭ esence povus influi ĝin. Poste venis la du jaroj de soldatservo, kiujn mi ial – verŝajne pro la tuta frustriĝo kaj hororo kiujn ili alportis al mi – tre rapide forgesis, kaj eĉ hodiaŭ mi devas longe serĉi en mia memoro por trovi iujn epizodojn el tiu tempo, kiujn mi vere travivis. Mi ekstudis poste, ne havis iujn problemojn, kaj eltrovis, ke mia plej ŝatata fako estis la literaturo kun ĝia historio kaj ĝia teorio. Mi profundiĝis kun granda emo en la francan kaj la rusan literaturojn, legis kaj legis, kaj dank' al profesorino ĉe la universitato, kiu ellaboris por mi specialan studoplanon por literaturoscienco, mi lernis dum tiu tempo konatiĝi kun aliaj mondoj, lernis analizi ilin kaj kompreni kaj kompari kun la propraj spertoj, kaj mi lernis vortumi. La finon de la studojaroj kronis scienca premio por diploma verkaĵo, kiun mi devis publike defendi antaŭ kvindek studentoj kaj docentoj (kio estis ne la regulo en tiu tempo), kaj kiun oni poste ekspoziciis en aliaj urboj. Laŭplane mi poste laboris kvin jarojn kiel instruisto, kaj mi povas diri, ke mi ŝatis instruadi. Sed mi ne ŝatis la kverelojn kun la gepatroj kaj la ideologian premon de la lerneja direktoro al la instruistoj kaj de tiuj al la lernantoj. Tiu ĉi rolo de transportanto de la ŝtata volo al la lernanto nervozigis min. Mi fariĝis rapide ne tre kontenta pri mia vivo, antaŭ ĉio pro la sperto en la universitato, kie mi sentis min multe pli libera. Mi devas aldoni, ke neniam venis al mi la ideo ke mi povus agi alimaniere ol atendis miaj ĉefoj. Tamen post kvin jaroj mi serĉis eblecon forlasi la lernejon, kaj post grandaj malfacilaĵoj mi trovis lokon en kultura asocio, en kiu mi ankoraŭ hodiaŭ laboras. Sed tamen mi daŭrigas de tempo al tempo la instruadon en vesperaj altlernejoj, kiam tie oni serĉas instruiston por unu aŭ du semestroj. Pli kaj pli mi lernis serĉi proprajn kampojn, kiuj vere respondis al miaj bezonoj kaj kapabloj. Mi memoris miajn interesojn ĉe la universitato kaj komencis – kadre de la kultura asocio kaj ankaŭ ekster ĝi – kunredakti revuojn, skribi artikolojn kaj – ĉefe – iniciati kaj teni vivantaj diversajn kulturajn projektojn kiuj kunigas germanajn junulojn kaj eksterlandanojn kiuj vivas en Germanio.

Al tiu tuta proceso apartenas ankaŭ mia interesiĝo pri esperanto. Kvankam mi lernis ĝin jam en la aĝo de 17 jaroj, mi poste, en la armea tempo kaj dum la studado, tute ne okupiĝis pri ĝi kaj serĉis neniujn kontaktojn kun esperantistoj. Nur jarojn poste mi pli serioze komencis aktivi, eĉ instruis, ellaboris instrumaterialojn, kaj ekhavis multajn internaciajn kontaktojn.

La dua obstaklo koncernis la amvivon. Tio eble sonas iom strange, sed kiam mi estis pli juna, mi neniam kredis, ke malfeliĉa amo povas tiom strangoli homon. Kiam mi estis en la adoleska aĝo, mi rimarkis ke mi ne havis tiun emon flirti kun knabinoj, kiun havis miaj samklasanoj. Mi kredis, ke tion kaŭzas mia retenemo, kaj mia timo antaŭ aliaj, nekonataj homoj, kiun mi dankas al la korpa krueleco de mia duonpatro. Samtempe mi sentis, ke mi observis pli la knabojn – kaj en la unua tempo mi kredis ke temas nur pri ĵaluzo, ĉar multaj el ili jam estis preskaŭ viroj, dum mi estis ankoraŭ magra kaj infaneca. Mi pli kaj pli retiriĝis, kaj post kiam mi certis ke tiu sento manifestiĝis kaj ŝajnis esti io preta aŭ fina en mi, mi fariĝis foje trista foje kolera, demandante min kial mi ne simple povis esti kiel la aliaj knaboj. Kaj mia necerteco plukreskis. En mia provinca urbeto kaj en mia familio mi vidis neniun kun kiu mi povis paroli pri tio, kaj entute mi ja pensis ke mi estas nenormala, kaj ke tion mi devas kaŝi ie tre profunde en mi kaj neniam montri al iu. La publika atmosfero en GDR dum tiuj sepdekaj jaroj estis ankoraŭ ne tiom favora kaj malferma al geja amo, kiel ĝi estis poste en la dua duono de la okdekaj, aŭ eĉ post la falo de la muro. Samtempe mi ĵuris al mi mem, ke mi ja edziĝos kaj havos infanojn, kiel ĉiuj aliaj. La vorton "geja" multaj knaboj kaj plenkreskuloj kaj ankaŭ mia duonpatro ŝatis uzi por priskribi ion tre malpuran ekster la normala socio. Kiam – dum la studentaj jaroj – iu knabino interesiĝis pri mi, kaj mi trovis ŝin simpatia, mi akceptis ŝiajn invitojn, invitis ŝin al mia ĉambro, kaj ni kune travivis bonan tempon kaj plaĉis unu al la alia. Post du jaroj ni decidis geedziĝi, kaj tri jarojn poste ni jam havis du infanojn. Ĉio ĉi okazis kiel ĉio alia, kio estis "normala" kaj akceptebla dum tiu tempo. Ni loĝis en malgrandaj loĝejoj, pagis 60 markojn da lupago, perlaboris po 900 markojn, kiuj sufiĉis por vivi bone sub la kondiĉoj de GDR, por ŝpari iomete, ne tro, kaj eĉ fari unufoje en la jaro vojaĝon, kutime al Prago, Budapeŝto, Moskvo aŭ al la Balta Maro. La tagoj – kaj noktoj – estis plenaj de laboro kun la infanoj, tiel ke dum multaj jaroj mi, nu, ja ne forgesis, sed facile flankenŝovis pensojn kaj ankaŭ emociojn. Floranta geja kulturo ne ekzistis, kaj publikaj prigejaj diskutoj ne okazis. Mi ne konis iun ajn gejon, kiun mi povus demandi aŭ almenaŭ observi. Kaj – tion mi hodiaŭ riproĉas al mi – mi ne trovis el mi mem la forton kaj la kuraĝon vivi kiel mi volas. Kaj mi preskaŭ forgesis pri tio, ke ekzistas aliaj eblecoj ol la vivo kiun mi elektis. Ja mi legis la librojn kiuj poste aperis ankaŭ en GDR pri tiu temo, kaj mi vidis la unuan kaj solan filmon el GDR pri tiu temo en 1989, sed tio estis jam malmulta tempo antaŭ la malfermo de la muro kaj la ŝanĝiĝoj en la publika atmosfero.

Kun la disfalo de la t.n. socialisma sistemo, la malfermo de la muro, la unuiĝinta Germanio kaj la malfermitaj landlimoj, mi unue duone timis la estonton kaj duone esperis novan vivon. La ĝojo pri la novaj eblecoj, kiel vojaĝoj kaj kontaktoj kun la okcidento ĝenerale, estis miksita kun novaj necertecoj. Okcidentgermanaj entreprenoj en tiu epoko – helpe de registaraj instancoj kaj novaj leĝoj – transprenis la plej multajn orientgermanajn entreprenojn kaj ofte poste simple malfermis ilin por elimini konkurencon. La senlaboreco kreskegis ĉirkaŭ mi, kaj dum iom da tempo ankaŭ mi fariĝis senlabora. Sed jam post kvin monatoj mi denove eklaboris en la sama loko.

Tiu stato de serĉado de nova pozicio daŭris kelkajn jarojn – kaj trovis sian subitan finon, kiam mi en iu tago renkontis junan viron, kiu interesiĝis pri mi, kaj al kiu mi paŝon post paŝo enamiĝis. Subite ĉio venis samtempe – kaj iel mi sentis, ke nun ĉio estis finita, kio ĝis nun okazis al mi. La deziro fiksi la rilaton al tiu homo estis tiom forta, ke mi glitis en profundan personan krizon. Mi komencis pensi pri mi kaj miaj deziroj. Mi retiriĝis, ne plu vidis amikojn, ne plu vizitis esperanto-renkontiĝojn, leteroj amase restis sen respondoj en iu angulo – kaj iutage mi ekparolis kun mia edzino. Tio daŭris kelkajn semajnojn, kaj mi estas feliĉa, ke ŝi post la unuaj doloroj hodiaŭ estas mia plej bona amiko. Ni eĉ povas paroli pli facile kaj kun pli granda emo kaj vervo ol iam antaŭe. Mi regule vidas miajn infanojn kaj ili vizitas min, ni kune vojaĝas kaj kulturumas. Unu jaron post la disiĝo mia edzino kuniĝis kun alia viro.

Sed tio por mi estis nur la unua paŝo. La decido komplete ŝanĝi mian vivon laŭ mia naturo kaj miaj veraj deziroj ne estis facile realigebla. Mi havas multajn parencojn, kiuj unu post la alia, komencante ĉe la patrino, nun estis informataj – aŭ aŭdis tion el la kutima klaĉado – ke mi estas geja. Mi ne plu volis kaŝi min antaŭ eĉ nur unu. Samtempe mi rompis ĉiun kontakton kun mia duonpatro, ĉar la traŭmato el la infanaĝo persekutas min psike ĝis hodiaŭ – kaj mi sciis ke nur totala distranĉo de ĉiuj rilatoj povas liberigi min el tiu traŭmato. Poste revenis la amikoj, starigis demandojn, kaj ili unu post la alia eksciis pri la ŝanĝoj en mia vivo. Mi ekhavis novajn amikojn el partoj de la socio, pri kiuj mi antaŭe ne sciis ke ili ekzistas. Kaj ĉiu nova homo, kiun mi renkontis, iom ŝanĝis mian pensadon.

Mi antaŭe ne imagis, kiom malfacila kaj longa estos tiu procezo de metamorfozo. Dank' al la fakto ke mia koramiko, kiu post iom fariĝis vivpartnero, estis neeŭropano, ankaŭ venis al mi tute nova rigardo al la mondo. Mi malkovris novajn kulturojn, multe vojaĝis, legis multe, antaŭ ĉio librojn kun opinioj pri la homoj kaj la mondo, kiuj estis iam ne tre konvenaj al la oficiala GDR-a politiko, mi vidis la artverkojn en la grandaj galerioj en kaj ekster Eŭropo, malkovris la modernan arton en pentraĵo kaj muziko kaj komencis diveni, malantaŭ kia nebulo mi iam vivis. Kaj mia vivo fariĝis kaj verŝajne restos maltrankvila, ĉiam en moviĝo. Mi ŝanĝis la loĝejon tri fojojn dum la pasintaj du jaroj kaj revas pri vivo ekster Germanio kaj ekster Eŭropo. Mi havas nek aŭtomobilon nek televidilon, kaj kiam iu vidas mian loĝejon la unuan fojon, tiu aŭ tre ŝokiĝas, se li estas kutimiĝinta al la tipe germana burĝa aŭ etburĝa vivo, aŭ tre ŝatas ĝin, se li vivas same alternativecan vivon, ĉar mia loĝejo estas sen iu ajn lukso, kun nur la plej necesaj mebloj, nekutimaj koloroj ĉe la muroj, grandaj pentraĵoj kaj multaj fotoj. Ial mi fuĝis ĉion al mi kutiman, kiam mia vivo ŝanĝiĝis. Kaj mi komencis skribi prozajn tekstojn, kaj la unuaj jam estas publikitaj.

Jen la unuaj propraj paŝetoj de 36-jara homo, kiu certe ne havis vivon ĝis nun tre interesan por la ĝenerala publiko, sed tamen vivon kiu nuntempe ripetiĝas milfoje en orienta Germanio, eĉ kun tiu specifaĵo de gejo kaŝinta sin malantaŭ familio. Mi ja komprenas la multajn homojn, kiuj komparas la hodiaŭan vivon kun tiu en la tempo de GDR kaj sopiras je multaj trajtoj de la iama socio al kiuj ili estis kutimiĝintaj kaj kiuj intertempe perdiĝis. Tamen min nur kolerigas la pensoj pri la pasinteco, kvankam mi ja konscias, ke ĉiu estas esence mem respondeca pri sia vivo kaj siaj decidoj, sendepende de tio, en kia socio li vivas. Tion lerni estis surpriza kaj ne facila tasko por multaj en la Eŭropa oriento depost 1989. Malgraŭ tio mi estas plu konvinkita, ke la taŭga socio ankoraŭ ne estas trovita, en kiu tiu individuismemo ne damaĝos al la homaj rilatoj (lokaj kaj internaciaj) kaj – same grave – al la naturo.

Por fini mi volas diri, ke mi membriĝis al Ligo de samseksamaj geesperantistoj, kaj kiam mi foje vizitis ties sekretarion en Londono, kaj mi rakontis al li mian historion, dum ni sidis en lia loĝoĉambro kaj trinkis teon, li ĉe la fino diris, ke iam mi devos skribi pri tio, ĉar tiel mi povus doni kuraĝon al multaj aliaj kiuj ankoraŭ estas antaŭ la decida paŝo. Ja gejoj kaj lesboj – ĉiukaze – naskiĝas dufoje. La unuan fojon la respondecon havas la patrinoj, la duan naskiĝon, la metamorfozon, ili devas trabatali tute, tute solaj.

(Notita de Ulrich Becker en 1995)

La hejmlando estas elektebla

Intervjuo kun Paŭlo el Kanado (nask. en Germanio),
kiam li havis 71 jarojn

Kiam la falis berlina muro, aŭ pli bone kiam oni malkonstruis la berlinan muron en 1989, komenciĝis proksimiĝo inter okcidento kaj oriento kiu simbolas unuiĝon. Falo de tiu muro signifas falon de komunismo kiu dum tri generacioj tute ŝanĝis pensmanieron kaj labormetodon de orientanoj.

Ne, mi ne volas diri ke ili estis mallaboremaj, sed la sistemo kaŭzis ke dum iliaj laborhoroj ili postkuris bazajn nutraĵojn aŭ eventuale hazardajn vendaĵojn starante dum horoj en vicoj. Pri tio oni povus multe rakonti, sed mi, malgraŭ mia naskiĝo en Berlino en 1925, ne spertis tian vivon.

Mi naskiĝis en juddevena familio kiu ne praktikis multe religion, tamen mi kiel 13 jara knabo partoprenis barmicvan ceremonion (kiam knabo helpas dum diservo en sinagogo, kio ja estas signo de ekmaturiĝo). Tiam nia familio jam vivis en Suda Afriko en Capetown.

Mia patro estis kuracisto kaj la patrino socia laboristino. Ili frue komprenis la timigan hitleran movadon kiu evoluiĝadis en Germanio en la tridekaj jaroj kaj ekkomencis persekutojn en 1933, devigante ĉiujn judojn porti flavan stelon. Tial miaj gepatroj decidis en 1934 protekti la familion translokiĝante tiom fore de Berlino.

Berlinon mi revizitis en 1975 kiam la urbestro de la okcidenta parto de la urbo invitis ĉiujn fuĝintajn eksberlinanojn je kosto de la urbo, veni kaj viziti Berlinon kun eventuala celo revene vivi en ĝi. Dum tiu vizito mi havis intervjuon kun urbestrarano kiu provis konvinki min kiel elektra inĝeniero veni vivi kaj labori. Tiam mi jam laboris en Kanado kaj mi estis kontenta kun mia laboro kaj vivkondiĉoj. Do, mi ne akceptis la proponon.

Dum tiu vizito ni ankaŭ transiris al la orienta parto de Berlino. La aŭtobuson traserĉis ŝtatoficistoj ne nur de ene sed eĉ per spegulo ili rigardis de sube se iu neleĝe kaŝiĝis. La strato Unter den Linden (Sub la tilioj) pleje impresis min. La arboj fariĝis tre grandaj kaj la Brandenburga pordego donis kontraŭan impreson ol memoraĵoj kiujn mi havis. Ĝi fariĝis pli eta. La samon mi spertis vizitante muzeon kie troviĝas statuo de la fama egipta reĝino, Nefertiti, kiu ne plu estis tiom granda kaj impona, kiel en miaj memoroj el la infanaĝo.

Familianojn mi ne serĉis sciante ke ĉiuj malaperis inter 1933 kaj 1945. Same mi eĉ ne vizitis la hejman straton kiu ja estis parto de okcidenta Berlino.

Berlinon mi ne povas forgesi ĉar de tie venas ĉiujare kalendaro kaj informbulteno kaj tiel mi daŭre scias pri la vivo tie. Mi estas membro de Germana klubo en Montrealo, do kelkfoje mi havas okazon paroli la germanan. Ankaŭ ĉe radio kaj televido estas ĉiusemajne germanaj programoj. Kun mia edzino svisdevena el franca kantono, mi uzas la anglan. La angla estis la lingvo de niaj infanoj en lernejo kaj kvartalo. Hodiaŭ miaj filinoj uzas plejparte la anglan – du el ili loĝas en Alberto kaj la tria en Montrealo.

Kompreneble en Sud-Afriko mi eklernis la anglan kiu estas la oficiala lingvo, kaj la afikaansan kiu similas al la nederlanda. Tiu mondparto estis malkovrita de Jan Van Riebeeck en 1652. Li estis el Nederlando kaj tiel fariĝis ĝia kolonio kaj poste kolonio de Anglujo. Parolante pri la lingvoj por tiuj kiuj ŝatas scii la nomojn de indiĝenaj lingvoj jen kelkaj : zulu, xhosa, matabele, sesuto. Ili ne estas oficialaj.

En Capetown mi finis la lernejon. Ĝi estis por blankuloj ĉar ĝi troviĝis en nia kvartalo kie loĝis eŭropdevenaj personoj. Tamen la universitato kiu estis tre liberala rilate rasoj, estis malfermita al ĉiuj. Dum tiuj studentaj jaroj en vesperaj horoj, mi ofte instruis al nigruloj la anglan, matematikon kaj fizikon. Ĝi estis volontula laboro, sed pro la okupiteco mi ne amikiĝis pli kun miaj kursanoj ekster la kurso. Esti nepagita por laboro mi povis permesi al mi danke al mia patro kiu pagadis mian studadon. Tiam li jam laboris kiel haŭtspecialisto kion li praktikis en Germanio. Komence li povis esti nur piedkuracisto. Oni devigis lin denove studi dum kvar el la ses kutimaj jaroj de la medicina studado.

Kiel studento mi eklernis esperanton en 1944 kun Dr. Liebeck. Li estis amiko de nia familio kaj la prezidanto de la loka klubo. Mi uzis metodon de Ferenc Szilagy, "A Pratical course in Esperanto". Tiun libreton mi hodiaŭ havas en pluraj ekzempleroj. Mi kredas ke ĝi estas tre bona metodo. Mi rapide lernis la internacian lingvon ĉar kiel junulo idealista, mi ekapogis tiun ideon pri komuna lingvo. Ofte mi spertis en tiu dulingva medio same kiel mi spertas hodiaŭ en Kanado. Oficiale du lingva ŝtato ja bezonas unu komunan lingvon. Esperanto kaj ĉiuj Zamenhofaj idealoj ŝajnas al mi plej taŭgaj.

Tiutempe la esperanto-movado estis vere ne forta. La sola klubo estis en Captown kaj nur kelkaj esperantistoj vivis izolitaj alie en Sud-Afriko. Mi komencis korespondadi kun junulino en Filipinoj kaj kun la UEA-sidejo, tiam en Anglio. Mi tuj fariĝis UEA-delegito. La delegita reto estas unika kaj tre valora aranĝo. Ĝi montras la eblecon ke ordinara homo povas turni sin al persono de iu ajn lando kaj havi certe respondon. Foje oni skribas aŭ turnas sin al propra konsulejo kie bedaŭrinde personoj ne tiom helpas kiel esperantisto de la koncerna lando, kiu pli scias kaj pli bone konsilas.

La delegitan reton mi ekuzis kiam mi translokiĝis kun mia edzino al Montrealo en 1951. La tiama loka delegito D-ro Pratley, civila inĝeniero, helpis al mi trovi loĝejon kaj serĉi laboron en la kompanio Northern Electric, poste Northern Telecom. Mi eklaboris kiel desegnanto de kabloj, poste en la laboratorio kaj en kontrolo de kvalito.

Pensante pri nia alveno en Montrealo, mi bone memoras nian surprizon kiam ni unue vidis "Reĝan Monton" (Mont Royal). Laŭ ĝi la urbo ricevis la nomon. Ĝi ja estis vera ŝerco por ni. Mi jam diris ke mia edzino naskiĝis en Svislando kaj montgrimpis tie, kaj mi en Sud-Afriko, kie troviĝas montoj de 3000 metroj. Do kun ideo kiaj estas montoj, ni atingis Montrealon kie ni interesiĝis pri la fama monto. Ekvidinte ĝin ni devis ridi ĉar ĝi apenaŭ pli altas ol hodiaŭaj nubskrapuloj. Poste grimpante ĝis ĝia supro ni komprenis tamen la nomon. Ĝin donis la esploristo Jacques Cartier, ne pro ĝia alteco, sed pro la bela vido kiun ĝi ebligas al la valo de la rivero Sankta Laŭrenco.

Vivante en Montrealo mi kuraĝigis D-ron Pratley restarigi esperanto-klubon. Ĉi tie troviĝis jam aliaj esperantistoj: Jean Forgeau, Red Archell, Paul Durette. Tiam en Toronto vivis la plej aktiva membro de KEA (Kanada Esperanto Asocio) Dez Hackett kiun mi same kuraĝigis apogante aktivecojn. Ni sukcesis havi kongreson de KEA en Montrealo en 1959 kiun partoprenis 50 personoj.

Mia edzino ankaŭ lernis esperanton. Kiel patrino de tri infanoj, ŝi lernis hejme. Tiel ŝi povis multe helpi al mi organizante libro-servon kiu same kiel la centra oficejo de KEA troviĝis sur la ĉefa strato en Roxboro. Tio estis inter 1972 kaj 1976 dum mia prezidanteco de KEA. Mia plej aĝa filino lernis esperanton en lingvo-laboratorio de Duncan Charters kaj Edmund Brent, dum nur unu semajnfino antaŭ la kongreso.

Kiel esperantisto mi aktivis en la skolta movado. Dum la granda *Expo 1967* en Montrealo mi sukcesis akiri informbudon por SEL (Skolta Esperanto-Ligo). Poste mi faris la samon en Kalgario, en Alberto en 1984 dum monda ĵamboreo. Normand Handerson kaj membroj de la loka esperanto-klubo kaj mi prizorgis ekspozicion en tendo kaj informis pri esperanto kaj SEL.

Esperanto portis al mi bonajn geamikojn, plilarĝigitan kulturon. Ekzemple, danke al finnaj esperantistoj kiuj tradukis "Kalevalan", ni povas kun granda plezuro legi kaj kompreni iliajn legendojn.

En la *okcident-insulo* esperantistoj kiuj loĝas proksime fondis esperanto-klubon nomatan EKOM (Esperanto Klubo de Okcidenta Montrealo). Ni ne estas multnombraj sed ni regule renkontiĝas ĉiun trian semajnon en niaj hejmoj por babilado, prelegeto kaj tetrinkado. Ni ĉiuj estas geemerituloj.

Pensante pri esperanto, por mi estas neforgeseblaj la Universalaj Kongresoj en Portland (Oregon), Kopenhagen, Rejkjavik, Vieno kaj Tampere. Kiam mi partoprenas kongreson, mi ĉiam restas pli longe tie por iomete vagi tra la lando private aŭ organizite, antaŭ aŭ post kongresa ekskurso, sole aŭ grupe.

Dum la UK-oj eblas ne nur dumtage ĉeesti kunvenojn aŭ kun-sidojn kiuj laŭteme interesas min, sed ankaŭ vespere spekti distraĵojn aŭ kulturaĵojn.

Inter miaj aliaj asociaj okupoj mi menciu la aktivecon por la mondskala homrajta asocio Amnestio Internacia (AI). Mi ŝatas tiun organizon ĉar ĝi ne akceptas subvencion de iu registaro kaj pro tio estas pli sendependa. AI havas plurajn oficialajn lingvojn: angla, franca, hispana kaj araba. Renkontinte la nunan ĝeneralan sekreta-rion Pierre Sané el Senegalio, dum nacia AI kongreso en Halifakso, mi rekomendis al li uzi esperanton, sed li ne konvinkiĝis.

Mi aktivas en pacmovado kaj al tiu internacia movado mi pro-ponis esperanton, sed sen sukceso.

Mi estas kanadano kaj mi provas subteni Kanadon en Kebekio.

Kanado estas mia nuna hejmlando same kiel antaŭe estis Sud-Afriko, kaj pli antaŭe Germanio. Transmigrante mi lernis ke la hejmlando povas esti tiu kiun oni elektas kaj ke neniu lando havas monopolon pri beleco aŭ kulturo.

(Notita de Zdravka Metz en 1996)

Ĝisdatigoj:

Paŭlo vivis en Montrealo kun sia edzino kaj regule vizitadis sian familion en Alberto.

Paŭlo adiaŭis la vivon la 17-an de majo 2008, post kelkjara batalo kontraŭ haŭta kancero.

Reveno al Otavo

Intervjuo kun Geoffrey el Kanado, kiam li havis 28 jarojn.

Lastan aŭtunon, post dudek jaroj, mi denove revenis Otavon. Ĉi tie mi naskiĝis kaj loĝis dum la unuaj sep jaroj de mia vivo. Memoroj pri Kanado preskaŭ malaperis. Foje mi memoras tion, kion mi vidis ĉe familiaj lumbildoj. Tamen, kanadajn vintrojn mi ne forgesos. Mi malŝatis ilin. Mi eĉ ne ĝojis pri la unua neĝo kiel aliaj infanoj. Estas la kutimo, kvazaŭ festi kurante de fenestro al fenestro dum unuaj neĝeroj blankigas stratojn, kortojn, pejzaĝojn. Jam en oktobro aŭ komence de novembre tio okazas. Sed mi ne emis eliri vintre. Glitkuri mi ne kapablis. Skii mi provis nur unufoje.

Nun mi pli toleras malvarmecon. Aŭ eble mi ne rimarkas ĝin? Marŝante ekstere, miajn pensojn trairas multaj pripensigaj ideoj, multaj belaj spertoj kiuj varmigas min.

Mi estas la sola infano naskita de miaj gepatroj. En la antaŭaj dudek jaroj de ilia komuna, familia vivo, ili adoptis kvin miajn gefratojn. Tiuj infanoj eniris familion ne kiel beboj sed pli aŭ malpli grandaj infanoj. Pro tio mia plej juna frato estis jam dekok jara kiam mi naskiĝis. Ĝuste pro tiu aĝdiferenco mi ne tiom ludis, kverelis, batalis kaj vivis gefrate en la familio. Eĉ la familian vivon mi vere ne travivis plene kaj longe. Tuj kiam mi ekmarŝis kaj kiam mi eblis, mi eniris infanĝardenon. Ankaŭ tre juna mi komencis privatan francan lernejon kiu pro sia malproksimeco de nia domo postulis ĉiutage tempon por aŭtobusa vojaĝado. Tagoj estis longaj, for de la domo. Semajnfinoj rapide pasis.

Kaj tiam miaj gepatroj decidis translokiĝi al Britio. Nur mi kiel infano sekvis ilin. Mia patro emeritiĝis kiel anglikana pastoro kaj ekloĝis vilaĝon apud Monmouth en Kimrio. Tie mi ne povis daŭrigi la lernejon ĉar ili volis ke mi ricevu bonan edukadon. Ili enskribis min en privata liceo en la graflando Yorkshire. Tio estis tre for de la vilaĝo de miaj gepatroj.

Por mi komenciĝis nova vivo. La unuajn ses monatojn mi sentis min sola, foje malgaja. Mi devis tute memstariĝi. Ĉirkaŭ mi estis centoj de aliaj knaboj. Mian ĉambron mi dividis kun aliaj amikoj. Kun ili mi dividis ankaŭ : sekretojn, ludojn, zorgojn, timojn, punojn.

Kun ili mi grandiĝadis, evoluadis, diskutante ricevadis propran opinion, do unuvorte kunvivadis. Dum semajnfinoj foje ni iris vilaĝon por helpi al maljunuloj, foje mi estis invitita ĉe familio de iu amiko. Mi ŝatis tiujn forestojn de la liceo. Manĝaĵo gustis bone, malsame, hejmece.

Kelkaj amikoj, same kiel mi, daŭrigis la studadon en Oksfordo, la plej fama studenta urbo en Britio. Tiel ni daŭrigis nian amikecon.

Laŭ mi, grava parto de amikeco estas kunspertaĵo kaj kun miaj samlernejanoj kun kiuj mi kune lernis kaj studis, mi spertis ĉion. Por mi ili estas kvazaŭ familio. Eble pro tio, kiam oni demandas min pri mia familio kaj la gepatroj, imagoj de familio ne venas tiom simple.

Ni ĉiuj havis kaj daŭre havas bonan rilaton. Jes, nature mi malsamas de miaj gefratoj. La kaŭzo ne estas ĉar ili estis adoptitaj kaj mi naskita de mia patrino. La kialo estas pli atribuebla al fakto ke ni travivis junecon, havis spertojn en du malsamaj landoj kaj kulturoj. Ĝuste tiu diferenco pli riĉigas nin dum niaj familiaj revidoj, renkontiĝoj...

Dum mia studado, instruistoj, profesoroj, gepatroj, ĉiuj parolis al mi ke mi studu bone. Mi estis diligenta studento. Mi kredis ke havonte la diplomon, mi povos labori kie mi volos. Nun mi konscias ke la mondo reala aspektas aliel ol mi imagis. Kvazaŭ iu revo ne realiĝis kaj mi iom seniluziiĝis.

Mi estas profesoro de latina lingvo kaj historio de la romia epoko. Mi ne plu memoras kiom da leteroj mi sendis al tri kontinentoj por serĉi laboron. Otava Universitato estis la nura kiu pozitive respondis al mi kaj donis kontrakton por unu jaro. Kaj jam nun mi scias ke mi devas trovi ion alian por la venonta aŭtuno.

Tamen, ĉi jare en Otavo mi konsciis ke post dudek jaroj en Britio mi fariĝis brito. Mankas al mi miaj amikoj de la junaĝo, la brita radio kun ĝiaj politik-kulturaj programoj. Pensante pri politiko, oni ne povas kompari ĉi-tieajn politikistojn kun britaj. Kvazaŭ ili ne serioze komprenas sian rolon, profundajn diskutojn, kaj mankas penetraj ĵurnalistoj por starigadi al ili demandojn.

Ĝenerale diplomatoj kaj politikistoj en Britio ne fariĝas tiuj nur post studado de politiko aŭ juro. Pluraj de ili de la juneco trejniĝadis ludante la ludon de diplomatio. Oni praktikadas ĝuante kaj ĝojante estri, decidi, senti la gravecon de decidpovo.

Tiu populara ludo, elpensita en la 60-aj jaroj de la 20-a jarcento, havas klubon en Oksfordo kaj ne estas hazardo ke granda parto de britaj politikistoj studadis tie. Ankaŭ mi multe ludis tiun ludon kiu konsistiĝas de unu eŭropa mapo el la jaro 1900 kaj sep grandaj potenculoj. Movante pionon oni preparas strategion kiel konkeri la alian nacion. Dume oni devas negoci, interkonsentadi. Ĝi estas interesa socia ludo. En Oksfordo ekzistas klubo de Diplomatia ludo kaj eĉ mi estis prezidanto dum du jaroj.

Iam ankaŭ mi pensis pri politiko, sed ĉar mi ĉiam malkonsentas kun la plimulto, mi ne havus ŝancon esti elektita.

Mian fakon mi vere elektis. Ĝi kvazaŭ nature sekvis pro mia intereso pri esploroj de antikva historio. Estas la vero ke mia patrino kiel profesoro de mezepoka historio ofte stimulis min pri malnovaj okazaĵoj. Mi multe estimas ŝin. Ŝi sukcesis havi grandan familion. Vivante kun nemulte da mono, ŝi zorgis pri siaj infanoj, helpis al la edzo en lia paroĥo sed samtempe restis aktuala en sia fako.

Estas ŝi kiu donacadis al mi librojn pri Asterikso inter kiuj "Donaco de Cezaro" estas en plej aĉa kondiĉo pro ofta relegado. Ĉe ĉiu relegado mi malkovris ion novan. Mi foje parkerigis nomojn aŭ eventojn de tiu romia epoko. Kiam mi estis dudekjara mi tralegis romanon de Robert Graves, "Grafo Belisarius". Ĉi-libro rakontas pri la sesa jarcento, pri restaĵoj de la romia imperio. Ĝi ekinteresigis min pri tiu transira periodo. Gravas tamen ke hodiaŭ mi multe kaj daŭre ŝatas historion. Mi opinias ke historio, aparte la kono de la historio de la 20-a jarcento, tre gravas por kompreni la kaŭzojn de hodiaŭaj konfliktoj. Aliel ŝajnas al mi ke nekonanto sentas sin perdita en la moderna mondo.

Mian vivon akompanas ankaŭ muziko. Ne nur klasikajn majstrojn mi ofte aŭskultadas, sed ankaŭ nuntempajn.

Unu profesoro de muziko ĉe nia lernejo estis por mi respektinda persono. Pro tio mi facile akceptis ĉeesti prelegon kiun li organizis. Temis pri esperanto. Mi enskribiĝis ankaŭ por la kurso, sed mi ne serioze lernis. Eĉ kontraŭe. Por mi estis malrapide tiuj dekdu lecionoj en unu studjaro.

La someron 1986 mi planis viziti familianojn en Kanado. Mia profesoro donis al mi liston de ĉi-tieaj esperantistoj. La unuan kontakton mi havis kun iom stranga homo. Tamen mi ne prijuĝis ĉion laŭ la unua impreso.

Informbudo organizita en Oksfordo la saman aŭtunon de Marjorie Boulton, kaj interparolado kun ŝi, alportis al mi entuziasmon kaj mi aliĝis al loka klubo. Esperanton mi volis uzi pli dum planita vojaĝo al la kontinento. Tiel ni nomas Eŭropon rigardante de Britio. Pro tio mi skribadis al esperantistoj por anonci la alvenon de mi kaj mia lerneja amiko. Multajn anekdotojn mi povus rakonti pri tio, kio okazis dum la vojaĝo.

La someron de 1988 mi organizis min por ĉeesti la Universalan Kongreson en Roterdamo. Bonŝance ke iu amiko petis mian helpon por la libroservo. Mi akceptis kaj tio ebligis al mi facilajn kontaktojn kun homoj. Pro tio la kongreso estis tre agrabla kun bela etoso. Tiam mi decidis ekmovadi kaj renovigi la junularan movadon de Britio. Facile mi ricevis la taskon de la prezidanto de JEB (Junularo Esperantista Brita) kaj poste de EAB (Esperanto-Asocio Brita) dum du jaroj kaj fine dum du jaroj ankaŭ de Eŭropa Esperanto-Unio. Tiutempe mi redaktis revuojn, organizis diversajn eventojn, korespondadis, unu vorte movadis.

Lasta tia organizado okazis pasintjare. Mi preparis, en Finnlando dum la UK, por la 50-jariĝo de UNO kvazaŭ asembleon de popoloj kun junaj esperantistoj. Oni diskutadis sen atingi ian ajn finrezolucion. Ŝajnis al mi ke kelkaj ne komprenis la intencon de ĉi-evento kaj donis sian opinion. Sed multaj vere prezentis la opinion de la propra lando. Tamen tiu okazaĵo vere helpis por diskonigi esperanton ekster la movado. Raportoj en amaskomunikiloj atentigis aparte pri tiu flanko de la UK. Ĝi kvazaŭ altiris pli da ĵurnalistoj.

Jes, mi ŝatas kongresojn. Ju pli oni ĉeestas, des pli oni konatiĝas kaj ankaŭ revidas homojn kiujn oni konas.

Malgraŭ tio ke mi ankoraŭ junas, la 15-an de novembro mi havis dudeksep jarojn, Internaciaj Junularaj Kongresoj ne tiom interesas min. Mi ne ŝatas diskotekojn, ĝisnoktomezan trinkadon, diboĉadon. Eble mi estas tro serioza. Unu programero kiun mi neniam partoprenas estas ekskursoj. Mi preferas vagadi sola ol sekvi homamason.

Pensante pri esperanto, mi estas kontenta koni la lingvon. Renkontante esperantistojn mi vere havas plezuron flue interŝanĝi ideojn. Ankaŭ nun en Otavo, proksimaj esperantistoj estas miaj amikoj kiujn mi jam antaŭe renkontis.

La lingvo tamen ne egalas kulturon.

Unufoje okazis al mi dum la vizito de kastelo en Francio ke mi ne povis kompreni anglalingvan ĉiĉeronadon. Dume turistoj el Germanio kaj Francio plene kontentis ĉar ili ja komprenis. Mi ĝeniĝis pro tiom simpligita angla, malbele prononcata kiu por mi fariĝis nekomprenebla.

La angla lingvo estas balbutata ĉie en la mondo. Ofte oni nomas ĝin internacia lingvo. Bedaŭrinde per bazaj vortoj ne eblas plezure konversacii. Eble pro tio mi dubas ke en la estonteco homoj larĝe uzos ĝin por efika internacia komunikado. Nuntempe regas multnaciaj kompanioj kaj ili uzas la anglan. La monda merkato estas forta. Sed en la historio aferoj ŝanĝiĝas. Fortaj subite malfortiĝas kaj inverse. Nuntempe mi ne proponus revolucion. Ĝi ne plibonigus aferojn. Monda komunikado interligos homojn ordinarajn kaj simplajn. Ilia konscio kaj valoroj ŝanĝiĝos.

Pro iaspeca malgrandiĝo de la Tero kaj intermiksiĝo de kulturoj, religioj, rasoj, toleremo fariĝos nepra kvalito, valoro. Toleremo de ĉio krom maltoleremo. Se oni tolerus ĉion inkluzive de maltoleremo, maltoleremo venkus.

Mi kredas ke mi ja estas tolerema.

Mi povas diri ke mi ne certas ĉu mi estas feliĉa. Tiu vorto devenas de *felix*, latine: bonŝanca. Feliĉo en tiu senco ne interesas min. Homoj foje ligas monon kaj feliĉon. Por mi mono nur plifaciligus miajn esplorojn. Krome mi scias ke riĉeco mona ne signifas veran feliĉon.

Do mi estas sufiĉe kontenta. Kompreneble mi ŝategus kelkajn aferojn.

Familia vivo ne tiom allogas min. Tamen mi ŝatus vivi aŭ dividi apartamenton kun aliaj du aŭ tri personoj. Mi ne ŝatus vivi sola. Mi ŝatas kunrigardi, kunparoli, pridiskuti, loĝi kun geamikoj.

Kelkaj de miaj ekslernejanoj jam geedziĝis kaj aliaj vivas solaj. Kutime gejunuloj renkontiĝas dum studado kaj mi nun staras jam ĉe la alia flanko de la lerneja benko. Diskotekojn aŭ biertrinkejojn mi ne eniras.

En mia vivo unu alia libro influis mian opinion rilate religion. Kiel dekkvarjara lernanto, en forte katolikeca lernejo, mi komencis dubi pri la senco de ĉiu preĝado kaj meso. Eĉ en la familio mia patro

estis anglikano kaj la patrino katoliko. Foje mi rimarkis ilian mal-
konsenton kiam temis pri kelkaj demandoj pri kredo. Do la libro
"Kial mi ne estas kristano" de Bertrand Russell respondis al miaj
duboj kaj konvinkis min esti ateisto. Tiel mi ne havas la problemon
kun kredo kaj kun ĉiuj problemoj kiuj venas kun ĝi. Komprenble
ke komence mi estis laŭta kaj forta ateisto. Tio ja ĝenis miajn gepa-
trojn, sed nun mi ne ofte diskutas pri tiu evidenta temo. Tio tamen
ne signifas ke mi ne rilatas bone kun kredantoj. Kelkaj de miaj
amikoj pastriĝis. Se tio feliĉigas lin kaj taŭgas por li, estas pli bone
ol li fariĝu kontisto kontraŭ lia volo. Ĉiukaze tio neniam estis kaŭzo
de ĉesigo de amikeco. Jes, la vivo malproksimigis min kun kelkaj
amikoj. Kun tiuj kiuj vere estis miaj amikoj mi daŭrigas kontakton,
foje skribante leterojn, foje vizitante ilin kiam eblas. Por mi, amikeco
neniam povas fini.

Naturema mi ne estas ĉar pro miaj radikoj mi estas urb-loĝanto.
Tamen mi ŝatas parkojn, verdaĵojn. Nun ŝajnas al mi, se mi posedus
domon, ke mi ne havus ĝardenon. Plantoj ne oftas en mia ĉambro.
Unu tamen sukcesas travivi ĉar mi ne forgesas ĝin. Mia pli granda
kaj pli bela ĝardeno estas ja libroj kaj ne ĉiuspecaj sed tiuj pri histo-
rio. Antikva historio. Kiam mi vizitas novan urbon, nepra celo de
vagado estas libro-vendejoj. Mi rimarkis sur ĉi nova kaj moderna
kontinento kies loĝantoj rigardas en la estonton, malofte kaj rare mi
trovas aĉeteblajn librojn pri malnova historio, kvankam fakaj bibli-
otekoj posedas ilin.

Pro tio mi facile akceptis kontraktojn por verki du novajn librojn.
Mi devas nun plani esploradon kaj fini ilin post unu jaro.

Jen la nuntempa projekto.

(Notita de Zdravka Metz en 1996)

Ĝisdatigo, fare de Geoffrey, en 2007:

Preskaŭ 12 jarojn poste mia vivo ja sufiĉe multe ŝanĝiĝis. Surface,
oni rajtus supozi ke ne estas tiel, ĉar daŭre mi loĝas en Otavo.

Sed intertempe mi retransloĝiĝis al Britio, kie mi pasigis du
jarojn kiel esploristo en la universitato Kardifo. Tie mi renkontis
mian unuan edzinon; ni geedziĝis en marto 1998. Tiun saman jaron
mi revenis denove al Kanado laborcele, ĉi-foje por enposteniĝi en

Halifakso en la universitato Dalhousie. La etoso en tiu departmento estis malbona, eĉ malbonega, kaj post du jaroj mi serioze esploris eblecojn trovi alian postenon, kvankam mi teorie povintus resti tie dum la cetero de la kariero. Preskaŭ mirakle posteno malfermiĝis en Otavo kaj senprobleme mi ĝin gajnis; miaj antaŭaj kolegoj havis bonajn impresojn pri mi pro mia unujara restado tie en 1995-96. Mi rimarkigu, cetere, ke en Halifakso mi havis la plezuron konatiĝi kun aktiva grupo de esperantistoj, kiuj feliĉigis mian vivon tie.

Reveni al Otavo en somero 2001 estis tiom agrable kiom neatendite. Mia edzino trovis parttempan laboron en universitatoj, instruante diversajn lingvojn. Sed nia kuna vivo ne prosperis pro pluraj kialoj, kaj finfine ŝi preferis foriri por loĝi sole.

Do denove en 2005 mi trovis min sola en Otavo; nu, ne tiom sola, kiam oni konsideras ke mi havas multajn familianojn kaj geamikojn en la urbo. Notindas ankaŭ ke la radio-elsendoj, kiuj al mi mankis en 1995-56, nun facile kapteblas per la reto, do malpli oni sentas la forecon de Britio. Mi aktivis en KEA intertempe, kaj eĉ prezidis ĝin en 2003-04; antaŭ tio mi redaktis ĝian revuon, *Lumo*.

La unuan duonon de 2006 mi pasigis en Munkeno ĉar mi rajtis forlasi miajn instruajn devojn pro esplora periodo – la unua, kiun mi ĝis tiam havis. Estis tre agrabla periodo kaj dume mi enamiĝis kun amikino, kiun mi konis de antaŭ 18 jaroj, de kiam ni estis gestudentoj en Oksfordo. Ŝi vizitis min en Munkeno je pasko, poste mi iris por viziti ŝin en Oksfordo, kaj baldaŭ ni fianĉiĝis. Fine de la jaro ni geedziĝis en Londono en granda preĝejo – malgraŭ miaj supraj rimarkoj pri religioj.

Mi tamen ne ŝanĝis mian vidpunkton tiurilate, sed sentas ke toleremo plej gravas, same kiel mia edzino. Nun ni vivas kune en Kanado, Otavo, sed ofte vizitas Brition.

Lingvoj – mia ŝatata ludo

Intervjuo kun Probal el Bengalio, Barato, kiam li havis 44 jarojn

Libroj estas la unuaj aĵoj kiujn mi preparas por translokiĝo. La ŝaton por ili mi kvazaŭ heredis, ĉar libroj estis la familia trezoro, heredaĵo. Generacie la familio transdoniĝis ilin de patro al filo.

Mia avo plej multe translokiĝadis. Li estis juĝisto kaj por esti pli objektiva, laŭ la brita reĝimo, li devis ŝanĝi urbon, loĝlokon tuj kiam li iom konatiĝis kun ties loĝantoj. Pro tio mia patro kiel unu de kvar infanoj de juĝisto ne havis la samajn geamikojn longtempe. Tamen, jes, la samajn librojn diverstemajn. Libroj ofte ludis la rolon de amikoj. Kun ili la tagoj pasis pli agrable kaj pli rapide.

Mia patro legis kaj lernis multe. Scio pri ĉio kaj komprenemo por aliuloj larĝe malfermis lian koron al ĉiuj. Li vivis kun iu aparta intelekta politiko. Ĝuste tiu homa alproksimiĝo altiris lin al duagrada kuzino, dum iu familia nupta festo. Ŝi samopiniis kun li pri diversaj temoj, ekzemple pri la temo de muzulmanoj. En Hindujo tiutempe multaj malamis islamanojn, dum ili ambaŭ respektis ilin. Samtempe ekzistis multaj komunistoj kiuj propagandis plej fervore la laikismon kaj batalis kontraŭ la hindua "faŝismo". Miaj gepatroj volis esti nek faŝistoj nek komunistoj.

Tio do estis ilia unua renkontiĝo, kaj naskiĝis ilia sekreta decido resti kune. Poste ili renkontiĝadis en amikaj rondoj kaj fine geedziĝis malgraŭ la malaprobo de ambaŭ gepatroj.

Geedziĝo inter malproksimaj gekuzoj estis leĝe akceptita, sed socie ne ĉiam, kiel en la kazo de miaj geavoj. Pro tio miaj gepatroj vivis iom izolitaj de siaj familioj. Ili tamen estis feliĉaj en Kolkato. Ĝi estas la ĉefurbo de la gubernio Okcidenta Bengallando, unu el la gubernioj de Barato. Ĝi estis ĝis 1911 la ĉefurbo de la Brita Hindlando.

Mia lando iĝis suverena lando en 1947, sed restis sub la brita krono ĝis 1950. Tiam ĝi iĝis respubliko kaj do sendependa de la brita krono.

Miaj gepatroj estis universitataj profesoroj; li pri historio kaj ŝi pri filozofio kaj psikologio.

Mi eniris ilian vivon la 19-an de septembro 1953, kiam mi ekaperis proprapulme en hospitalo en Kolkato. Ne, mia patro ne ĉeestis la naskon ĉar tio estas ankoraŭ virina afero.

Mia patrino ĉesis labori kaj restis kun mi endome ĝis mia unua naskiĝtago. Poste ni, same kiel aliaj mezklasaj bengalaj familioj, havis du servistojn: unu zorgis pri la domo kaj la alia pri mi.

Kiel dujara mi ekbalbutis. Mia patrino demisiis de sia laboro kaj restis hejme por havi tempon por mi kaj por observi min. Tiam mi jam komencis desegni kaj skribeti. Mi estis maldekstramanulo, sed oni devigis min teni la skribilon per la dekstra mano. La emocia problemo rezultis poste en balbutado. Kiel psikologo, mia patrino rapide malkovris tion kaj, aplikante sian fakan scion, solvis mian balbutadon.

La antaŭlernejon mi komencis kiel trijara en Kolkato, sed jaron poste mia patro ricevis stipendion en doktora programo ĉe Cornell-Universitato en la urbo Itako, en la gubernio Nov-Jorkio de Usono. Mia patrino kaj mi vojaĝis ŝipe por ekloĝi tie. Mi eklernis la anglan kiam mi havis kvin jarojn. Ĝi estas sufiĉe malsama al la parolata lingvo en Usono. Mi tamen sukcesis komuniki en mia usona infanvartejo. Kiam mi estis libera hejme, mi daŭrigis studi la lingvon, sola en mia ĉambro kaj ĉirkaŭita de libroj.

En interparoloj kun miaj gepatroj mi insistis ke ili uzu la bengalan. Mi jam kapablis skribi bengale uzante la bazajn 52 literojn. Mi korespondadis kun familianoj. Iom post iom mi lernis pliajn signojn. Vere, por povi skribi kaj legi necesas 200 literformoj.

Apartan ĉambron kaj propran vivon mi havis. Ĉar eĉ semajnfine miaj gepatroj okupiĝis pri siaj doktoriĝaj studoj. Mi estis ankaŭ ilia sola infano. Kaj iam mi mem decidis lerni latinajn alfabetojn. Mia lando tamen mankis al mi, kaj por senti min pli proksime, mi aŭskultadis bengalajn kantojn pere de alportitaj diskoj. Foje vespere mi kantis bengalajn kantojn kun miaj gepatroj.

Mi ne havis multajn ludilojn, sed mi bone memoras bengalan pafarkon kiun mi ofte portis kiam mi promenis en apudaj parkoj.

La restado en Usono estis interrompita per vojaĝo al Eŭropo.

Kiel sepjara knabo mi konstatis ke la angla lingvo en Londono, Britio, ne estas tute la sama kiel tiu kiun mi nun bone komprenis. La brita prononcado ŝajnis al mi tute nekomprenebla.

La tri monatoj tie pasis rapide kaj ni ekloĝis en Hago en Nederlando. Strange, de tiu lando, kies lingvon mi ne komprenis, mi ne memoras homojn, sed ĉefe objektojn. Mi vidis ke oni tie ĉiusemajn-fine elprenis ĉiujn matracojn por aerumi kaj bati ilin ekstere, kaj purigis ĉion en la loĝejo; tio ŝajnis al mi troigo. Tamen plaĉa memoro certe restis Madurodam – malgrandigita nederlanda urbo kun etaj konstruaĵoj, tipaj aŭ famaj. Ĝi ŝajnis al mi kiel paradizo.

La denova reveno al Usono portis al mi novajn spertojn. Ne tiom feliĉajn sed tre gravajn por la vivo. Mi reeniris la saman klason, sed miaj samklasanoj ŝanĝiĝis. Nun ili rimarkis ke mi estas ĉokoladkolora kaj diradis al mi ke mi manĝas tro da ĉokolado. Mi sentis min tre malfeliĉa.

Mia klasinstruistino volis helpi min kaj kunvokis kunsidon de ĉiuj blankaj infanoj. Ŝi volis komprenigi al ili ke mi ne estas nigra kiel nigruloj, al kiuj ili ja kutimiĝis en Usono, sed ke mi estas de la "kaŭkazia" raso (laŭ la klasika priskribo de rasoj en Usono). Ŝi kredis ke lernantoj akceptos min kiel blankulon. Tio ĝenis min, ĉar mi mem vidis ke mi ne estas blankhaŭta.

Mi komencis senti min fremda kaj nepre volis foriri al Bengalio. Tio realiĝis baldaŭ, ĉar miaj gepatroj doktoriĝis kaj ni revenis hejmen jam jaron poste.

Antaŭ tio mi petis miajn gepatrojn ŝanĝi mian nomon Mukur, kio signifas "spegulo". Ĝi estas nekutima bengala nomo. Neniu ka-pablis tuj rememori ĝin kaj mi devis ĉiufoje korekti. Por bengaloj, Mukul estas pli ofta nomo. Mi konsciis, ke kun la reiro al Kolkato la nomo iĝus dumviva problemo. Tial mi petis pri alia nomo. Miaj gepatroj helpis min serĉi en vortaro por trovi malpli misaŭdeblan nomon. Ili akceptis la nomon Probal, kiu signifas "koralo".

Kiam ni revenis al Bengalio, ĉu pro la longa foresto, ĉu pro la doktoraj diplomoj, ambaŭ miaj geavoj mildiĝis kaj iel akceptis nian familion kun pli da sentemo.

Mi mem estis tre feliĉa reveni al Bengalio. Tamen, kvankam mi parolis la saman lingvon, mi ne havis la saman kulturon. Tion facile rimarkis la knaboj de mia lernejo kaj ili ne akceptis min amike. Por ili, mi estis eksterlandano, fremdulo, kaj mi daŭre sentis min izolita.

Sidante en la lernejo mi revis pri flugo eksteren, el la klaso, por esti en mia mondo. La instrumetodo estis tia ke ĝi ne postulis mian aktivan partoprenon. Gravis rezultoj de ekzamenoj, kaj mi tuj kom-prenis tion. Mi ja volis esti bona lernanto kiu finos la ekzamenojn kun bonaj notoj. Pri la lernejo mi diskutis kun miaj gepatroj. Mi miris ke en la lernejo oni uzis arkaikan varianton de la bengala. La gepatroj klarigis al mi ke en la 19-a jarcento la bengala skribo ŝanĝiĝis, sed ke klasikaĵoj uzis malnovan, kiun oni origine uzis por la sanskrita.

Mi malsaniĝis. Pro longa, preskaŭ mortiga atako de hepatito mi restis enlite dum kvar monatoj. Mi iĝis sport-malkapabla kaj neŝatata de sportemaj knaboj. La lingvolernado helpis min pasigi la tempon. Lingvoj fariĝis mia ŝatokupo, mia ŝatata ludo.

Mi demandis miajn gepatrojn ĉu ekzistas profesio kiu okupiĝas pri lingvoj. Ili rakontis pri lingvistoj. Inter iliaj bonaj geamikoj estis kelkaj kaj ili starigis kontakton inter ili kaj mi.

De tiam, estante nur 13-jara, mi kiel knabo frivole decidis esti lingvisto. Mi ludis lernante la francan, germanan, rusan, latinan kaj araban.

En la jaro 1966 mi legis libron de Mario Pei: "Historio de la lingvo". Ĝi vere malfermis al mi la mondon de lingvoj kaj donis al mi amason de scio. En unu ĉapitro mi malkovris la ekziston de esperanto. Mi serĉis libron pri esperanto. Mi trovis ĝin en vendejo, ĝin aĉetis – kaj eklernis.

Jam post tri monatoj mi skribi al Brita Esperanto-Asocio (BEA), ĉar mi trovis ĝian adreson fine de la libro. BEA marpoŝte sendis informojn pri hinda instituto. Tiun mi tuj kontaktis kaj tiel ricevis la adresojn de UEA kaj de Koresponda Servo Mondskala (KSM).

Mi komencis multe korespondi internacie. La unua interparolo kun esperantisto okazis, nome kun la tradukisto Sinha. Li loĝis fore kaj mi vizitis lin kaj feliĉis en lia biblioteko. Poste li donacis ĉirkaŭ 500 esperantajn librojn al la Nacia Biblioteko en Kolkato, kaj mi, dum ses monatoj, regule iris legi kaj finis almenaŭ duonon de ili.

Pro instigo de Victor Sadler mi akceptis kunlabori en la movado. Dum unu monato en septembro 1977 mi volontulis en la Centra Oficejo (CO). Tiu monato sufiĉis al la direktoro de la CO rimarki mian rapidan tajpadon kaj mian verkemon kaj li invitis min reveni al Roterdamo por labori tie dum unu jaro.

Tiu jaro en Roterdamo estis tre grava en mia vivo. La oftaj restadoj ekster mia lando, ĉefe en Usono, kaŭzis ke mi ne plu certis pri mia identeco: mi demandis min, kiu mi estas, kiun kulturon mi havas, kiuj valoroj gravas por mi kaj mia pensmaniero. Pro tio la paŭzo en neŭtrala loko, uzante neŭtralan lingvon, multe helpis mian personan evoluon kaj konfirmis mian identecon.

En 1975 mi ricevis stipendion de Novjorka Universitato por doktoriĝo.

Victor Sadler kaj Humphrey Tonkin proponis – kaj mi akceptis – mian enplektiĝon en la UN-laboro de UEA. Do mi reprezentis UEA ĉe Unuiĝintaj Nacioj. Tio estis por mi grava instigo al pli da aktiveco en la movado.

Tiutempe mi ŝatis traduki kaj mi esperantigis 50 poemojn de Tagor, nobelpremiito. Tiu laboro tiom plaĉis al William Aŭld kaj Marjorie Boulton ke ili proponis min por la Akademio. En 1983 mi estis akceptita kiel akademiano.

Mi revenis al la bengala lando, ĉar kiam mi laboras eksterlande mi ĉiam eksentas neapartenon al mia ĉirkaŭo. Mi konsentas kun la proverbo: ĉie estas bele sed hejme eĉ plej bele...

Kiel doktoro de lingvistiko mi eklaboris kiel docento ĉe universitato en la urbeto Puneo.

Pli trankvila vivo komenciĝis, kaj mi povis pensi pri mi kaj miaj familiaj deziroj. Por mia-landanoj, mi jam estis relative aĝa por serĉi edzinon, kaj eĉ pli nesekura pro emocia nesukceso en Usono. Mi decidis peti miajn gepatrojn ke ili trovu edzinon por mi, sed tio ne tiom plaĉis al ili. Ili sentis tion kvazaŭ paŝon malantaŭen.

Post mia klarigo ili ja komprenis min kaj aranĝis rendevuon kun siaj universitataj geamikoj por renkonti ilian filinon. Ŝi estis 20-jara kaj ŝi sciis la kialon de nia vizito.

Jaron poste, en 1983, okazis tradicia ezdiĝfesto en la hejmo de la edzino kaj poste en Kolkato, la urbo de nia familio.

Laŭ la tradicio, dum edziĝfesto la paro interŝanĝas blankajn florgirlandojn kaj metas ilin unu al la alia ĉirkaŭ la kolo. Ili ripetas en sanskrita lingvo, la sankta lingvo, vortojn kiujn komprenas nek la geedziĝantoj nek la ĉeestantoj. Pastro donas instrukciojn kiel konduti. De li dependas, ĉu la rito kaj ceremonio daŭras unu aŭ du horojn.

La promesoj okazas ĉirkaŭ fajro – flamas lignopeco kun butero sur herbo aŭ betona verando. La fajro estas la bazo de la veda religia kerno de la hindua fido. La vedoj prezentas la homojn kiel tiujn, kiuj per la kuirado ĉiam renovigas cikle la ekzistantan mondon. La fajro mem, sankte okazigas tiun recikladon de la vivo, en la hindua nupto. Fajro rolas kiel la ĉefa atestanto de la promeso. En la tradicio ankaŭ ekzistas la doto. Mi ne ŝatis tiun kutimon. Tamen ni ricevis valizon kun vestaĵoj ceremonie uzeblaj. Depende de familio, en la unuaj dek tagoj okazas ritaj farendaĵoj en la urbo kie decidas vivi la novgeedzoj.

Mia edzino Malasree (Malasri) translokiĝis al Puneo. Por ŝi post la translokiĝo okazis kultura ŝoko. Ŝi parolis nur la bengalan, kaj en nia urbeto oni apenaŭ uzis ĝin. Malasree enskribiĝis al universitato kaj ekstudis unue dum du jaroj lingvistikon kaj poste dum tri jaroj geografion.

Ni vivis sole, harmonie kaj daŭre studante ion. Familiajn kontaktojn ni havis nur kelkfoje jare dum pli longaj ferioj. La transporto ĉi tie estas kaosa.

En 1989 okazis unu plia translokiĝo, al Hajderabado, urbo kie oni parolas la hindian lingvon kiu estas parenca al la bengala-sanskrita. Ĝi estas samtempe urdua kiel la persa lingvo. La dua oficiala lingvo estas la telegua, sudbarata lingvo, kaj mi mem ne lernis kaj ne komprenas ĝin. Mi daŭre laboris ĉe la universitato, kies oficiala lingvo estas la angla.

Kiel ĉiu paro, ankaŭ ni deziris infanon, kaj tio ja okazis en 1990 kiam naskiĝis nia filo Abir. La nomo signifas ruĝan aŭ alikoloran pulvoron, uzatan dum hindua festo en marto. Ĝi ankaŭ estas simbolo de printempo, de iu komenco. Ja okazis granda ŝanĝo en nia familio.

Laŭ nia tradicio, la patrino de mia edzino venis por helpi endome dum la unuaj du monatoj. Estas ŝi kiu zorgis pri la bebo kaj patrino. La tasko de nova patrino estis nur ripozi kaj nutri. Post du monatoj mia edzino foriris kun Abir por la sekvaj du monatoj, al la domo de sia patrino. Tiel mia bopatrino povis daŭre zorgi pri sia filino Malasree, kaj samtempe pri sia familio.

Mi mem kiel patro ne vere havis aliron al mia filo, ĝis li revenis hejmen. Tiam mi tuj ekparolis al li esperante. Malasree parolis al Abir en la bengala, nia gepatra lingvo, kaj ŝi foje uzis antaŭ li la anglan. La angla estis parolata al li por la unua fojo, kiam li eniris lernejon kiel dujara. Tiam li bezonis kaj ricevis de ni hejman helpon pri la angla. La kvara lingvo krom la bengala, esperanto kaj la angla estis la hindia, unu el la lingvoj de Barato. (La hindia estas nur unu el la lingvoj. La persista uzo de "Hindio" kiel nomo por la lando estas erara, kaj ni en Barato delonge provas komprenigi al aliaj esperantistoj, ke ili devus ĉesigi tiun uzon.)

Pri lingvo-instruado, lingvo-parolado, mi multe diskutis kun mia edzino, kiu opiniis ke kvar lingvoj estas tro. Ni limigis nin al la tri pli ofte bezonataj en nia ĉirkaŭo. Do, mi konsentis ne plu uzi esperanton, sed mi esperis ke mia filo mem decidos lerni ĝin tre baldaŭ. Miaj aktivecoj estis tiom ligataj al la esperanta mondo kaj li mem troviĝis en situacioj kie oni parolas esperante.

Dum mia libera tempo mi tradukadis al esperanto, por pli diskonigi mian kulturon. La romano "Klera edzino", eldonita de Edistudio, rakontas pri bienuloj en Bengalio. Mi vere ĝojis traduki ĝin, ĉar mia avo, juĝisto, devenis de tia familio.

Nun mia familio estas en Montrealo. Mi venis por realigi komunan projekton kun mia amiko, kiu laboras ĉe Montreala Universitato. Li organizis por mi kvarmonatan restadon. Mia tasko ĉi tie estas verki parton de lia libro en ĉapitro dediĉita al esperantaj morfologio kaj sintakso.

Iom nia familio sukcesis turismi, kaj ni vidis la Niagara-akvofalojn. Ili multe impresis mian edzinon. Ŝi estas geografo kaj bone sciis detalojn el libroj. Ni ankaŭ veturis al Kebeko, tre eŭropecstila urbo, protektita de Unesko. En Montrealo ni multon vidis, sed certe ne ĉion. Mankis la tempo. Mia filo havis ĉi tie sian plezuron. Lin, kiu tiom fantazias pri transportiloj, stimulis la veturado per la subtera fervojo parkerigi la nomojn de ties stacioj.

Jam estas la fino de tiu montreala ĉapitro de mia vivlibro, kaj mi konstatas multajn similaĵojn kaj diferencojn kompare kun aliaj okcidentaj landoj.

Kompreneble mi ĉeestis kelkajn esperanto-renkontiĝojn, sed ankaŭ ĉi-rilate mankis liberaj momentoj por plia amikiĝo.

Oni havas fenestrojn, kaj ne pordojn por fari ĉion kion oni volus.

(Notita de Zdravka Metz en 1997)

Ĝisdatigo: Probal Dasgupta loĝas en Kolkato kun la familio. Li laboras por la barata statistika instituto ekde aŭgusto 2006. Malasree laboras por neregistara organizo kaj Abir abiturientiĝis kaj studas en antaŭuniversitato. Probal nuntempe estas ankaŭ la prezidanto de Universala Esperanto-Asocio.

Demandoj kaj respondoj

Intervjuo kun Tageto el Ĉinio, kiam li havis 43 jarojn

Biografia skizo verkita de la intervjuito:

Naskiĝo en 14 jan 1963, en fora vilaĝo. Sorto.

Ludiloj grunda kaj ŝtona. Nutraĵoj hordea, napa kaj batata.

Studento en normala universitato de la provinco, i.t. flugpilka teamano de la fakultato pri matematiko, de septembro 1980 ĝis julio 1984. Fortuno.

Sen groŝo en la poŝo, ofta promenanto kun samĉambranoj de la monto al la strando ĉirkaŭ la universitato.

Instruistiĝo ĉe mezgradfaka lernejo por duonjaro. Destino. Permesita perspektivo antaŭ la mano.

Paraliziĝo je la 23a de marto 1985 danke al traktoro-stiristo samaĝa kiel mi. Fatalo.

Juneco kaj revo kreviĝis dum unu momento.

Pensiulo ekde oktobro de 1985. Rezignacio. Mortanto vivanta.

Esperantisto en la ĉelo depost 1986. Providenco.

Celibulo por ĉiam ne pro religio; liberkredanto pri la religioj orienta kaj okcidenta. Scivolemo.

Verkisto / versisto. Tempopasigo.

Sola jam ne izolita.

Membriĝo al Esperantlingva Verkista Asocio en oktobro 1997.

1. En kiuspeca najbareco (domnajbaroj, stratnajbaroj, urba aŭ vilaĝa, regiona, natura) vi naskiĝis kaj pasigis vian infanaĝon?

La najbaroj estas afablaj. La regionoj ĉirkaŭ mia naskiĝvilaĝo estas tre postiĝaj; nur en la jaro 1986 tie oni ekuzis elektron.

2. Pri kio profesie okupiĝis viaj gepatroj kiam vi estis infano?

Miaj gepatroj estas kamparanoj, simplaj sed tre saĝaj.

3. Kiuj (kiaj) estis la plej popularaj geknaboj en via lerneja klaso, kiam vi estis adolesko, kaj kial? Kiel tio manifestiĝis? (Se vi memoras ...)

La plej popularaj estis tiuj kiuj gajnis altajn poentojn ĉe ekzamenoj.

De la elementa ĝis la mezlernejo mi restis la unua en la klaso. Dume, tiam, inter knaboj kaj knabinoj neniam kaj nenie okazis interŝanĝoj de parolo kaj okulumo, tamen mi spertis la ambaŭon, bedaŭrinde ne ĝuis amon.

4. Pri kiuj aferoj vi interesiĝis pleje, kiam vi estis adoleska (aĝoj 14 ĝis 18)?

Adoleske mi tre ŝatis flugpilkon. Nun mi spektas sportajn tv-pro-gramerojn nur pri flugpilko kaj pri tabloteniso.

5. Kion vi selektis kiel vian ĉefan fakon en la universitato, kaj kial?

Matematiko estis mia studo-fako. Nur ĉar mi estas kolorblinda. Mia favorita kaj sperta fako estis kemio.

6. Kiel diferenca estis la tempo de la lernejo kaj la tempo de la universitato? Kio faris tiujn du tempojn diferencaj?

En la universitato ni ĝuis liberecon en studado kaj vivo. Dum la studado 4-jara en Hunan-a Normala Universitato, ni studis kaj amuziĝis – kiam, kie, pri kio, kiel... – tute laŭ propra plaĉo, nur ne kontraŭ la leĝo. Manĝo, loĝo, malsankuraco, studkotizo...ĉio estis je la ŝtata elspezo. Lerneje, preskaŭ ĉio estis sub premo. De lerno-ob-jektoj ĝis temp-aranĝo ni devis obei la regularon faritan de la ŝtata edukministerio, por poste eniri universitaton. Ni lernis tage kaj pene lernis nokte, ĉar nur 3% de la lernantoj povis sukcese pasigi la ŝtatan ekzamenon kaj daŭrigi studon en universitatoj. La edukaj celoj faris tiujn du tempojn diferencaj. La universitata por studigi fakajn sciojn kaj kapablojn, la lerneja por lernigi ekzamenajn materialojn.

7. Kiam vi komencis labori kiel instruisto: Kio plej plaĉis al vi, kio malplej plaĉis al vi, estante instruisto?

Julie de 1984, mi fariĝis instruisto. Al mi plaĉas instrui sciojn kiujn mi kaj la lernantoj ŝatas kaj samtempe la socio bezonas. Al mi malplej plaĉas lernigi konojn ekstermodajn aŭ neutilajn, ekz. kiam Vindozo XP ekzistis jam plurajn jarojn, ni lernigis Vindozon 95 al gejunuloj; ni ĉiam trude devigas la lernejanojn lerni la anglan sed ili neniam havas ŝancon uzi ĝin – malŝparo de tempo kaj financo. Krome, ismoj evidente suferigaj aŭ sensignifaj tedas min.

8. Ĉu eblas al vi priskribi la unuajn tagojn post via akcidento? Kio en tiuj tagoj okazis, kaj kion vi pensis kaj sentis?

Ĉio nubiĝis kaj ĉio en nebulo. En febrado mi pensis nenion ol pri vivodaŭro. Sed kiel vivi? La korpo perdis senson kaj la 10 manfingroj ne povis moviĝi. Pisi, feki, amori, kuŝi, sidi...ĉio estis ekster mia manipulo. Alvenis geamikoj kaj parencoj kun kompato kaj helpoj materia kaj financa, tamen kiu volus flegi min diurne? Min-amantino sed ne mia amatino volontis prizorgi min, sed mi ne povis ne rifuzi ŝin, ĉar mi ne kapablas doni al ŝi feliĉon. Fakte al mi necesegas edzino, tamen la statoj korpa kaj financa devigas min prefere ne edziĝi, kaj krome, subjektive mi ne volas ŝarĝi la edzinon eventualan per mizeroj.

9. Kiu okupiĝis pri la proceso de via pensiiĝo? Kiel tiu ĉi evoluis, tre facile kaj rapide, aŭ tre burokratie kaj komplike?

La pria departemento de la lernejo. Kiel tio evoluis mi tute ne scias. Kiom ili difinas kaj donas, tiom mi akceptas.

10. Ĉu la pensio sufiĉas por deca vivo?

La pensio sufiĉas por baza vivo. Mi devas vivteni la fratinon kiu flegas min, ĉar ŝi ne havas sian enspezon.

11. Kiel ofte vi forlasas vian domon? Kiel tio okazas? Kien vi plej ofte iras?

Tre tre malofte mi eliras el la domo. En 1997–2004, mi iam puŝate iris al butikoj por selekti kaj aĉeti librojn kaj lumdiskojn, eble unu fojon ĉiumonate, akompanate de la patrino aŭ iam kune de instruatoj. Ekde 2004, kiam mi havis la interreton lumfibran, mi neniam forlasas la domon. Ĉio elŝuteblas; mankas la motivo eliri.

12. Ĉu vi estas politika homo?

Mi ne interesiĝas pri politiko.

13. Pri kiuj sociaj aferoj vi okupiĝas? Ĉu vi membras en iuj sociaj organizaĵoj?

Preskaŭ en neniuj sociaj afero kaj organizaĵo mi partoprenas, se mi ne kalkulas je Esperantlingva Verkista Asocio, ĉe kiu mi nenifaras.

14. Kiam kaj kial vi ekinteresiĝis pri religioj? Ĉu vi praktikas iun religion, au ĉu vi nur informiĝas pri ili?

Ŝajne en 1995 mi eklegis librojn pri religioj orientaj kaj okcidentaj nur por pli bone kompreni, aprezi kaj verki literaturaĵojn. Ekzemple, pensoj de Taŭo kaj Zeno helpas min multe en verkado de poemoj. Mi praktikas neniun religion. Iuj dogmoj en ĉiu regilio estas nesciencaj, eĉ absurdaj.

15. Kiu (aŭ kio) ekinteresis vin pri esperanto? Kiel vi lernis ĝin?

Por distriĝi mi eklernis en 1986 kaj uzas esperanton nun. Antaŭ 1997, mi povis nur legi kaj verki, kaj en tiu ĉi jaro mi havis komputilon, sekve ekaŭskultis radiojn en la interreto. Legado de esperanto-ĉina vortaro estis mia plezuro.

16. Priskribu la loĝejon kaj domon en kiu vi vivas nun.

Ekde la fino de 2000 mi posedas teretaĝan apartamenton kun 3 ĉambroj kaj 1 salono, entute 90 kvadratmetroj. La areo sufiĉas sed al la korto mankas sunlumo dum vintro.

17. Priskribu viajn ĉambron kaj labortablon, kiel ili aspektas? Kio estas sur la labortablo?

Mi kuŝas kaj laboras en la meza de la 3 ĉambroj kiuj paralele situas en la sudo de la apartamento. En la ĉambro metiĝas en la formo de orta triangulo norde unuhoma lito, sude librobreto, tablo kun komputilo kaj printilo ĉe la fenestro kaj klimaizilo malvarmetiga. La tablon kun longeco 120 cm, larĝeco 80 cm kaj alteco 80 cm mi aparte farigis por ke rulseĝo povu veturi sub ĝin. Tre simpla – ligna surfaco kaj 4 kruroj, neniam lakita. Sur ĝi krome estas NPIV, esperanto-ĉina vortaro, ĉina-esperanta vortaro kaj taso.

18. Kiel vi laboras ĉe la komputilo? Kiel vi tajpas? Kiel rapide tio eblas?

Sur la rulseĝo ĉe la tablo mi legas kaj verkas, iam babilas kun geamikoj el la tuta mondo ĉefe per Skajpo [Skype]. Antaŭe mi tajpis per kruco el du krajonoj, nun, ekde ĉ. 2002, per la montrofingro maldekstra. La rapideco estas tre malrapida, eble 1 klavo/sekunde. Uzado de la muso bezonas la du manojn. Se sid-eskaro* ne obsedas min, mi povas labori tri horojn matene kaj vespere respektive.

19. Kiam vi ekkomprenis ke vi ŝatus verki en esperanto? Kio estis via unua peco de literaturaĵo?

Por mi verkado en esperanto estas nur tempopasiga. Se mi havus alian aferon por fari, literaturo neniam ŝatigas min. Nu, dum 1997–2005, mi tute absorbiĝis en komputiko – farado de hejmpaĝo, desegnado de bildoj... preskaŭ forgesis kio estas literaturo. Mia unua peco aperis en *La Mondo*, eksa organo de Ĉina Esperanto-Ligo. Jen la poemo, fakte nur versaĵo:

Majo Suda

Majo, sezon' sen pluvo primavera.
Maje ne venas fajro mezsomera.
Fraŭlin' portante belan jupon ŝikan
Kun brusto pufa noble facil-iras.
Fraŭlo ĉemize sian forton montras
Ja malkovrante brakparon fortikan.
For de naivo ili en maturo,
En suno paŝas al la bel-futuro.

el *La Mondo* n-ro 92, nov. 1990

Ĝin mi verkis tuj post vizito de la parko kiu situas proksime de mia loĝejo.

20. Kio plej fascinas vin en la esperanto-movado, kaj kio pleje malplaĉas al vi en ĝi?

Esperanto amikigas al mi multe da personoj kiuj estas literaturamantoj, turistoj ktp. Tamen efektive, por strikte diri, mi ĉiam

---

* **eskaro:** [med.] mortinta haŭto

staras ekster la movado. Al mi malplaĉas tiaj agadoj kiaj fondado de organizoj sed kun nenia realeca funkcio, kunvenigo en nacia lingvo nur por turismo... Se eble, min fascinos – se nomiĝi movado povas jenaj aferoj – kunlabora farado de videaj kursoj bazaj kaj progresaj, de elektronikaj vortaroj esperanto-nacia, nacia-esperanta, esperanto-esperanta. Lastatempe, tra 8 monatoj, helpate de amikino mi finis esperanto-ĉinan vortaron elektronikigitan. En ĝi troviĝas pli ol 70000 vortoj, esprimoj kaj tipfrazoj; per ĝi muse aŭ tajpe serĉeblas preskaŭ ĉiuj formoj de a-, e-, o-, i-vortoj kaj vortoj kun -j, -n.

Tageto: Kial vi ne demandis, kio estas la pleja malfacilo en mia ĉiutaga vivo, kion nun mi pleje aspiras?

Mi mem konfesas al vi:

Feki, fiki kaj eskaroriski estas por mi la plej grandaj malfaciloj. Mi ne povas sidi sen la rulseĝa dors-apogilo, do feki estas problemo. Sidante aŭ kuŝante, je eskaro en la pugo mi ofte suferas. Animalo havas eroton. Homo, mi, ne superaĝa, sendube iam revas fiki. Sed sen edzino, kiel fari? Amikoj en la Yahoo-grupo "Sinfortigo" diskutis pri la temo "Seksvivo de Handikapuloj". Iuj sugestis, ke solaj handikapuloj povus telefone alvenigi ĉiesulinojn. Ho, tion fari estas nemorale, almenaŭ laŭ mia opinio, kvankam verŝajne ne kontraŭ la leĝo. Do, nun mi aspiras havi edzinon. Tamen, kiu volus edziniĝi al paralizulo kiel mi? Krom se ŝi estus freneza. Se freneza, kiel ŝi min flegus? Geedziĝa vivo ne estas nur amoro. Eble mi povus plenumigi mian revon sed kio okazus al ŝi? Eterna dilemo.

(Demandis Ulrich Becker en 2006)

Nova vivo en maljunulejo

Rakonto de Kurisu Kei el Japanio, kiam li havis 96 jarojn

Aŭtune 2002 mi eksuferis stomakan ulceron. Mi ne scias precize, kial. Sed estas certe, ke tio okazis pro streso, kiun mi suferis pro pluraj kaŭzoj. Unu el ili certe estis, ke mia edzino, tiam 94-jara, demenciĝis, kaj mi devis prizorgi ŝin hejme, ĉar ŝi ankoraŭ restis en nia loĝejo en Tokio, sed mi ne povis sufiĉe bone tion fari, ĉar mi mem estis jam maljuna estante tiam 93-jara. Pro tio mi devis interrompi la verkadon de mia aŭtobiografio, kiun mi komencis japanlingve, malgraŭ tio ke mi promesis en la fino de mia eseo "Kion donis al mi la ĉeĥa literaturo" – kiun mi verkis laŭ mendo de KAVA-PECH, ĉeĥa eldonejo, tuj post kiam en 1995 mi ricevis la unuan premion en la branĉo *Eseo* de la *Belartaj Konkursoj* pro mia eseo "Kiel Esperanto helpis al mi solvi enigmojn de 'Raporto'" – ke mi verkos mian aŭtobiografion unue en esperanto, sed ne en la japana, mia denaska lingvo.

Krome mi devis verki, malgraŭ estante en tia situacio, manuskripton de mia prelego titolita "Sporade ĉirkaŭ SAT", kiun mi devos fari post kelkaj tagoj en la unua tutlanda konferenco de japanaj SAT-anoj en Tokio. Por ke mi povu tion fari ĝustatempe, mi ege streĉis miajn fortojn. Sendube tio malbone efikis al mia korpo, precipe al mia cerbo, tiom, ke iun malfruvesperon mi eĉ eksvenis, kvankam nur momente, post urinado en la necesejo.

Pro tio mi devis enhospitaliĝi, por ke la stomaka ulcero elkuraciĝu. Feliĉe tio okazis post ĉirkaŭ trisemajna enhospitaliĝo, sed montriĝis poste, ke mi tamen suferas ankaŭ altan sangopremon.

Intertempe mia demenciĝinta edzino ekloĝiĝis en maljunulejon en Tokio, kio liberigis min de ŝia prizorgado. Sed mia filo, ĥirurgo, juĝis, ke mi ne povos bonfarte vivi sola en mia loĝejo, kaj aranĝis en januaro 2003, ke ankaŭ mi transloĝiĝu en maljunulejon. Mi timis, ke en la maljunulejo mi plu ne povus verki kaj traduki, ĉar en la maljunulejoj, kiujn mi ĝis tiam konis, gemaljunuloj devis loĝadi en komunaj ĉambroj, kio malebligus al mi daŭrigi miajn profesiajn laborojn, verkadon kaj tradukadon, ĉar tiaokaze estus neeble havi ĉemane librojn, vortarojn, enciklopedion k.s., kiujn mi nepre bezonas por dece plu okupiĝi pri miaj profesiaj laboroj.

Tamen feliĉe montriĝis, ke en la maljunulejo, kiun elektis mia filo por mi, gemaljunuloj povas loĝi ĉiu aparte en sia ĉambro, kiu, kvankam malvasta, havas propran kuirejeton, necesejon, eĉ verandon, kiu frontas suden. Kaj kio gravis por mi pleje estis, ke en ĝi estas eble lokigi tri librobretarojn sufiĉe grandajn por libroj, vortaroj kaj enciklopedioj diverslingvaj por mi pli-malpli necesaj.

Unuvorte, la maljunulejo ne estis infero, kiel mi timis, nek paradizo, kiel mi esperis, sed pli paradizo ol infero, kiel montriĝis baldaŭ. Nome, nelonge post mia transloĝiĝo tien, ĝia oficisto petis min, ke mi prelegu en la "Maljunula Universitato", kies sidejo troviĝas en tiu maljunulejo.

Verŝajne ĉar li sciis, ke mi estas sufiĉe bone konata kiel profesia tradukisto de la ĉeĥa literaturo, ke pluraj miaj elĉeĥaj tradukoj, kiel ekzemple "Milito kontraŭ Salamandroj", aperis en la prestiĝa eldonejo Iwanami en Tokio. Kompreneble mi volonte akceptis lian peton kaj faris en junio tiujare en la Maljunula Universitato prelegon titolitan "Sporade ĉirkaŭ tradukado" antaŭ 120 geaŭskultantoj.

Inter tiuj geaŭskultantoj troviĝis 68-jara maljunulino nomata MAEDA Ayako. Ŝi post mia prelego ekkontaktis min dirante, ke ŝi estas tre kortuŝita de mia prelego ne nur pro ĝia riĉa kaj interesa enhavo sed ankaŭ pro tio, ke mi malgraŭ mia grandaĝo (tiam mi estis 93-jara) povas prelegi eĉ unu horon kaj duonon, dum tio ĉiam starante; kaj ŝi proponis al mi helpi al mi, ĉar kvankam mi ankoraŭ restas sufiĉe vigla, tamen aĝo estas aĝo, tiel ke mi eble bezonus helpon. Bonvena propono! Kompreneble mi kun granda dankemo tuj akceptis ŝian bonvolan proponon.

Efektive mi bezonis helpon kaj subtenon, kiam mi iris al lokoj pli malpli malproksimaj, ĉar pro kadukiĝo estis por mi malfacile iradi eĉ kun helpo de irbastono. Do ŝi akompanis min ĉebrake subtenante ĉiufoje, kiam mi veturis iom foren por ĉeesti kunvenojn. Ekzemple en majo de la sekvinta jaro, kiam mi faris prelegon en esperanto titolitan "Kial mi ankoraŭ restas esperantisto" en la Dumviva Lerno-Centro en Ōmiya, parto de Saitama, en kiu troviĝas mia maljunulejo. Cetere Saitama estas sufiĉe granda urbo, eĉ kun iom pli ol miliono da loĝantoj, kvankam ĝi estas nur unu el la multaj satelitaj urboj de Tokio, kiu estas ja mamuta urbego kun preskaŭ dek milionoj da loĝantoj.

Ĉirkaŭ la jarfino de 2003, mi hazarde trovis sur manĝotablo de la loĝejo de Maeda Ayako en Kasukabe, urbo, kiu situas ĉirkaŭ unu horon da trajna veturado de Saitama, ekzempleron de revuo kun ruĝa kovrilo. Scivolema, mi tuj ektrafoliumis ĝin kaj konstatis jam ĉe la unua vido, ke temas pri bonega revuo malofte renkontebla. Ne senkaŭze, ĉar ĝin eldonas kaj redaktas HARADA Naoo, kiun mi konis, kvankam ne persone, kiel elstaran kaj eminentan redaktoron.

Montriĝis post nelonge, ke li post divorco de sia edzino, kiu ne toleris lian redaktorecon kiu ĉiam lin tro okupas kaj devigas lin kontraŭvole neglekti sian familion, feliĉe renkontiĝis kun la advokatino KANEZUMI Humiko, kiu ankaŭ divorcis de sia edzo, kiu ne rekonis ŝian memstaremon; kaj ili ambaŭ regeedziĝis kaj fondis kune tiun kvaronjaran revuon titolitan "Hitori kara" ("Ekde unu homo", en la senco, ke ĉio komenciĝas ekde unu homo).

Mi do ne nur senprokraste ekabonis ĝin sed eĉ mendis ĉiujn ĝiajn ĝistiamajn numerojn ekde marto 1999 por plibone koni ĝin. Kaj samtempe mi skribis al ĝia redakcio sinsekve plurajn sufiĉe ampleksajn leterojn, en kiuj mi elverŝis mian senton de granda admiro pri tiu revuo.

Miaj entuziasmaj leteroj verŝajne kortuŝis Harada-n tiom, ke li publikigis ilin en la sekvinta n-ro de sia revuo kune kun sia komento ne malpli entuziasma. Tiel komenciĝis mia kontakto kaj kunlaboro kun "Hitori kara", tiu kvaronjara revuo.

Proksimume unu jaron poste, Harada Naoo vizitis min en la maljunulejo akompanate de Maeda Ayako kaj ŝia amikino, ankaŭ abonantino de "Hitori kara", nomata TANAKA Kuniko, laŭ kies rekomendo Maeda Ayako komencis aboni tiun revuon. Kaj Harada surloke petis min verki por lia revuo serian eseon sufiĉe ampleksan titolitan ekzemple "Mia testamento al japanoj". Mi tuj ekkonis lian ideon: li certe deziras kiel sperta redaktoro, ke mi verku ion aŭtobiografian, kvazaŭ testamentan, ĉar li sendube pensis, ke kvankam mi aspektas vigla por mia aĝo, tamen aĝo estas aĝo, mi devos pli malpli baldaŭ forlasi ĉi tiun mondon, do estus dezirinde, eĉ necese, ke mi lasu post mi, dum mi ankoraŭ vivas, ion, el kiu la nunaj kaj venontaj generacioj povus ĉerpi instruon. Ĉi tiu ideo nature min ne malmulte ŝokis, ĉar ĝi kvazaŭ antaŭdiras, ke mi devos pli-malpli baldaŭ forlasi ĉi tiun mondon, sed samtempe plaĉis al mi, ĉar tio signifas, ke mi ankoraŭ vivos almenaŭ iom en tiu eseo, eĉ post mia morto. Kaj mi tuj komencis verki la eseon efektive titolitan "Mia testamento al japanoj" kaj ĝi estis publikigita serie en "Hotori kara" ekde ĝia numero aperinta en marto 2005 ĝis la numero aperinta en marto 2007.

Montriĝis, ke ĝi estas la ple ampleksa el ĉiuj miaj japanlingvaj eseoj post "Eĉ se sur miaj montoj jam neniam neĝus", mia eseo publikigita en la februara numero 1998 de "Sintyo" ("Nova Tajdo"), prestiĝa monatrevuo literatura. Ĝi estas nenio alia ol japanlingva versio de "Kiel Esperanto helpis al mi solvi enigmojn de 'Raporto'", supre menciita, sed multe pliampleksigita. La plena titolo de la "Raporto" estas "Raporto skribita en la pendumila maŝo", la esperanta traduko de la verko, mondfamiĝinta tuj post eldoniĝo en oktobro 1945, de Julius Fuĉik, ĉeĥa komunista ĵurnalisto kaj verkisto ekzekutita de la nazioj la 8-an de septembro 1943.

Ĉi tiu verko jam delonge fascinis min ne nur pro sia enhavo, ĉar temas pri la viva raporto pri la kontraŭ-nazigermana okupacio, kiun li mem aktive partoprenis kiel ano de la 2-a kontraŭleĝa Centra Komitato de *Komunista Partio de Ĉeĥoslovakio* (la 1-a estis likvidita de Gestapo jam en februaro 1941), sed ankaŭ pro la beleco, kvazaŭ ĝi estus poemo en prozo. Tiel ke jam en 1952 mi ĝin japanigis el la angla, ĉar tiam mi ankoraŭ ne scipovis la ĉeĥan.

Intertempe mi ellernis la ĉeĥan aŭtodidakte, kaj en 1960 mi retradukis ĝin, tiufoje jam rekte el la ĉeĥa originalo. Kaj en 1977 ĝi estis triafoje reldonita kiel volumo de la prestiĝa Iwanami-Libretaro. Cetere en ĉi tiu Libretaro aperis en mia japana traduko ankaŭ jenaj ĉeĥaj klasikaĵoj: "Avinjo", romano de Božena Němcová, ĉeĥa verkistino kaj batalantino por libereco nacia kaj virina el la 19-a jarcento; "Aventuroj de la brava soldato Ŝvejk", romano de Jaroslav Haŝek, antaŭmilita verkisto, kaj "Milito kontraŭ Salamandroj", supre menciita romano de Karel Ĉapek, ankaŭ antaŭmilita verkisto. Cetere lastatempe, mia traduko de ĉi tiu romano estis elektita kiel unu el la 100 verkoj speciale reeldonitaj por celebri la 80-an datrevenon de la lanĉo de Iwanami-Libretaro.

En 1959 mi estis invitita de la Kultur-Ministerio de Ĉeĥoslovakio kiel lektoro de la japana lingvo en la prestiĝa Universitato de Karolo en Prago, por ke mi samtempe pli bone kvalifikiĝu kiel tradukisto de la ĉeĥa literaturo. Efektive kiam en 1961 post preskaŭ 2-jara restado en Prago mi revenis hejmen en Japanion, mi fariĝis tiom bone kvalifikita, ke mi baldaŭ povis esti rekonita kiel profesia tradukisto de la ĉeĥa literaturo, la unua en Japanio.

La socia situacio de literaturaj tradukistoj en Japanio estas sufiĉe alta, certe pro tio, ke la japana multe diferencas strukture kaj vortare de eksterlandaj lingvoj, precipe eŭropaj. Rezulte, tradukado el ili japanen de literaturaj verkoj eksterlandaj, precpipe eŭropaj, estas laboro vere malfacilega. Jen kial ankaŭ mi kiel profesia tradukisto de la ĉeĥa literaturo ĝuas certan reputacion en Japanio.

Kvankam la tradukado garantiis al mi modestan vivon, ĝi min ne kontentigis, ĉar mi jam delonge aspiris esti verkisto. Nome jam en la februara numero 1935 de "Marŝu", popolfronta esperanto-revuo aperinta en Kobeo, mi esprimis mian aspiron fariĝi dulingva verkisto, japana kaj esperanta. Krome en 1990 mi atingis la aĝon de 80 kaj mi vole-nevole devis konscii, ke mia vivo baldaŭ finiĝos. Ĉagrenis min la penso, ke mi devos malaperi el ĉi tiu mondo sen ia granda spuro, kaj mi serĉis la vojon plu vivi, ne ian eliksiron por senfina vivo, sed la vojon kiel plu vivi spirite, ĝis fine mi trovis ĝin: verki mian aŭtobiografion. Se ĝi estus altkvalita, ĝi estos longe legata eĉ post mia morto, kiel ekzemple la aŭtobiografioj de Benjamin Franklin, de Jean-Jacques Rousseau kaj de Hans Christian Andersen eĉ post ilia morto.

Mi do komencis verki kiel antaŭekzercaĵon eseojn kun aŭtobiografiaj elementoj. "Kiel Esperanto helpis al mi solvi enigmojn de 'Raporto'" estas mia unua provo tiurilate. Ĝia premiigo en la *Belartaj Konkursoj* de UEA donis al mi ankoraŭfoje la memfidon, ke mi povas verki en esperanto same bone kiel en la japana, mia denaska lingvo.

Tiel mi debutis kiel esperanto-verkisto en 1995, estante jam 85-jara. Sed mi ambiciis debuti ankaŭ kiel japanlingva verkisto. Mi do partoprenis en 1997 la konkurson por debutigi novajn talentojn organizitan de la redakcio de "Sintyo" ("Nova Tajdo"), la jam menciita prestiĝa literatura monat-revuo. Sed la redakcio de tiu revuo ne konsideris min nova talento, ĉar mi estas jam sufiĉe bone konata kiel tradukisto de la ĉeĥa literaturo. Tamen ĝi rekonis la altkvalitecon de mia konkursaĵo, nome de la supre menciita eseo "Eĉ se sur miaj montoj jam neniam neĝus", kaj publikigis ĝin en la februara numero 1998 de la revuo.

Parenteze, ĉi tiun belan kaj simbolan titolon mi prenis el la kaŝletero, kiun Julius Fuĉik skribis por sia edzino Gusta la 28-an de marto 1943 en la ĉelo 167 de la prizono Pankrác en Prago, en kiu li verkis sian "Raporton skribitan en la pendumila maŝo" vivoriske helpate de la patriota gardisto Adolf Kolínský, kaj helpate ankaŭ tiufoje de ĉi tiu gardisto. Tiam ŝi ne povis ricevi ĝin, ĉar ankaŭ ŝi sidis en prizono, kvankam aliloke en Prago. Nur post la milito, kiam ŝi revenis al Prago liberigite el la koncentrejo Rabensbrück en Germanio, kien ŝi estis transportita el Prago, ŝi povis ĝin legi, kvankam ŝia edzo Julius Fuĉik jam ne vivis, ekzekutite de la nazioj la 8-an de septembro 1943. Ĉi tiu letero estas eble la plej bela kaj kortuŝa el ĉiuj liaj belaj kaj kortuŝaj leteroj el la prizono.

Tiel mi povis debuti en 1998 ankaŭ kiel japanlingva verkisto jam 87-jara. Tio signifas, ke mia aspiro el 1935 fariĝi dulingva verkisto, finfine realiĝis post tiom longaj jaroj dank' al tio, ke mi longe vivis! Sed kial mi ekhavis tiun ideon tiel frue? Jen mallonge ĝia historio:

Proksimume unu jaron pli frue, ĉirkaŭ 1934, mi tute neatendite ricevis de Nikolaj Incertov, estrarano de *SEU (Sovetrespublikara Esperantista Unio)*, leteron, per kiu li petis min, ke mi esperantigu aŭ la romanon "Strato Sensuna" de TOKUNAGA Sunao aŭ la romaneton "Krabŝipo" de KOBAYASI Tatakizi, por *EKRELO (Eldon-Kooperativo por Revolucia Esperanto-Literaturo)*, kiun li prizorgis. Jen fulmotondro! Ke mi esperantigu unu el tiaj grandaj verkoj, kiuj mondfamigis la japanan proletan literaturon, kiun ili reprezentis, mi, kiu estis esperantisto kun apenaŭ 4-jara kariero! Tio estis por mi granda honoro, kompreneble, sed samtempe tio superis mian kapablon. Mi do dankis lin pro tia honoriga peto sed ne akceptis ĝin. Li tamen ne rezignis kaj skribis al mi denove kuraĝigante min per la diro "Vi jam proprigis al vi internacian stilon de Esperanto. Krome oni ne naskiĝas majstro, oni fariĝas majstro nur post multaj provoj kaj eraroj, do kuraĝon!" Tiel kuraĝigite de li mi fine akceptis tiun gravan kaj malfacilan taskon. Sed kial Incertov komisiis tiun taskon ĝuste al mi? Jen mia hipotezo:

Ĝuste antaŭ la Unua de Majo 1932 *Tokkō*[*] anticipe arestis kelkajn el la aktivuloj de *JPEU (Japana Prolet-Esperantista Unio)*, por ke ili ne povu partopreni internacian laboristan batalfeston, kaj ĵetis ilin ĉiujn kune en arestejon de la policejo de Sinagawa, kvartalo de Tokio. Inter ili ankaŭ mi troviĝis. Ni do post laŭta protesto ekmal-

---

[*] Speciala Pli Alta Polico (特別高等警察 Tokubetsu Kōtō Keisatsu), ofte koncizigita kiel Tokkō (特高 Tokkō), estis polica unuo establita en 1911 en Japanio, speciale por kaŝobservi kaj kontroli politikajn grupojn kaj ideologiojn, kiujn oni kredis esti minacoj por la "publika ordo". Ĝi ekzistis ĝis 1945. *(Red.)*

sat-strikis, tiel ke ni post kelkaj tagoj batalakiris nian liberiĝon. Pri tiu aresteja batalo mi poste verkis esperantlingve mallongan raporton. Ĝin oni rusigis kaj publikigis en "Mejdunarodny Jazik" ("Internacia Lingvo"), organo de SEU, sub la titolo "Tiun tagon bruegis prizono". En tiu raporto Incertov certe rekonis tiel frue mian talenton kiel verkisto.

Kun grandega strebado mi tamen sukcesis esperantigi "Krab-ŝipon", kiun mi prijuĝis pli bona ol "Strato Sensuna". Tio donis al mi memfidon, ke mi jam kapablas verki bone en esperanto, samkiel japane, kaj publikigis artikolon en "Marŝu" en la senco, ke mi aspiris fariĝi dulingva verkisto, japana kaj esperanta.

Cetere, ankaŭ Nikolaj Incertov, mia bonfaranto tiurilate, ho ve, pereis kiel viktimo, kiam Stalin likvidis SEU-on arestinte kaj malliberiginte praktike ĉiujn ĝiajn aktivulojn en la jaroj 1937-1938, el kiuj, kiom mi scias, nur du povis reveni vivaj kaj transvivi la militon, nome G. P. Demidjuk, la esperantiginto de "Ŝtato kaj Revolucio" de Lenin, kaj Podkaminer. Do ankaŭ EKRELO devis malaperi, tiel ke mia esperanta traduko de "Krabŝipo" bedaŭrinde ne eldoniĝis. Sed feliĉe Imrich Zalupsky, redaktoro de "Práca" ("Laboro"), slovaka taggazeto en Bratislavo, slovakigis "Krabŝipon" el mia esperanta traduko. Tiel la slovaka traduko de "Krabŝipo" aperis libroforme en 1951 ĉe la eldonejo de "Práca".

Kobayasi Takizi, la aŭtoro de "Krabŝipo", estis torture murdita fare de Tokkō, la 20-an de februaro 1933, en la arestejo de la policejo Tukizi en Tokio.

Nun (en junio 2007) mi estas 96-jara, sed mi estos eĉ 97-jara en la 18-a de julio ĉi-jare (mi nome naskiĝis la 18-an de julio 1910). La maljunulejo, kie mi nun vivas, havas ĉirkaŭ 60 geloĝantojn, el kiuj ĉiuj mi estas la plej aĝa kaj sendube ankaŭ la plej vigla, ne korpe sed spirite, ĉar kvankam mi loĝas en la maljunulejo ŝajne izolita de la socio, mi ankoraŭ sufiĉe vigle agadas socie, ĉar mi ĉiutage verkas eseojn publikigotajn en revuoj, kaj ĉiufoje, kiam okazo prezentiĝas, mi prelegas ne nur en la maljunulejo mem sed ankaŭ ekster ĝi.

Ekzemple mi prelegis en la jam menciita "Maljunula Universitato" la 18-an de januaro 2007 dum ĉirkaŭ 40 minutoj pri "Homoj devas helpi unuj la aliajn", kaj la manuskripto de tiu ĉi prelego estis publikigita en numero de la dumonata ĵurnalo "Asikabi" ("Kanĝermo") aperinta en februaro tiujare.

La 12-an de majo samjare mi prelegis ĉirkaŭ unu horon kaj duonon en la Laborist-Bonfarta Domo en Sibuya, kvartalo de Tokio, sub la titolo "Kiel mi proksimiĝis al la vero pri Kubo". Tiun prelegon organizis la civitana *Societo por Solidaro kun Kubo*. Mi ne estas fakulo pri Kubo, sekve mi ne bone orientiĝis pri aferoj koncerne Kubon, kvankam mi multe interesiĝis pri ĝi, kiu brave batalas kontraŭ Usono, kvazaŭ Davido kontraŭ Goliato. Sed ĉar mi estis petita de tiu societo prelegi pri Kubo, mi studis pri ĝi. Kiel? Nu, unue mi dissendis interrete demandon tilolitan "Kiel pritaksi la nunan Kubon?" pere de la retaro *SAT-Diskutoj*. Kelkaj homoj el diversaj landoj bonvolis senprokraste respondi al mia demando.

Precipe Pablo Foche el Hispanio bonvolis eĉ esperantigi por mi sufiĉe ampleksan enkondukon titolitan "Cent horoj kun Fidel Castro" de la libro "Fidel Castro, duvoĉa biografio" de Ignacio Ramonet, la hispandevena direktoro de "Le Monde Diplomatique", prestiĝa franca monatgazeto.

Ŝajnis al mi, ke nur laŭ tiu enkonduko mi jam povas prelegi sufiĉe bone pri Kubo kaj Castro almenaŭ unu horon, sed estante perfektisto mi ekdeziris tralegi tiun libron mem, kies enkonduko titoloĝas "Cent horoj kun Fidel". Bedaŭrinde mi ne scipovas la hispanan, sed certe jam devas troviĝi ĝia franclingva traduko, mi pensis, mi do kuraĝis interrete peti Jaques Le Puil, la eldonanton-redaktoron de "La Kancerkliniko", la kvaronjara esperanto-revuo el Francio, kies abonanto kaj kontribuanto mi estas. Ankaŭ li bonvolis senprokraste plenumi mian peton kaj aĉetis kaj sendis al mi prioritat-poŝte la franclingvan tradukon de la libro de Ramonet. Ĝi atingis min la 20-an de aprilo. Montriĝis, ke ĝi estas librego eĉ 700-paĝa. Estis klare, ke mia scio de la franca ne permesos al mi sufiĉe bone finlegi ĝin ĝis la tago de mia prelego, la 12-a de majo, mi do decidis limigi mian tralegon je kelkaj ĉapitroj el entute 28, kiuj ŝajnis pli taŭgaj por mia prelego, nome la unua, titolita "La infaneco de la ĉefo", la dua, titolita "Kiel forĝiĝis ribelulo", la 21-a, titolita "Arestoj de disidentoj en marto 2003", la 26-a, titolita "Kubo hodiaŭ" , la 27-a, titolita "Bilanco de la vivo kaj revolucio" kaj la 28-a kaj lasta, titolita "Kaj post Fidel Castro".

La titolo de mia prelego "Kiel mi proksimiĝis al la vero pri Kubo" baziĝas sur la vortoj de NAKANO Sigeharu, eminenta japana komunista verkisto, kiuj troviĝas en lia eseo el 1929, kiam li estis ankoraŭ nur 27-jara, ke oni proksimiĝas al la vero verkante.

La prezo de la librego de Ramonet estis 28 eŭroj kaj la sendkosto 33,50 eŭroj, sume 61,50 eŭroj, kiuj egalis al ĉ. 10.000 enoj. Sufiĉe granda sumo por mi, sed mi ne bedaŭris tion, ĉar nur dank' al tiu librego mi bone orientiĝis pri la nuna Kubo kaj Castro, tiel ke mi povis prelegi pri tiu temo kun preskaŭ plena certeco, ke mi eldiras la veron pri Kubo kaj Castro.

Krome mi devis aĉeti tiuokaze ankaŭ tri librojn, nome la japanan tradukon de la romano "Meteoro" de Karel Ĉapek, kiun mi menciis komence de mia prelego, por montri, kiel malfacilas kapti la veron. Mi tralegis la ĉeĥan originalon de tiu romano antaŭ multaj jaroj, eĉ havis ĝian anglan tradukon, sed ilin ambaŭ mi jam ne havas. Mi ne estis certa pri ĝiaj detaloj, do pro certeco mi venigis ĝian japanan tradukon pere de loka librobutiko.

Mi aĉetis ankaŭ libron lastatempe eldonitan, kiu kritike prijuĝas mezlernejan lernolibron krude falsantan la japanan historion. Ekzemple tiu lernolibro prezentas la lastan Pacifikan militon kvazaŭ militon por liberigi kelkajn aziajn koloniajn landojn kiel Hindo-Ĉinio, Birmo kaj Indonezio elsub la superregado de Francio, Britio kaj Nederlando, malgraŭ tio ke efektive Japanio intencis nur koloniigi ilin anstataŭ tiuj eŭropaj landoj. En ĝi mi hazarde trovis frazon, kiu prave difinas la politikan ŝanĝon en 1989 okazinta en la orienteŭropaj landoj inkluzive Ĉeĥoslovakion, demokrata, dum kelkaj konservativuloj el Ĉeĥio kaj Rusio malprave kondamnas ĝin puĉo.

Sed kial mi mencias tiaĵon? Nu, por kritiki Castron, kiu subtenis la armitan intervenon aŭguste 1968 fare de Sovet-Unio kaj 4 ceteraj landoj de la Varsovia Pakto, krom Rumanio, en Ĉeĥoslovakion kiu kuraĝis demokratigi sian politikan reĝimon. En 1968 la demokratigo estis haltigita de tiu armita interveno, sed la demokrata revolucio en 1989 en Ĉeĥoslovakio estis ja nenio alia ol la daŭrigo kaj sukcesa finplenumo de la demokratigo en 1968.

Mi devis aĉeti ankaŭ memlernilon de la hispana por orientiĝi, kiel elparoli kelkajn proprajn nomojn hispanlingvajn, ekzemple la titolon de la hispana originalo de tiu librego "Biografía a dos voces". Kiel elparoli "voces", jen la problemo. Nur por solvi tiajn problemojn, mi aĉetis tiun memlernilon de la hispana kaj krome hispananjapanan vortaron. Jen kial kaj kia perfektisto mi ja estas!

Kaj pli frue, kiam mi ankoraŭ ne estis petita de la *Societo por*

Solidaro kun Kubo prelegi pri Kubo, mi jam aĉetis tri japanlingvajn librojn pri Kubo, kio montras, ke mi jam tiam multe interesiĝis pri Kubo pro miaj scivolemo kaj studemo. Mi do elspezis por tiu afero entute ĉirkaŭ 40.000 enojn. Kaj kiom mi ricevis de la *Societo por Solidaro kun Kubo* por mia prelego kiel honorarion? 10.000 enojn, kiuj estas nur proksimume 4-ono de tio, kion mi elspezis entute por aĉeti eldonaĵojn tiurilate. Sed mi tute ne bedaŭras ankaŭ tion.

Mia prelego estis verŝajne sukcesa, ĉar la *Societo* baldaŭ eldonos ĝin kiel broŝuron. Krome ĝi eble estos publikigita en "Asikabi" ("Kanĝermo").

Ignacio Ramonet kritikas Castron en la 21-a ĉapitro de sia libro, titolita "Arestoj de disidentoj en marto 2003", ke li lasis arestigi sufiĉe multajn disidentojn en marto 2003 malgraŭ tio ke ilia agmaniero estis neperforta. Mi mem samopinias kiel li, dum Pablo Foche, la hispana SAT-ano, kiu bonvolis esperantigi la enkondukon "Cent horoj kun Fidel", kontraŭe aprobas tion.

Ramonet en sia enkonduko citas la diron de Igancio Loyola, eminenta jesuito malnovtempa: "En sieĝata fortikaĵo ĉiuj disidentoj estas perfiduloj", kiun Castro versajne aplikas nun en Kubo, kiu estas vere "sieĝata fortikaĵo", kiun ĉiumomente povus ataki Usono aŭ kontraŭrevoluciaj kubanoj, trejnitaj kaj monhelpataj de la usona registaro en Miami, Usono, kiel jam efektive okazis en aprilo 1961.

Laŭ Ramonet ankaŭ *Amnestio Interncia* riproĉas Kubon ĝuste pro tio. Aliflanke ĝi laŭdas Kubon, ke tie intertempe okazis neniu korpa torturo, neniu "malapero" kaj mortigo de ĵurnalistoj, neniu politika murdo, neniu manifestacio perforte subpremita de la registaro, ke neniu popola ribelo okazis ekde 1958, t.e. la jaro de la revolucio, dum en aliaj latin-amerikaj landoj kiel Gvatemalo, Honduro, Salvadoro, Meksiko, sen paroli pri Kolombio, mortigo de virinoj, ĵurnalistoj, pastroj, magistratoj, urbestroj kaj gvidantoj de la civila socio daŭre okazas senpune.

Castro bone scias laŭsperte, ke kleraj soldatoj estas pli bravaj ol analfabetaj, ĉar ili bone scias, por kio ili batalas. Ankaŭ pro tio li zorgis, ke ĉiuj kubanoj estu kleraj, kaj atingis, ke dum nur malpli ol unu jaro ekde januaro 1961 ĝis decembro samjare analfabetismo en Kubo estis plene likvidita. Pro tio li estas konvinkita, ke Usono ne kuraĝos invadi Kubon, ĉar ĝiaj gvidantoj bone scias, ke se tio okazus, la tuta popolo de Kubo kondukus kontraŭ la usonaj invadantoj geril-batalon, la batalon, per kiu la gerilanoj komanditaj de Castro venkis en 1958 la registaran armeon malgraŭ tio ke ĉi tiu estis laŭnombre superega kaj ekipita per multe pli modernaj kaj efikaj armiloj, kiel bombardaviadiloj.

Tuj post la revolucio en 1958 multaj teknike kvalifikitaj intelektuloj kiel instruistoj, inĝenierioj kaj kuracistoj forlasis Kubon kaj transmigris en Usonon antaŭvidante modestan vivon, kiu ilin atendos, tiel ke Kubo eksuferis gravan mankon de tiaj teknike kvalifikitaj intelektuloj nepre necesaj por la socio. Oni do eksprese eltrejnis kaj kvalifikis inteligentajn junulojn por anstataŭigi ilin kaj sukcesis. Rezulte nun Kubo disponas pri eĉ pli ol la necesaj teknike kvalifikitaj intelektuloj, tiel ke Kubo sendas ekzemple siajn kuracistojn en aliajn landojn en la tria mondo, kiuj suferas mankon de kuracistoj. Precipe en forajn, eĉ sovaĝajn lokojn sen iaj ajn kulturaj institucioj kiel teatro, kinejo ktp.

Ĝuste unu semajnon post mia pelego pri Kubo la 19-an de majo mi prelegis unu horon kaj dek minutojn sub la titolo "El miaj rememoroj pri Japanio antaŭ kaj dum la milito – Evakuo kaj la 'Leĝo por gardo de la socia ordo'" en kunveno okazinta en loko proksime de la maljunulejo, por kunprikomenti novan japanan filmon titolitan "Japana Bluĉielo".

Ĉi tiu filmo prezentas la vivon de SUZUKI Yasuzo, civila studanto de japanaj konstitucioj, kies dummilita projekto fariĝis postmilite unu el la bazoj de la nova japana konstitucio kun la 9-a artikolo, kiu solene deklaras, ke Japanio ne havos armeon por denove militi. La nuna reakcia registaro japana tamen planas revizii tiun konstitucion – dirante, ke ĝi estis altrudita de Usono, kiu post la milito okupaciis Japanion – ĝuste por aboli tiun 9-an artikolon, por ke Japanio povu denove militi, ĉi-foje kiel malhonora partnero, pli ĝuste lakeo de Usono, kiam ĉi tiu lanĉus novan militon kontraŭ iuj ajn landoj inkluzive Kubon, foran por Japanio, surbaze de la pakto, kiun Japanio kontraktis kun Usono.

Aŭtune 1944 mi evakuis kune kun mia familio (la edzino kaj fileto, kiu ankoraŭ estis nur infaneto) de Osako, kie ni loĝis, al montvilaĝeto ĉirkaŭ 32 kilometrojn sude de ĝi. Mia edzino kun nia fileto veturis tien trajne, sed mi mem devis piediri puŝante de malantaŭe ĉaron plene ŝarĝitan per libroj, mebloj ktp., kiun tiris ĉevaleto. Ege malfacila kaj laciga piedirado, des pli, ĉar la lasta duono de la vojo estis dekliva.

La "Leĝo por gardo de la socia ordo" estis fakte leĝo por gardi la tiaman reĝimon, kiun estris la *tennoo* (la imperiestro), kontraŭ iuj ajn disidentoj kaj ribelemuloj. Mi mem estis rigardita de la tiama registaro kiel tia, tiel ke mi estis kelkfoje arestita, ĝis fine mi estis malliberigita kaj devis sidadi en prizono ekde aŭgusto 1937 ĝis februaro 1939. Tiu leĝo estis abolita nelonge post la malvenko de la japanaj imperiistoj en 1945, sed la nuna reakcia registaro japana planas fari novan leĝon similan al tiu malbonfama "Leĝo por gardo de la socia ordo", nomatan la "Leĝo kontraŭ komuna konspiro", por gardi la nunan reakcian reĝimon kontraŭ iuj ajn disidentoj kaj ribelemuloj.

En 1939 mi troviĝis en tuberkuloza sanatorio de Osako kiel senpaga paciento, ĉar tuj post la liberiĝo en februaro tiujare mi eksuferis akutan timpaniton, sekve mia kronika ftizo recidivis.

Iun someran tagon de tiu jaro tute neatendite vizitis esperantiston pli junan ol mi – kun la nomo TAKARAGI Yutaka – kiu troviĝis en la sama ĉambro de la sanatorio kiel mi, ankaŭ kiel senpaga paciento, pliaĝa viro nomata KISIMOTO Sigeo, por peti lin, ke li partoprenu en la subtera agado por rekonstrui en Osako *Japanan Komunistan Partion (JKP)*, kies centro en Tokio estis jam detruita de Tokkō, la japana sekretpolico. Kisimoto, kiu kuraĝe iniciatis tiun agadon, petis ankaŭ min la samon. Sed ni ambaŭ, Takaragi kaj mi, unuvoĉe rifuzis ĝin, ĉar kompreneble estis tute neeble tion fari por ni, kiuj estante ftizuloj antaŭ ĉio devas prizorgi nian resaniĝon.

Mi pensis, ke la afero tiel definitive finiĝis, sed ne por Tokkō, ĉar ĝi arestis min en Tokio, kien mi transloĝiĝis pro laboro post la elsanatoriĝo preskaŭ resaniĝinte, kaj min trajne eskortis en Osakon kaj ĵetis en polican arestejon, kiun oni nomis porkejo pro ĝia troa malpureco. Juna Tokkō-a vickomisaro nomata Segawa intencis min akuzi laŭ la "Leĝo por gardo de la socia ordo", pro laŭdira partopreno en la subtera agado por restarigi *Japanan Komunistan Partion*, malgraŭ tio ke mi kaj Takaragi klare rifuzis tiurilatan peton de Kisimoto.

Sed kiel Tokkō eksciis, ke Kisimoto petis Takaragi-on kaj min partopreni en tiu subtera agado? Tiu enigmo solviĝis post la milito: Viro nomata OTANI Kyuzi, kiu estis ano de *JKP*, post arestiĝo fariĝis agento de Tokkō, kaj laŭ ĝia instrukcio fariĝis helpanto de Kisimoto kaj raportis al ĝi ĉiun paŝon lian! Cetere, Kisimoto Sigeo postmilite estis elektita ano de la Centra Komitato de *Japana Komu-*

nista Partio sendube pro tio, ke li kuraĝis provi en la dummilita malfacilega situacio restarigi *JKP*.

Mi mem rezistis kontraŭ la maljusta provo de la vickomisaro Segawa akuzi min laŭ tiu Leĝo, kvankam la longdaŭa aresteja vivo estis por mi fakte torturo, ĝis fine mi sukcesis batalakiri mian liberiĝon post 8-monata persista rezisto. Kaj Takaragi? Li estis arestita en la tuberkuloza sanatorio, kaj mortis, la kompatindulo, nur 27-jara.

Io tia povos okazi, se la projekto de nova leĝo nomata "Leĝo kontraŭ komuna konspiro" trapasos la parlamenton kaj ekvalidos. Tiel ekzemple ĉiuj partoprenintoj eĉ en tiu kunveno de prikomento de la filmo povus esti laŭ tiu nova leĝo arestitaj, akuzitaj kaj malliberigitaj. Mia prelego estis do averto kontraŭ tiaj eventualaĵoj.

Ankaŭ tiu prelego rememorigis min pri mia malnova promeso verki mian aŭtoiografion ne en mia denaska lingvo, la japana, sed en esperanto. La fakto, ke mi ankoraŭ ne plenumis tiun promeson esprimitan en la fino de mia eseo "Kion donis al mi la ĉeĥa literaturo" el 1996, min konsternis, ĉar ja de tiam jam forpasis 11 longaj jaroj, kvankam intertempe mi suferis ne nur stomakan ulceron sed ankaŭ altan sangopremon, kio malhelpis tion. Kaj mi finfine komencis verki mian aŭtobiografion unue en esperanto sub la titolo "Romano de mia vivo", kun la aŭtobiografio de Andersen "Fabelo de mia vivo" kiel modelo.

Se mia aŭtobiografio estos vere altkvalita, ĝi estos ne nur eldonita en sia origina esperanta formo, sed eĉ estos tradukita en kelkajn naciajn lingvojn. Kaj se ĉi tio okazos ĉe t.n. grandlingvoj kiel la angla, franca kaj germana, precipe la angla, tio tuj eĥos en Japanio, tiel ke certe aperos prestiĝa eldonejo preta eldoni ĝian japanan version, ĉar en Japanio ankoraŭ regas la kulto de grandaj potencoj, kiu estas nenio alia ol la komplekso de malsupereco, kaj kiun ĝi ankoraŭ suferas kontraŭ pli progresintaj landoj kun Usono ĉefronte.

Ĉio ĉi sendube kontribuos al multe pli vasta rekono de la ekzisto kaj valoro de esperanto tra la mondo.

Tiel estu!

Rakontis Kurisu Kei
(Kolektita kaj redaktita de Ulrich Becker en 2007)

Ĝisdatigo: Kurisu Kei mortis en 2009.

Braĉa ŝtono

Intervjuo kun Ivica el Kroatio, kiam li havis 41 jarojn

Mi naskiĝis sur la insulo Braĉ. Ŝtonoj estis la unua pejzaĝo kiun mi vidis. Mi ludis per ŝtonoj, mia domo estis ŝtona same kiel la korto kiu havis ŝtonan terason kaj barilon kiu estis, simila al aliaj bariloj, kvazaŭ ŝtona muro. Mi paŝtis kaprinojn saltante de ŝtono al ŝtono. Kompreneble, mi ekŝatis ŝtonojn.

Kiel diris nia poeto : Sur ŝtono mi naskiĝis; kun ŝtonoj mi vivas; sub ŝtono (verŝajne) mi enteriĝos.

Kiam mi finis la mezgradan lernejon en Split, mi revenis mian vilaĝon kaj baldaŭe eklaboris en la minejo de ŝtonoj "Jadrankamen" en la vilaĝo Pučišća. Oni nomas ĉi ŝtonon "la braĉa ŝtono", aŭ foje blanka ŝtono.

Ĉu vi scias kial la domo en Waŝingtono nomiĝas Blanka Domo? Ĝi estas konstruita per tiu nia blanka ŝtono, braĉa ŝtono...

Plurloke sur la insulo Braĉ troviĝas eksteraj minejoj. Jam de malproksime ĝi videblas kaj rekoneblas. Kvazaŭ parto de monto mankas, kvazaŭ malfermita monto. Tipaj maŝinoj staras tiuloke. Per grandaj maŝinoj kun ŝnura diamanta segilo unue oni elsegas ŝtonegon el la monto. Poste mi ricevas parton de tiu ŝtonego. La grandeco estas standarda: duoble 5 metroj, kaj ĝi pezas pli ol 20 tunojn. Sur labortablego mi plusegas ĝin laŭ la demandataj mezuroj.

Nian minejon aŭ segejon atingas ankaŭ alispecaj ŝtonoj de aliaj minejoj. Ŝtonoj povas esti diverskoloraj. En Pučište troviĝas ankaŭ iom griza ŝtono *sivac* (grizulo). Unu alia speco nomata *fiorit* kio signifas floro. En mia vilaĝo, en Humac, troveblas ŝtono *klarit*. En Draĉevica oni trovas plurkoloran ŝtonon, en Rasetica nigrecan ŝtonon. Dum oni segas tiun nigrecan, ĝi odoras kiel putritaj ovoj. La odoro venas de nafto.

Dum mi segas unu ŝtonon mi ankaŭ rimarkas plurajn kolorojn. Ĉio dependas de tio, el kio konsistas la tavoloj. Same diversaj formoj de konkoj, helikaj dometoj videblas. Oni nomas tion fosilioj. Foje ili krakas, se ne sufiĉe firmas aŭ se unu vera konko ne bone integriĝis en la tavoloj.

Mi ŝatas mian laboron.

Ĉiutage mi vekiĝas je la kvina horo matene por atingi la aŭtobuson kiu ekas de mia vilaĝo kaj survoje kelkfoje haltas por enaŭtobusigi, de survojaj vilaĝoj, aliajn laboristojn. Dum tiu veturado mi kutime ripozas, dormetas. Mi ne havas sufiĉe da tempo por dormi dumnokte.

Mi kvazaŭ havas du vivojn: unu en la fabriko kiel laboristo kaj la alian kiel kamparano.

Tiun duan mi ŝategas: kaprinoj kaj kapridoj, ĉiutaga melkado de kaprinoj kaj bongusta lakto. Vinberejo mia bezonas min ofte: planti, transplanti aŭ elradikigi; ŝpruci aŭ polvigi por ke ĝi ne malsaniĝu; ĉiam bone observi la kreskadon de beroj – kaj kia plezuro inviti geamikojn por la rikolto. Tio ja okazas komence de aŭtuno. La rikolton mi grandparte vendas kaj de la resto mi produktas 400 litrojn da suko, kiu fermentante fariĝos *Mali Plavac* (speco de bongusta braĉa vino, ruĝa vino, sed ĉe ni, ni nomas ĝin nigra). Nigra vino akompanas min ĉiutage. Mi ĝuas ĉi ruĝecajn gutojn hejme, post bona manĝo, kaj ĝi kvazaŭ donas al mi energion, stimulas min por daŭrigi la vivon de agrikulturisto. Aparte refreŝiga estas la vino miksita kun freŝa kaprina lakto. Post la glaso de tiu trinkaĵo nomata *smutica* - mi ne plu soifas dum varmega somera tago.

Sur la insulo Braĉ ekzistas granda tradicio de vino-produktado kiu estis ĉesigita tre abrupte per malsano "filoksera" en la jaroj de la unua mondmilito. Pro la planta parazito kiu suĉas la sukon de vinberujo, la planto sekiĝas. Tiu malsano kiu rapidege infektis ĉiujn vinberejojn sur la insulo, lasis la loĝantaron sen laboro. Ili, kiuj ĉefe vivis de tiu kulturo, forlasis la insulon kaj elmigris al Ameriko, plejparte al Argentino, Ĉilio kaj Bolivio. Tiel la insulo Braĉ ne nur perdis loĝantojn, sed ankaŭ subite maljuniĝis la insulo. Ĉefe tiu tria generacio, maljunuloj, restis vivi. Nun iom pliboniĝas la situacio. Junuloj parte restas ĉar hodiaŭ krom la ŝtonoj estas turismo kiel ĉefa ekonomio de la insulo.

Hodiaŭ vinberejoj ne tiom multnombras, sed ĉiam pli kaj pli da insulanoj plantas ilin sur siaj kampoj.

Unu alian kulturon, iom forgesitan, mi provas daŭrigi. Mi havas kampon de lavendo kiu kreskas sola ĝis julio kiam okazas la rikolto. Pro sia koloro kaj odoro ĝi allogas multajn insektojn kaj ofte mi estas pikita de vespoj kaj abeloj rikoltante ĝin. Foje mi gardas lavendon kiel bukedeton. Manplenon da flortigoj mi ligas per du aliaj tigoj kaj metas tiel en la ŝrankojn aŭ tirkestojn. Ĝi bonodoregas. Tiu odoro forigas tineojn. De multego da lavendaj floroj, mi produktas lavendan oleon. Mi boligas la akvon kiu transiras la kuirpotegon kun lavendo, kaj supren fluas oleo. Kiam ne plu estas oleo, elfluas ĉiam pli kaj pli nur varma akvo. Tio estas la fino de la procezo.

Kiam vizitas min somere esperantistoj, ili tuj rimarkas la lavendan odoron, same kiel la ŝtonecan ĉirkaŭaĵon. Ili estas mirigitaj ke ne nur la domoj kaj ŝtuparoj, sed eĉ fenestraj kadroj, balkonoj, tegmentoj, turistaj memoraĵoj, murhorloĝoj, ĉio estas farita el ŝtono. Unu amikino iris al preĝejo kaj rimarkis ŝtonan altaron, same kiel kandelingojn kaj Biblio-tenilingon. Ankaŭ la ujoj por enmeti akvon, vinon kaj hostion estas ŝtonaj. Ĉio estas farita de la ŝtono kvazaŭ el la ŝtona epoko.

Dum la vespermanĝo kiun mi preparis por la gastoj, de mia ŝatata leguminaco nomata *sikirica* (hakileto), ili volis vidi kiel ĝi aspektas nekuirita. Kiam mi montris ĉi leguminacon al ili, ili ridis dirante: "Eĉ la leguminaco ja similas al ŝtonetoj kolektitaj sur la plaĝo *Zlatni rat*" (tre fama insulpinto kaj belega plaĝo en vilaĝo Bol).

Jes, mi ŝatas malfermi mian domon al amikemaj esperantistoj. Tiel parolante kun ili, mi mense vojaĝas aŭskultante pri la lando de la alvenanta gasto, pri ilia esperantigo kaj pri tre diversaj temoj. Tiaj konversacioj nutras mian spiriton, kiu iom malsamas de miaj samvilaĝanoj. La interŝanĝo de opinioj kaj vivstiloj interesas min same kiel la kaŭzoj de ilia esperantistiĝo.

Kiam mi finis la elementan lernejon mi eksciis pri esperanto. Pri lingvo kaj movado mi aŭdis de maljuna iama pastro, kaj al mi, la idealisto, ege plaĉis la ideo. Mia frato aĉetis lernolibron kaj mi komencis studi kaj korespondi. Mi aliĝis al la esperanto-movado kaj tiel mi estis informita pri SAT (Sennacia Asocio Tutmonda).

Mi vere sentas min SAT-ano. Mi neniam havis emon aparteni al mia nacio, sed kompreneble, jes, al mia insulo. Do, mi daŭre estas braĉano. Ju pli mi legis la pri filozofio de la SAT-movado, despli ĝi tute kontentigis min. Mi ja estas simpla laboristo kaj tradicie la familio ĉiam estis "ruĝa."

Krome miaj maldekstraj pensoj, estante parto de mia vivo, ne lasas min stari flanke de politiko. Antaŭa komunisto, nun ano de Socialdemokrata partio, batalanto por paco, malamiko de ŝtato kaj perforto... Kaj sindikatano mi estas, laboristo, ĉefo de Sindikato de Jadrankamen. Pere de sindikato ni devas interkonsenti kun majstro pri laborkontraktoj, laborkondiĉoj kaj salajro. Mi eĉ sukcesis per esperanto starigi kontaktojn kun litovaj sindikatoj. Ni provas plibonigi la situacion de nia laboristaro. Ni devas agadi, lerni kaj labori. Estas malbone ke homoj kutime kontaktas sindikaton nur petante helpon, sed volontuloj por aktiva ena laboro malfacile troveblas...

Mi aktivas en movadoj por naturprotektado. Mi kunlaboras kun lokaj naturprotektaj organizaĵoj kaj en la lokan politikon mi provas enkonduki naturprotektan pensadon. Same mi kontribuas al ĝi. Mi persone evitas laŭ ebleco uzi naturo-malamikajn materialojn, kiel en agrikulturo: pesticidojn kaj herbicidoj. Kiom eblas mi uzas naturajn sterkaĵojn, kolektas naturajn produktojn. Ekzemple sorpo-fruktojn mi foje kolektis por manĝi, el 20 kilogramoj mi jam donacis kvar al amikoj. Mi plantas malnovajn specojn de vinberoj por protekti ilin de malapero. La "hakiletoj" ankaŭ estas preskaŭ malaperinta leguminaco... Sur insulo antaŭe oni manĝis 40 herbospecojn. Bedaŭrinde mi ne ĉiujn konas. Mi anas en AVE (Asocio de Verdulaj Esperantistoj). Mi kunlaboris en la observado de la migrado de gruoj sur la insulo Braĉ.

En 1993 okazis SAT kongreso en Kaŭnas en Litovio. Mi decidis vojaĝi tien. Tie vivis mia korespondamikino Dalia. Tuj kiam mi vidis ŝin, mi enamiĝis. Ŝi estas flegistino kaj laboras en infanvartejo. De tiam ĉiujare mi revenadis al Litovio kaj foje restis tie dum tri monatoj. Mi eklernis la litovan lingvon.

Ni decidis geedziĝi en la jaro 2000.

Post longa tempo mi ja akceptis eniri preĝejon, ŝian preĝejon. Litovoj havas kristanan, romkatolikan religion. Pro la amo, mi ĵuris je fideleco antaŭ la Dio, malgraŭ tio ke mi ne estas religiema. Mi ne havas la saman kredon.

Mia kredo, similus al tiu de malnovslava spiriteco. Mia Dio proksimas al la naturo. Laŭ mi, Dio ne donacis al homoj la naturon, sed homoj priŝtelis la naturon por si kaj iom post iom ili detruas ĝin sen ia respekto. Homoj devas rememori ke ili estas nur parto de la naturo kaj sen ĝi, ni ne plu ekzistos. Homoj povas malaperi kiel fosiliaj fiŝoj kaj konkoj troviĝantaj en ŝtonoj, kiujn mi kolektas por naturhistoria muzeo.

En 2001 naskiĝis nia filo Pove, Pavlo, litove Povilas. Dalia ne pretis forlasi siajn laboron kaj malsanan patrinon.

Foje estas malfacile por mi vivi sola en mia vilaĝo kaj nur pensi pri mia filo. Tamen tiuj pensoj pri Pove multe stimulas min por laboro. Mi finkonstruis mian domon, ordigadis ĉambron post ĉambro metante lignon sur la murojn kaj la plankon. Mi preskaŭ finis ĉion, sed restas ĉiam io pli por fari.

Eĉ se vesperas, ĉu vintre aŭ en iu alia sezono, mi laboras. Laboro savas min de senutilaj pensoj. Mi trejnis mian korpon ripozi nur tri-kvar horojn dumnokte. Pro tio, la aŭtobusa veturado endormigas min rapide kaj mi ripozas. Mi ripozas ankaŭ dum paŭzoj en la laboro aŭ en mia fotelo antaŭ la televidilo kiun mi funkciigas post la reveno hejmen ĉiutage. Tiuj etaj ripozoj redonas la bezonatan forton por daŭrigi duan vivon. Ĉi tie mi estas mia ĉefo. Foje oni demandis min ĉu mi sukcesas sonĝi? Fakte ŝajnas al mi ke mi nur profunde dormas. Verŝajne mi sonĝas ion, sed mi ne memoras.

Mi tamen prenas tempon por certaj festoj en la vilaĝo aŭ ies naskiĝtago.

Mi naskiĝis la 19an de aprilo 1965. Mia naskiĝtaga festo ne plu similas al antaŭaj, ĉar mi ne estas infano. Do, mi mem devas organizi feston. Kiam mi festas kun geamikoj aŭ familio, por tiu tago mi diras ke ĝi estas mia "kristnasko" ĉar mi mem estas Dio por mi.

Sed nun, kiam mia familio ne estas kun mi, kaj se mi estas malbonhumora, mi transsaltas mian feston. Tiun tagon mi provas eviti la laborejon. Kutime mi donacas sangon en malsanulejo. Tiel same mi faris ĉi-jare.

Pasintan aŭtunon venis Dalia kun Pove vivi kun mi. La tago kiam ili alvenis, ja, estis feliĉega tago. Mi estis fiera. Pove havis kvar jarojn kaj mi povis post mia laboro ludi kun li. Mia edzino dirus: labori kun li. Mi estis fiera kiam li sekvis min irantan al la kaprinoj, aŭ frapantan najlojn, aŭ kontrolantan la vinberujon.

Kun miaj filo kaj edzino mi parolis litove, ĉar mi volis ke ili sentu sin pli hejme. Pormomente tio gravas. Mia filo eniris infanvartejon por ke li estu tamen ĉiutage kun la aliaj ok infanoj de la vilaĝo. Tiel li lernis la kroatan, mian lingvon. Ankaŭ Dalia lernis la kroatan kaj foje ŝi laboris en apuda vilaĝo, en hotelo kiel masaĝistino. Hospitalo ne ekzistas sur la insulo kaj tio ne estas bona por ŝi por praktiki sian profesion. Ŝi adaptiĝas al tio kio eblas.

(Notita de Zdravka Metz en 2006)

Ĝisdatigo en aprilo 2007:

Ivica revizitis Litovion dum tri monatoj. Dalia akuŝis la duan filon, Mykolas, en januaro 2007. Pavel tre bone akceptis sian fraton. Fine de la lerneja jaro ili triope revenos la insulon Braĉ kaj feliĉigos Ivican...

Bestoj kaj mi

Rakonto de Jiří Patera el Ĉeĥio, kiam li havis 72 jarojn

Mi estas urba homo, mi naskiĝis kaj preskaŭ dum la tuta vivo vivis en urbo. Mia patro estis laboristo, ni vivis modeste en modesta loĝejo, neniun beston ni havis en la hejmo. Nek hundon, nek katon, nek fiŝetojn en akvario, nek kanarion en kaĝo. Surstrate mi ĉiam evitis hundojn, ĉar jam kiel etan infanon oni instruis min, ke hundoj povas esti danĝeraj, ili povas mordi homojn, kaj mi neniel emis esti mordita.

Kiam mi edziĝis, mia sinteno al bestoj ŝanĝiĝis. Mia edzino devenis el vilaĝo, ŝi loĝis kun siaj gepatroj en proksima vilaĝo en sufiĉe granda domo kun korto, legomĝardeno kaj granda fruktoĝardeno. Kaj estis tie hundo, katoj, kunikloj kaj kokinoj. Pri la hundo zorgis la bopatro, pri la ceteraj bestoj la bopatrino.

La bopatro – pli bone la avo post la naskiĝo de niaj gefiloj – havis grandan hobion: li estis popola ĉasisto kaj tial li havis ĉashundon. Ŝi estis purrasa hundino, "ĉeĥa barbulo", kiu laŭ konvinko de la avo estis la plej bona ĉashundo. Ŝi estis granda hundo de hela felo kun grandaj brunaj makuloj, ŝia nomo estis Alma. Foje okazis, ke ŝi hazarde prenis mian manon en sian buŝon kaj delikate maĉis ĝin; mi konsterniĝis, sed tuj mi ekkomprenis, ke ŝi tiel esprimas al mi sian simpation. Kaj mi ekkonsciis, ke la hundoj ne havas ĉiam la emon mordi homojn. Male, Alma estis tre societema, ŝi ŝatis la homojn kaj mi estis konvinkita, ke se nokte venus ŝtelisto, ŝi amike bonvenigus lin. Ŝi ja ne estis gardhundo, sed ĉashundo.

En la vilaĝa domo estis ankaŭ katoj. Ilia nombro alternis, iam estis nur unu, iam tri katoj, laŭ cirkonstancoj. La katoj estis utilaj, ĉar laŭ aserto de la bopatrino/avino, kie estas katoj, tie ne estas musoj. Pri katoj mi ne interesiĝis multe, sed mia filino tre ŝatis ilin kaj mi memoras, ke iam estis tie katido, kiu emis eĉ grimpi en ŝian liton.

Kiel mi jam diris, pri kunikloj kaj kokinoj okupiĝis kutime la avino, sed mortigi ilin estis tasko de la avo. Kaj li faris tion tre volonte kaj senprobleme. Unu-du fortaj manbatoj sufiĉis, kaj la kuniklo jam estis senviva. Tiam necesis nur senfeligi ĝin, forigi la intestojn kaj la ceterajn internaĵojn – tion faris la avo, dum la kuirado aŭ rostado estis jam la afero de la avino. Same pri kokinoj – unu hakil-svingo, kaj la kokino estis sen kapo – ĉion mi observis kun teruro kaj neniam en mia vivo mi povus fari same.

Pro la samaj motivoj mi neniam fiŝkaptis, nur mia filino iam somere dum ferioj akompanis la avon kun la hundo kaj ĉeestis la fiŝhokadon. Kaj same mi neniam ĉeestis ĉasadon de bestoj, nur la filo, admiranta la avon, volonte enmiksiĝis inter la ĉaspelantojn kaj fiere portis hejmen la ĉasaĵon, ĉu leporon, ĉu fazanon.

Nu, tiurilate mi estis tre malbona bofilo. Cetere baldaŭ mi ricevis postenon en Prago kaj ni transloĝiĝis tien kaj la geavojn ni vizitadis nur semajnfine, fakte kutime nur ĉiun duan aŭ eĉ trian semajnfinon.

Kaj la jardekoj pasis kaj venis la tempo, kiam mi fariĝis pensiulo. Mi ĝojis, ke mi havos tiom da libera tempo... sed ĝuste tiam la avo en la vilaĝo grave malsaniĝis kaj estis klare, ke la avino bezonos nian helpon. Mia edzino ankoraŭ laboris, sed mi devis enloĝiĝi ĉe la geavoj kaj helpi al la avino. Estis tie granda fruktoĝardeno, necesis do falĉi kaj rasti la herbon kaj ankaŭ rasti la falintajn foliojn, pluki la pomojn, akvumi la legomĝardenon, haki lignon por hejtado, provizi la domon per karbo por la vintro kaj fari multajn aliajn laborojn, necesajn por vivi tie, kion la maljuna avino sola ne plu povis fari.

La avo suferis pro la kancero de prostato, kies kuracadon li neglektis, ĉiutage dufoje venis tien flegistino por injekti lin, kaj post kelkaj monatoj la avo forpasis. En la domo restis la avino, mi, hundino, katoj, kunikloj kaj kokinoj.

La tiutempa hundino Cilia, do ne Cecilia, sed simple Cilia, estis kompreneble purrasa ĉeĥa barbulo. Mi memoras, kiel la avo iris en apudan vilaĝon por aĉeti ŝin. Li estis tiam jam pli ol 80-jara kaj neniu el ni miris, ke la avo en tia aĝo ankoraŭ bezonas ĉashundon. Li alvenigis ŝin, mirigitan hundidon, kaj baldaŭ li komencis ekzerci ŝin, por ke ŝi fariĝu sperta kaj kapabla ĉashundo. Nu, ĉe lia aĝo la ekzercado ne plu estis tiom bonkvalita kaj la ekzamenanta ĉasfakulo duonfermis ambaŭ okulojn, por kontentigi la maljunan avon. Cilia tiel fariĝis ĉashundino trapasinta la unuan ekzamenon, sed por la pluaj pli altgradaj ekzamenoj la avo ne havis plu forton. Cetere li partoprenis nur kelkajn ĉasadojn kaj lia kariero de popola ĉasisto tiam finiĝis. Cilia restis nur duona ĉashundo, sed tre bela kaj amika por ĉiuj homoj, kiuj venis en la domon.

Kaj ĉar post la morto de la avo mi loĝis tie daŭre, ŝi fariĝis mia granda amiko. Ĉiam, kiam mi proksimiĝis al ŝi, ŝi kuŝigis sin sur la dorson, ĉiujn gambojn supren, kaj postulis surventran gratadon. Ĝuoplene ŝi fermetis la okulojn kaj plenĝuis la delicon de la gratado. Iam mi havis impreson, ke ŝi havas min nur por la gratado.

Sed estis tie ankaŭ katoj. Verdire, nelonge antaŭ la morto de la avo malaperis la tiea katino kaj la avino komencis serĉi ĉe najbaroj, ĉu ili havas konvenan katidon. La avino ĉiam preferis katinojn antaŭ virkatoj, ĉar laŭ ŝi la virkatoj estas pigraj kaj ne kaptas musojn sufiĉe diligente, dum la katinoj estas male tre laboremaj tiurilate. Kaj ĝuste tiumomente la filo alportis du junajn katidojn, kiujn li ricevis de konatoj. Ili estis gefratoj, la tute nigra estis virkateto kaj la grizmakulita estis katineto. Ili estis tre malgrandaj kaj la avino komencis nutri ilin per cicumo, ĉar ŝi timis, ke ili povus perei. Bonŝance ili kreskis bone, sed kiam post du semajnoj nia nepino, la filino de la filo, alportis ankoraŭ unu katidon, la gefratetoj estis ankoraŭ malgrandaj kompare kun la nova iom pli granda virkateto.

Mi povas atesti, ke ĉiuj tri katidoj rapide amikiĝis, kaj la nova, sed iom pli granda virkateto, grizkolora kiel la katineto, tre bone zorgis pri la du malgranduloj. Li ekzemple kavalirece lasis ilin manĝi kaj nur kiam ili forlasis la nutraĵpelvon, li formanĝis la reston de la manĝaĵo. Kaj laŭdire li ankaŭ purigis ilin, precipe iliajn postaĵetojn, kion la malgrandaj katetoj ankoraŭ ne scipovis.

El la tri katetoj mi ekŝatis la nigran virkateton. Mi ne plu memoras, kiel tio okazis, sed dekomence li iel montris al mi sian simpation, li postsekvis min, eĉ en la etaĝon de la domo. Mi ja dormis supre en dormoĉambro, dum la avino havis sian dormoĉambron malsupre, en la teretaĝo. La domo estis malnova, kun konsiderinde grandaj ĉambroj kaj eĉ kun grandaj antaŭĉambro sube kaj simila ejo en la etaĝo. Tie ĉe la muro staris malnova divano, ne plu konvena por la dormoĉambro, sed ankoraŭ ne forĵetinda el la domo. Tial ĝi staris en la koridoro supre por iom plenigi la vastan spacon de la koridoro. Kaj tie matene jam sidis la nigra virkateto, atendante min, kiam mi ellitiĝos kaj aperos en la koridoro.

Li estis simple belega, tute nigra, kun brilantaj flavaj okuloj, kiuj saĝe rigardis la mondon. Kiam mi eksidis sur la divanon, li tuj saltis sur mian sinon kaj premis sin al mi, ĝuante mian karesadon kaj kontente ronrorante. Se tion vidus Cilia, ŝi estus tre ĵaluza. La virkateto estis ne nura senviva ŝatata ludilo, sed efektive bona amiko, vivanta estulo, kiun mi amis kaj kiu scipovis reciproki sian amon.

La katoj pasigis noktojn kutime ekstere, nur vintre ni ĉiam fermis ilin en la subtegmento, por ke ili ne suferu malvarmon. Sed printempe kaj poste ili jam scipovis ĝustateme fuĝi kaj esti dum la tuta nokto ie eksterdome, por matene veni, satmanĝi kaj poste kuŝigi sin ie en kaŝita loko kaj dolĉe dormi. Kaj antaŭ ol dormi, la nigra virkateto ofte pasigis tempeton kun mi sur la divano.

Sed foje okazis, ke mia amata nigra virkateto matene ne venis. Nu, li ie malfruiĝis, ne gravas, li venos poste, mi pensis, sed dum la tuta tago li ne aperis. Li ne venis eĉ la postan tagon kaj mi komencis serioze timi pri li. Kio povis okazi, ĉu li falis ien kaj ne kapablas elgrimpi, ĉu iu hazarde fermis lin ie kaj li ne povas fuĝi, ĉu li iel vundiĝis aŭ eĉ mortis? Eble li plaĉis al iu kaj tiu forportis lin ien en sian hejmon, kiu scias? Aperis eĉ terura ideo, ke iuj satanistoj serĉas nigrajn virkatojn kiel oferaĵojn por siaj nigraj satanistaj noktomesoj. Ĉu vere povus tio okazi? La vilaĝanoj, kiujn mi konis, ne ŝajnis al mi esti satanistoj, sed kiu scias? Kial la pli granda virkato pli bone ne protektis lin? Ĉu li scias, kie li estas? Verŝajne ne, ĉar la trian tagon la pli granda virkato starigis sin antaŭ min kaj komencis riproĉplene miaŭi kontraŭ min, kvazaŭ por diri, ke mi ne sufiĉe energie serĉas lin. Sed kie mi serĉu lin, kion mi faru? Mi ja demandis ĉe la najbaroj, sed neniu sciis pri la malaperinta virkato. Cetere, ili rigardis min iom strange, ne komprenante mian zorgon pri ia kato. Ja katoj estas ĉie abundaj kaj se ie iu malaperas, kio okazas ofte, tiam tuj troviĝas nova katido, anstataŭanto de la malaperinta. Nu, kion fari? Longe mi funebris pro la malaperinta mia amata nigra virkateto, sed tamen mi esperas, ke li ie vivas, ke simple iu forportis lin, forveturigis lin en alian lokon kaj li tie nun vivas en alia medio, inter aliaj homoj kaj eble kun alia amiko. Sed restis tie ankoraŭ la du aliaj katoj. Kiam iam poste malaperis la katineto, mi ne plu sentis tian aflikton, kiel post la malapero de ŝia frato, la nigra virkato.

Post tri jaroj malsaniĝis kaj forpasis ankaŭ la avino. Ŝi atingis altan aĝon, ŝi estis preskaŭ 95-jara kaj ĝis sia lasta momento ŝi estis korpe kaj mense tre bonstata. Ŝi normale kuiris kaj okupiĝis pri la ĝardenoj, ŝi prizorgis la florĝardenon kaj egale ŝi sarkis legomojn en la legomĝardeno. Sed venis ŝia lasta horo kaj poste la familio serĉis solvon, kion fari kun la domo. Unue aperis la propono, ke mi kun la edzino forlasu Pragon kaj ekloĝu en la vilaĝo. Tio ne tre plaĉis al mi, ĉar en la vilaĝo estas multe da laboro, dum vivi en Prago estas multe pli facile. Do aperis propono luigi la domon kaj ekhavi tiel novan mon-fonton. Sed fine venkis la opinio, ke estus utile la domon vendi por ekhavi monon, kio aparte interesis la gefilojn. Cetere la vivmedio de la vilaĝo estas neniel bona, ĉirkaŭe estas karbomine-joj, elektrejoj kaj kemiaj fabrikoj, preferinde do estas forlasi tiun ĉi regionon, ricevi monon kaj loĝi en Prago.

Ni bezonis ankoraŭ unu jaron por trovi konvenan kaj fidindan aĉetanton de la domo kaj por definitive adiaŭi la vilaĝon. Sed aperis malgranda problemo. La nova posedanto ne volis havi bestojn, nek hundon, nek katon, nek kuniklojn, nek kokinojn. Kion do fari? Bonŝance la kunikloj pereis per si mem, sekve mi ne bezonis mor-tigi ilin. Kaj la ses kokinojn ni donacis al la najbaro, kiu mem havis dudekon da kokinoj. Dum nia ĝardeno estis granda, herboriĉa, lia ĝardeno, pli bone korteto, estis nur mallarĝa senherba terstrio, de liaj kokinoj plene ekspluatita, sen eĉ unusola herbero. Fakte la najbaro bone nutris la kokinojn, ili havis ĉiam sufiĉe da greno, da akvo kaj ankaŭ diversajn legomaĵojn, brasikfoliojn ktp.

Liaj kokinoj ne akceptis niajn kokinojn amike, ili malamike bekis ilin kaj "la niaj" timeme kunpremiĝis kaj nekompreneme rigardis tra la dratplektita barilo al ilia iama herbokovrita ĝardeno, kie ili ankoraŭ antaŭ nelonge senĝene kaj senzorge paŝtis sin. Nun ili devis paŝi sur la koteca argila grundo de sia nova loĝejo kaj nekom-preneme rigardi la iaman ĝardenon kvazaŭ perditan paradizon. Mi legis, ke kokinoj tute ne estas stultaj, kiel iuj homoj opinias, male ili estas tre inteligentaj animaloj kaj iliaj rigardoj tra la dratbarilo nur konfirmis al mi tiun ĉi konstaton. Mi ne dubas, ke ili ne plu vivas, la najbaro jam certe formanĝis ilin, sed mi ĉiam ankoraŭ memo-ras iliajn mirigitajn kaj nekomprenemajn rigardojn al ilia originala herboĝardeno.

La lasta afero estis kunpreni en Pragon la hundinon Cilia kaj la virkaton. La hundinon prenis en sian loĝejon la filo, la virkaton mi kun mia edzino.

La filo loĝas en alia urboparto ol ni, en la 11-a etaĝo de panela domo. Li havas sufiĉe vastan antaŭĉambron, tial en ĝia angulo malnova kovrilo fariĝis la nova loĝejo de Cilia. La filo, lia edzino kaj iliaj du filinoj diligente kelkfoje tage akompanis la hundinon eksteren, por ke ŝi povu fari sian necesaĵon. Cetere tia kelkfoja vojaĝado per lifto estis vere peniga kaj ili ĉiam dume preĝis, ke la lifto ne paneu kaj ili ne devu paŝi sur ŝtuparo ĝis la 11-a etaĝo.

Kelkfoje mi vizitis ilin kaj Cilia ĉiam tre ĝojis, vidante min. Ŝi tuj surdorsiĝis kaj levis la krurojn por ĝui mian gratadon. Mi certe memorigis al ŝi la vilaĝon kaj ŝian liberan vivon tie, kie tra la tuta ĝardeno ŝi povis kuri kaj fari siajn necesaĵojn, kiam ajn ŝi bezonis. Sed ŝia loĝado en la antaŭĉambro de la paneldoma loĝejo efikis al ŝi tre malbone. Rapide ŝi malsaniĝis kaj veterinaro konstatis, ke ŝi havas diabeton. Ŝi do subiĝis al kuracado, ricevis iajn pilolojn, sed ŝia sanstato ĉiam pli malboniĝis kaj fine ŝi komplete blindiĝis. Estis tre malfacile gvidi la blindan hundinon helpe de lifto el la domo kaj denove revenigi ŝin sur ŝian kovrilon en la angulo de la antaŭĉambro. Kiam mi eksciis pri ŝia malbona stato, mi vizitis ŝin. Ŝi ne vidis min, sed tuj ŝi rekonis min kaj ĝojplene lasis sin grati de mi. Mi havis impreson, kvazaŭ ni estus denove sanaj kaj feliĉaj en la vilaĝo. Sed tio estis nia lasta renkontiĝo. La sekvintan tagon la filo forkondukis ŝin al la veterinaro, kiu aplikis al ŝi injekton. Cilia ĉesis vivi. Estas tre bone, ke la homoj povas tiamaniere rompi turmentadojn kaj dolorojn de bestoj. Bedaŭrinde ke ne eblas same fari ankaŭ al homoj.

La lasta besto, kiu restis, estas la virkato. Li trapasis malgrandan veterinaran operacion, por ke li povu esti dombesto. Sed li estis iom ŝokita, kiam li aperis en nia loĝejo, tamen baldaŭ li alkutimiĝis. Certe mankis al li la vastaj terenoj de la korto kaj ĝardenoj en la vilaĝo, nun li devis kontentiĝi kun nia loĝejo, kies kuirejo, loĝoĉambro, malantaŭa ĉambro kaj antaŭĉambro estas neniel grandaj, krome la edzino fermas antaŭ li nian dormejon, ĉar ŝi ne volas, ke li saltu sur niaj litoj. Kaj li alkutimiĝis, ke en unu angulo de nia antaŭĉambro estas liaj pelvetoj kun akvo, granulaĵoj kaj viando, kaj en alia angulo lia "necesejo", plado kun porkata sablosternaĵo.

Li enviis, ke ni homoj sidas sur seĝoj kaj divano, dum li rajtas sidi nur sur la planko, fakte sur tapiŝo. Sed baldaŭ li atingis, ke la edzino dismetis malnovan ne plu uzatan tukon sur la parton de la divano kaj tio fariĝis lia "ripozloko". Krome li okupis malaltan seĝeton en la antaŭĉambro, kiu ekservis al li kiel lito. La edzino provizis ĝin per malnova kapkuseno, por ke li kuŝu sur "molaĵo". Sed baldaŭ li malkovris ankaŭ aliajn ripozlokojn, sub la tablo, sur fenestroj en la loĝoĉambro, en la malantaŭa ĉambro kaj lastafoje ankaŭ en la kuirejo. Ni loĝas en iom levita teretaĝo, sub niaj loĝejoj troviĝas remizoj, kaj la rigardo tra la fenestroj estas neniel interesa. Ni povas tie vidi nur la apudan domon, samaspektan kiel "la nia", sed tra la fenestro de la malantaŭa ĉambro estas eble rigardi apudan nekulturitan kaj plenkreskintan ĝardenon, kie nenio moviĝas, nur iam birdoj flugas de unu branĉo al alia. Tiam nia virkato malantaŭ la fenestro observas ilin kaj per iom nelaŭta ekkrio ilin admonas aŭ avertas.

Kiam venas konataj homoj, nia filo kun sia familio aŭ la filino, li kondutas tute normale, evidente tiuj homoj ne ĝenas lin. Sed kiam venas iu nekonato, li tuj fuĝas en la malantaŭan ĉambron kaj kaŝas sin ie sub lito aŭ malantaŭ ŝranko. Nur kiam la vizito ŝajnas al li tro longa, li fine tamen aperas kaj atenteme observas, kiu venis kaj kio okazas. Se ekzemple la edzino foriras por butikumi kaj mi komputilas en la malantaŭa ĉambro, post nelonga tempo li venas por rigardi, ĉu mi ĉeestas kaj ĉu li ne estas sola en la tuta loĝejo. Sed iam ni forveturas por la tuta tago, tiam li restas sola en la loĝejo. Cetere ni ĉiam zorgas, ke li havu sufiĉe da manĝaĵo kaj akvo. Komence ni fermis lin por nokto en la antaŭĉambro, ĉar ni ne volis, ke li veku nin nokte dum ni dormas. Sed jam de unu jaro ni lasas lin libere moviĝi tra la tuta loĝejo nokte, ĉar li montriĝis bone edukita kaj vekas nin vere nur iom frumatene, sed ne nokte.

Li estas jam okjara virkato, duonon de sia vivo li pasigis en la vilaĝo, la alian duonon en nia loĝejo. Se li restus en la vilaĝo, li verŝajne ne vivus plu. Ie mi legis, ke katoj ĝisvivas eĉ 25 jarojn, sekve li havas antaŭ si ankoraŭ 17 jarojn de sia kata vivo. Tiel longe mi ne vivos, sed mi kredas, ke post mia morto zorgos pri li iu el miaj familianoj. Mi ne scias, ĉu li funebros post mi, kiam mi ne plu vivos, aŭ ĉu li entute rimarkos, ke mi ne plu ekzistas. Mi vere ne scias, ĉu li serĉos min kaj malĝojos pro mi, fakte mi dubas pri tio. Sed tio estos lia problemo.

La rakonton verkis Jiří Patera.
(Kolektita de Ulrich Becker en 2007)

Esperanto ŝanĝis mian vivon

Intervjuo kun Krešimir el Kroatio, kiam li havis 63 jarojn

Mi alvenas al la tempo de mia emeritiĝo. Mi vivas en Parizo jam 36 jarojn kaj nun mi ja havas 63. Ĉu koincido aŭ hazardo, sed la momento por pensi pri mia vivo. De mia alveno mi laboras por SAT. La filozofio de SAT (Sennacieca Asocio Tutmonda) vere harmonias kun miaj idealoj.

Vivi sen limoj, sen landoj kaj sen lingvaj baroj ja estas la mondo ideala. Komprenebler, la lingvo estas esperanto.

Mi estis studento kiam mi eklernis esperanton.

En la unua jaro de medicino, en la amfiteatro, sidis apud mi junulo kun verda stelo sur la brusto. Mi jam konis tiun insignon, ĉar mia kuzo estis esperantisto kadre de la grupo ĉirkaŭ s-ano Gabro Divjanoviĉ kaj la Zagreba Observatorio. Mi demandis al mia najbaro, kiel li nomiĝas kaj ĉu li estas esperantisto?

Li respondis ke li nomiĝas Davor Dorŝiĉ kaj estas prezidanto de Studenta Esperanto-Klubo (SEK). Kun entuziasmo li invitis min viziti la klubon. Do mi iris kun li. Kiam ni eniris, mi vidis tie plurajn gejunulojn kaj ili parolis en esperanto. Mi komprenis nenion. Fakte, la regulo en SEK estis "Ne krokodilu", kaj tiu, kiu krokodilis devis pagi punon.

Tiam mi konatiĝis kun Zlatko Tiŝljar, kun lia frato kaj kun kelkaj aliaj. Davor diris al mi ke morgaŭan tagon komenciĝos nova kurso kiun gvidos franco vivanta en Zagrebo, Roger Imbert. Mi revenis la venontan tagon kaj kun Roger mi komencis lerni la internacian lingvon.

Kun mia studkolego Davor mi tre amikiĝis kaj danke al li mi povis ĉiam pli praktiki la lingvon. Ni decidis ĉiutage paroli en esperanto.

En SEK mi trovis preskaŭ duan familion kaj de tiam mi estis regule kaj ofte kun miaj gesamideanoj kaj geamikoj. Ni pasigis kune mirindajn momentojn, ekskursojn, vizitojn, festojn. Mi estis membro de koresponda sekcio kaj havis pli ol dudek korespondantinojn el la tuta mondo. Ĉiutage, al mia poŝtkesto alvenadis leteroj kun belegaj poŝtmarkoj. La leterportisto jam perfekte konis min.

Mia unua esperanto-kongreso estis TEJO-kongreso, en Pecs (Hungario, 1966), kaj ĝi estis decida por mia esperantisteco. Mi vojaĝis tien per trajno kaj rigardante tra fenestro ĉe la landlimo, mi konstatis, ke fakte la limo ne ekzistas.

Ambaŭflanke la tero estis la sama, plantoj kaj bestoj la samaj, nur la lingvoj ne estis samaj kaj la homoj ne povis interkompreniĝi. Tamen, laŭ la aspekto, homoj samis al ni.

Do, mi ekkonsciis kiel lingva baro estas grava por la divido de homoj. Fakte ĉiuj homoj similas unu al la alia, almenaŭ laŭ fizika aspekto.

Tion mi jam konstatis dum la anatomia sekcado studinte medicinon. Se oni forigas la haŭton kiu povas esti alikolora, ĉio poste estas la sama: koro, muskoloj, ostoj, organoj.

En Hungario mi tute ne povis komuniki kun la homoj, sed alvene al Pecs atendis min ŝildo "BONVENON!". Gejunuloj atendis sur kajo. Ilin mi povis kompreni. Ili estis esperantistoj kaj mi denove sentis min bone. Dum tiu ĉi kongreso okazis tiom da belaj momentoj kiujn mi ne povas nun rakonti, sed kiujn mi neniam forgesos. Mi trovis novajn geamikojn. Mi decidis daŭrigi mian studon de tiu mirakla lingvo. Esperanto ja estas la lingvo kiu facile ligas homojn!

Mi daŭrigis sekvi la kursojn kaj pli engaĝiĝis en la aktivecoj de SEK. Unu el ili estis ankaŭ la kreo de PIF (Pupteatra Internacia Festivalo).

Samjare mi ricevis inviton por la militservo. Mi do devis interrompi miajn studojn. Kiel medicinstudento mi estis sendita al la urbo Zrenjanin (en Serbio) kie troviĝis armea centro por flegistoj kaj kuracistoj.

Alvene, post lavado kaj surmeto de uniformo, ni devis aperi soldatvice antaŭ nia komandanto, sanitara kapitano de unua klaso, Ĉeda Jovanoviĉ (li estis kuracisto). Li estis Serbo kiel pli ol 95 % de la armeaj oficiroj. Li demandis niajn nomojn. Kiam mi diris Krešimir Barković, lia tuja reago estis: "Ci havas veran *ustaŝan* antaŭnomon! De nun cia antaŭnomo estos Stavro".

Mi estis ŝokita kaj terurigita, kaj mi kaŝe ploris en la uniformo de la JNA (jugoslava popola armeo).

Poste, dum mia tuta soldatservo li nomis min Stavro. Mi ne

kuraĝis protesti. Mi timis ke oni plilongigos mian servon. Ofte li diris al mi: "Stavro, ci estas al mi enigma, sed mi 'tralegos' cin. Por Serboj, ĉiuj Kroatoj estas *ustaŝoj* – faŝistoj".

Tion mi spertis plurfoje dum tiu soldatservo. Mi donos nur kelkajn ekzemplojn: Foje la tuta garnizono iris spekti *Western*-filmon en urba kinejo. Kiam malbonuloj atakis la bonajn blankulojn, la tuta kinejo kriis: "ustaŝoj, ustaŝoj". En urba parko estis laŭtparoliloj kiuj disaŭdigis muzikon. Mi ofte aŭdis konatan kroatan kanzonon: "Tie malproksime.." sed nun aŭdiĝis tute nova teksto: "Tie malproksime apud la maro estas Serbio". Ja, Serbio neniam havis maron.

Sed Serbio ĉiam havis grandan apetiton por havi ĝin. Tio montriĝis poste dum la lasta milito, kiam ili provis okupi la marbordon kaj bombardis plurajn urbojn, inter kiuj la plej konata, Dubrovnik, travivis, por la unua fojo en sia historio, detruadon.

Fine de mia servado, ni havis manovrojn sur la monto Papuk, en Slavonio (Kroatio), kie estis pluraj "ortodoksreligiaj" vilaĝoj. Surloke, nia kapitano diris al ni: "Atentu ĉi tie. Kiam tiuj homoj vidas soldatojn, ili pensas ke tio estas *ustaŝoj*. Do, vi devas diri, ke vi estas serba armeo!" Kaj ĝia vera nomo estis jugoslava?! Fine de mia soldatservo, mia kapitano diris al mi: "Stavro, ci estis bona soldato. Sed mi ne sukcesis tralegi cin!" Tiele mi pasigis jaron, sed certe ne kun sentoj pri egaleco. Mi sentis min nacie nerespektita kaj priridita. Eble ĝuste tiu iom soleca vivo inter centoj da aliaj soldatoj plifortigis mian personecon kaj nacian identecon.

Revene hejmen, mi rekomencis la aktivecojn en SEK kaj iun tagon aperis nova vizaĝo. Temis pri esperantistino el Serbio (urbo Niŝ) kiu studis en Parizo. Ŝi demandis ĉu iu el ni povus montri al ŝi Zagrebon, kiun ŝi ne konis. Mi havis tempon kaj tiel mi ĉiĉeronis ŝin tra la urbo. Ni multe babilis kaj amikiĝis.

Post ŝia reveno al Parizo, ni daŭrigis korespondadi kaj post unu jaro ŝi invitis min viziti Parizon. Dum tiuj tri semajnoj ni decidis fianĉiĝi. Mi revenis Zagrebon. Alvenis la jaro 1971-a kiam okazis la konataj ekonomi-sociaj moviĝoj en Kroatio. En Kroatio, ĝi estas konata kiel "Kroata printempo". Ekonomiistoj, profesoroj, studentoj proponadis ekonomiajn ŝanĝojn, nacian justecon ene de Jugoslavio. La ekonomio estis centrigita en Belgrado, kaj Kroatio kiu realigis plejgrandan parton de ĝi, la devizan monon el turismo, ricevadis nur parteton de tiu "kuko". Studentoj komencis strikon. Ĉiuvespere ili manifestaciis ĉe la ĉefa placo. Kiel studento, ankaŭ mi partoprenis kun miaj universitataj kolegoj.

Semajnon poste okazis urĝa kunsido de la partio en Karađorđevo (Serbio). Ĉio okazis sub la gvido de la tiamaj komunistaj gvidantoj kaj kun la aprobo de Tito. Al Zagrebo alvenis per kamionoj kaj aŭtobusoj policanoj el aliaj respublikoj, ĉar la kroatiaj policanoj ne volis bati la propran popolon. La studenta striko estis haltigita. Oni malpermesis ĉion: vesperajn kuniĝojn, gazeton kroatan, temajn prelegojn. Malliberigitaj estis la respondeculoj.

Multaj studentoj estis batitaj kaj arestitaj. "Ĉasado" de studentoj kroate orientitaj daŭriĝis. Okaze de kristnasko kaj la jarŝanĝo de 1971 vizitis min mia pariza fianĉino kaj ŝi proponis al mi veni al Parizo, kie mi povus daŭrigi miajn studojn. Mi diskutis kun mia patrino. Ŝi proponis ke ni geedziĝu kaj tiam mi foriru. Kvazaŭ ŝiaj timoj pro la sperto kun mia patro reviviĝis. Pro tio ŝi preferus pli vidi min libera en Parizo ol arestita en Zagrebo.

Jam la 10-an de januaro 1972 mi estis kun mia novedzino en Parizo. Dum la unuaj ses monatoj mia edzino kaj mi loĝis ĉe patrino de unu el niaj esperantistaj amikinoj, en la eta subtegmenta ĉambreto. La granda problemo estis ke mi tute ne konis la francan, sed nur esperanton. Mi deziris labori, ĉar mi, estante la edzo, sentis min respondeca. Mi volis povi nutri mian novan familion.

Mia edzino Sevda diris al mi, ke ŝi devus labori en iu asocio kiu nomiĝas SAT, sed se mi volus, ŝi proponos min anstataŭe.

La respondeculoj de SAT konstatis ke mi flue parolas esperanton. Mi estis tuj akceptita. Ekde tiam ĝis hodiaŭ mi laboras ĉe SAT.

La unua ŝoko estis en SAT aŭdi la vorton "kamaradoj". Mi apenaŭ "liberiĝis" de kamaradoj en Jugoslavio kaj mi retrovis kamaradojn en Francio. Iom post iom mi komprenis ke tiu vorto estas bela vorto kiu havas tute alian signifon ol tiu, kiun ĝi havis en komunistaj landoj. Do, mi senprobleme adoptis ĝin inter miaj samasocianoj. Mi konstatis ke SAT-membroj apartenas al diversaj maldekstraj (sociaj) grupoj kaj partioj. Ili povas kamaradece kunvivi, interŝanĝi siajn ideojn kun respekto, sen trudi ilin unu al la alia.

Mi neniam apartenis nek apartenos al iu politika partio (mi volas esti libera en miaj ideoj kaj ne esti devigata sekvi ordonojn de la partio). Mi estas por la socia justo, egaleco inter la homoj kaj por homaj rajtoj. Pro tio, labori en SAT estas agrable.

Veninte Parizon mi enskribiĝis al Alliance Française, sed la kursoj okazis ĉiuvespere ekde la 19-a ĝis la 23-a horo. Revene hejmen, mi devis lerni kaj fari hejmajn taskojn por la sekva tago, kaj jam matene atendis min la laboro ĉe SAT. Tian ritmon mi eltenis nur dum du monatoj .

Kiam mi malsaniĝis mi decidis forlasi la vesperajn studojn. Mi lernis la francan dezirante daŭrigi miajn medicinajn studojn. Bedaŭrinde tio ne eblis ĉar diplomoj el Jugoslavio ne estis rekonataj en Francio. Do, mi devus ĉion rekomenci ekde nulo. Mi rezignis de miaj studoj, sed certe ne de la franca lingvo. Mi lernis ĝin tamen ĉiutage.

Fakte la komenco de mia "franca vivo" estis sufiĉe komplika.

Por diversaj sukcesoj en mia "franca" vivo mi devas danki al mia kara edzino kiu ĉiam kaj ĉie helpis al mi.

Ekster mia laboro en SAT mi okupiĝis kun mia edzino kaj kelkaj amikoj pri la disvastigo de la kroata kulturo en Francio. Kiam oni vivas fore de la lando, oni sentas sin kvazaŭ la ambasadoro, despli travivinte maljustecon.

Mi volis pli proksimigi mian landon al Francio. Pro tio ni fondis en Parizo la asocion franc-kroatan "MATICA". La sekretariino iĝis mia edzino. Ŝi komplete adoptis mian kroatan kulturon kaj ĉion faris por diskonigi ĝin en Francio. Ŝi faris multon por ke venu al Parizo plej diversaj kroataj intelektuloj, sciencistoj, verkistoj. Ili faris siajn prelegojn en la franca por la franca publiko. La francoj povis konstati ke tiuj *"ustaŝoj"* (kroatoj) ne estas iu faŝista, ŝovinista popolo, sed malnova eŭropa popolo kun 13-jarcenta kulturo. Tiel kontraŭkroata propagando, farita de la jugoslavia reĝimo, estas simpla inventaĵo kaj mensogo.

Ja, bedaŭrinde multaj franciaj instancoj estis tre proserbaj kaj kontraŭkroataj. Tio estis videbla eĉ en la franca ŝtata administracio. Kiam mi diris en la urbodomo ke mi estas origine kroata, la respondo estis: "Sed sinjoro, tio ne ekzistas"! Ili neniam volis meti en miajn francajn dokumentojn la vorton – kroato aŭ Kroatio, sed ĉiam jugoslavo kaj Jugoslavio. Eĉ kiam mi diris ke mi naskiĝis en Zagrebo, Kroatio, en 1944 (tiam eĉ Francio agnoskis la tiaman Kroation), ĉiam okazis rifuzo. La plej amuza sed tamen provoka okazis ĵuse – en majo 2007 – do 15 jarojn post la agnosko de la nuna Kroatio.

Francio jam de 15 jaroj havas sian ambasadoron en Zagrebo.

Por voĉdoni en Francio, mi devis fari iun ŝanĝon en mia adreso. Do mi iris al la urbodomo kaj oni donis al mi kvitancon pri tiu ŝanĝo. Rigardante ĝin mi legis: "Naskiĝis en Zagrebo, Serbio-Montenegro". Mi tuj revenis por korekti tion kaj diris al ili ke Zagreb estas la ĉefurbo de la ŝtato Kroatio. La respondo estis ke ili ne povas meti Kroation, sed devas esti tiel, kiel estis kiam mi alvenis al Francio. Mi protestis ke tiam ne ekzistis Serbio-Montenegro, kaj eĉ nun ne plu ekzistas, kaj ili tamen metis ĝin, sed tio ne helpis. Fine ili skribis: Zagreb, Jugoslavio. En la jaro 1973, post longa medicina traktado, mia edzino gravediĝis. Tamen, post naŭ tre malfacilaj monatoj, en novembro de la sama jaro, naskiĝis nia filineto Hélène-Nathalie. Mia edzino proponis la nomon de mia patrino kiu nomiĝis Helena.

Tiun ĉi tagon mi neniam forgesos en mia vivo, ĉar la sento ke mi iĝu "patro" estis ege forta. Kiam la hospitalo telefone informis min ke mia edzino akuŝis knabineton, mi tuj ekkuregis. Estis terura pluvaĉo sed mi rapidis por danki al Sevda pro tiu belega donaco.

Survoje mi pensis pri rakontoj pri mia naskiĝo kaj mia patro.

Estis vintro en Zagrebo (Kroatio – tiama Sendependa Kroata Ŝtato). Tiun tagon estis tre malvarme. Sola, sen edzo, kiu estis mobilizita kiel soldato de la regula kroata armeo (Domobrani – patridefendantoj), mia patrino timegis pro la tiutaga bombardado de Zagrebo. Ŝi loĝis en la strato Selska cesta, kiu troviĝas proksime de kazernoj, kiuj estis celoj de la bombardado. La timego provokis uterajn spasmojn kaj ŝi devis urĝe iri al la hospitalo. Per aŭto oni transportis ŝin al Zajĉeva-hospitalo. Ĝi troviĝas sur monteto, kaj la aŭto, pro tro multe da neĝo kaj glacio, ne povis atingi la celon. La lastan parton de la vojo ŝi devis iri piede. Kelkajn minutojn post ŝia alveno mi ekvidis la mondon. Mi naskiĝis, do, la 4-an de februaro 1944, kiel sepmonata bebo. Pro la milito kaj malbonaj kondiĉoj, dum pluraj monatoj la kuracistoj ne certis ĉu mi restos vivanta. Fine mi tamen venkis.

Kiam oni certis pri mia plua vivo, mia onklino Paŭlino, pli aĝa fratino de mia patrino, sendis leteron al mia patro kun la ĝojiga informo: "Vi havas filon, li nomiĝas Krešimir". Mi tuj diru: Krešimir estas tre malnova kroata antaŭnomo kiun havis kvar kroataj reĝoj, el kiuj la plej konata estas la reĝo Petar-Kreŝimir IV, kiu inter aliaj aferoj konstruis urbon Ŝibenik, hodiaŭ nomata "la urbo de Kreŝimir".

Mia patro estis tre ĝoja kaj tuj petis forpermeson de la armeo por povi vidi sian filon. Reveninte hejmen, li pasigis kelkajn tagojn kun mia patrino kaj sia filo. Feliĉe, en tiu epoko li posedis fotoaparaton (skatol-kameraon) kaj tiel mi havas almenaŭ kelkajn fotojn de mia patro kiu tenas min en siaj brakoj.

Nur sur la foto mi povis vidi mian patron. Mi neniam ekkonis lin.

Estis majo 1945, fino de la milito. Ankaŭ la fino de la Kroata Sendependa Ŝtato. La komunistaj partizanoj de Tito eniris Zagrebon. Centmiloj da kroataj soldatoj kaj civiluloj provis eskapi antaŭ la novvenkintoj. Ili marŝis al la direkto de Aŭstrio kie britoj promesis trakti ilin kiel militkaptitojn laŭ la konvencioj de Ĝenevo. Inter tiuj homoj troviĝis ankaŭ mia patro.

Alveninte al Bleiburg (Aŭstrio), tie okazis unu el la plej grandaj tragedioj de la kroata popolo.

Anglaj armeestroj, anstataŭ protekti tiujn homojn, transdonis ilin al la partizanoj kiuj surloke masakris la plej grandan parton el ili. La reston ili pelis en kolonoj al la direkto de Zagrebo kaj kelkaj aliaj urboj. Mi patrino provis trovi lin dum li venis en Zagrebon. Vane, jam la kolono de malfeliĉuloj daŭrigis la marŝadon. Kiam li atingis Podravska Slatina, mia avino petis sian fraton, urbestron de la urbo, ke li liberigu mian patron kiu estis simpla soldato kaj kiu faris neniajn krimojn. Sed por la onklo de mia patrino pli gravis ideologio. La respondo estis: "Ne! Li elektis malbonan flankon, do nun li devas tion pagi!"

Mia patrino poste provis trovi lin pere de Ruĝa kruco, sed jam fine de majo malaperis la spuroj. Ni neniam eksciis kio okazis, kaj kie finis la vivon mia patro.

Mia fratino naskiĝis en septembro 1945, sed ŝi nek vidis la patron nek havas la foton de li. Ŝi multe suferis pro tio.

Mi devas agnoski, ke kiam mi estis eta infano, mi ne multe sentis la mankon de mia patro. Mi neniam ekkonis lin, sed mi ja havis mian patrinon kaj mian onklinon Paŭlina. Ili ambaŭ tre zorgis pri mi, tre amis min, kaj mi estis feliĉa.

Enirinte mian periodon de puberteco, la manko de patro estis pli sentebla. Kiam mia patrino rimarkis spuron en mia lito de noktaj polucioj, ŝi konsciis ke ŝi devus klarigi al mi kio okazas. Tamen, pro ŝia eduko, ŝi ne trovis forton por paroli al mi pri tiel delikata temo. Do, ŝi donis al mi libron titolitan: "Amo en korpo de virino". Mi legis ĝin kun grandega intereso kaj en ĝi mi trovis klarigojn pri ĉio kio okazas en mia korpo kaj ankaŭ pri la anatomio de viro kaj virino, pri seksaj kaj amrilatoj. Tiu ĉi libro por mi estis aparte kara ankaŭ pro la fakto ĉar en ĝi mi vidis la dediĉon de mia patro al mia patrino. Tie estis skribite: "Al mia amata edzineto kun amo, via Franci".

Krome, tiu libro certe influis min studi medicinon. Mi nepre volis pli bone koni la homan korpon kaj ĉion kio okazas en ĝi. Aparte mi admiris la virinan korpon kaj la virinon kiel homestaĵon.

Mi decidis ke iam kun miaj infanoj mi povos tute libere paroli pri la temo. Bedaŭrinde en tio mi malsukcesis. Fakte, mi ĉiam atendis ke niaj infanoj montru iamaniere intereson pri homa sekseco. Mi ne volis trude paroli pri tio antaŭ ol estu bona momento. Finfine mi maltrafis tiun momenton. Ili ĉion lernis de la aliaj. Ja, ne estas facile esti bonaj gepatroj…

Pensante pri mia patrino, mi ja admiras ŝian forton.

En 1946 ni devis translokiĝi al Kutina. Mankis manĝaĵo en Zagrebo kaj mia avo aĉetis dometon kun ĝardeno. Mia patrino laboris kiel ĉefkontisto en la granda muelejo. Bedaŭrinde, tie okazis iuj ŝteloj kaj iun tagon ŝi kun kelkaj aliaj respondeculoj estis enkarcerigita. Ŝi restis dum tri monatoj en la malliberejo. Post tri monatoj ŝi estis liberigita kiel senkulpa. Kondiĉoj kaj mistraktado en la malliberejo videble ŝanĝiŝ ŝin. Ŝi havis 33 jarojn kaj nigrajn harojn kiuj tute blankiĝis kiam ŝi eliris..

Post tiu okazaĵo, ŝi decidis ne plu resti en Kutina sed reveni en Zagrebon. Tiam mi jam estis 11-jara. Ni denove reinstaliĝis. Tie mi finis ankaŭ mian gimnazion kaj eniris medicinan fakultaton

Sed, mi revenu al la naskiĝo de mia unua infano.

Mi sentis feliĉon. Feliĉa mi estis pro nia filino. Dankemon al la edzino mi sentis pro tia donaco.

Bedaŭrinde ni ne povis aĉeti ĉion kion ni deziris por ŝi. Feliĉe, kelkaj bonkoraj francaj amikoj donacis al ni ĉion kion ni bezonis.

Iom post iom pasis la jaroj kaj Enĉi kreskis. Ŝi ofte malsanis. La kuracisto proponis nepre operacii ŝiajn tonsilojn. Ni devis psike prepari ŝin al tiu operacio rakontinte ke ŝi povos manĝi multe da glaciaĵo. Ŝi ricevos ankaŭ ludilojn. La knabineto respondis: "Mi volus havi fraton aŭ fratinon".

Fine, mia edzino promesis tion al ŝi. Do, malgraŭ la timo de nova gravedeco ni decidis havi plian infanon.

Ni sukcesis! En januaro 1980. Tiam naskiĝis nia filo Boris. La nomon de la filo elektis Hélène, kaj eĉ hodiaŭ ŝi diras al Boris ke li naskiĝis ĉar ŝi deziris lin. Ekde la komenco la kompliceco inter la du gefratoj estis grandega kaj tio daŭras ĝis hodiaŭ. Pro tio mi tre ĝojas kaj mi tre fieras.

Dum Enĉi studis germanistikon en Germanio, ŝi invitis Boris veni ĉe ŝi kaj tie ekstudi informadikon. Tiel okazis.

Danke al tiuj studoj, niaj infanoj estas plurlingvaj. Enĉi parolas la francan, kroatan, anglan, germanan, esperanton, la katalunan kaj kastilian lingvojn, dum Boris la francan, anglan, kroatan, germanan kaj esperanton.

Enĉi multe aktivis en TEJO kiel ĝia reprezentanto en la junulara sekcio de la Eŭropa Konsilio en Strasburgo. Nun ŝi transloĝiĝis al Bruselo kie ŝi laboras en la Internacia Organizo de Urbaj Transportoj.

Post la studo de informadiko Boris revenis al Parizo kaj enskribiĝis al la fakultato por studi anglistikon. Kompreneble, ni restas ĉiuj en daŭra kontakto (ĉiutaga), ĉar ni estas familie tre ligitaj kaj fakte ni konscias ke ni havas nur nin. Al niaj infanoj nenio mankis, kaj amo abundis. La amo kaj familia vivo ja estas la bazo por la feliĉo. Ofte tiun familian rondon ni pligrandigas kun bonaj amikoj. Ili ja ofte estas esperantistoj.

Jam 36 jarojn mi vivas en Francio. Ekde mia unua vizito al Parizo, tiu urbego certe fascinis min kaj plaĉis al mi. Tamen, tiel ne estis en la komenco. Tiu kosmopolita urbego en kiu vivas diverskoloraj homoj el la tuta mondo, kun siaj lingvoj kaj kulturoj, finfine estas tamen sufiĉe malvarma.

La unua ŝoko por mi estis, kiam ni eniris nian nunan loĝejon. Post la instaliĝo, ni sonoris ĉe tri aliaj loĝejoj kiuj troviĝas en la sama etaĝo, prezentis nin kaj invitis ilin ĉe ni por konatiĝi kaj trinki kafon.

Ilia reago estis neatendita. Ili diris: "Sed, sinjoro, tion oni ne faras en Francio". Neniu el ili venis.

Evidente, tio iom post iom ŝanĝiĝis kaj ni almenaŭ salutas unu la alian, sed ne pli.

Mi tre ŝatas Parizon kaj nun mi sentas min tre bone.

Mi proksimiĝas al mia emeritiĝo. Tio ne signifas ke mi poste havos nenion por fari. Ja, mi daŭre helpos al SAT kaj la esperanto-movadon en la klopodo komprenigi al la homaro kiel solvi la gravegan lingvan baron.

Samtempe mi agos por mia lando, Kroatio. Mi ŝatus ke la malnova, eta, eŭropa popolo same havu rajton ekzisti kaj esti senprobleme rekonata kaj respektata.

(Notita de Zdravka Metz en 2007)

Du fotoj de kazino

Intervjuo kun Rumianka Minĉeva el Bulgario,
kiam ŝi havis ĉ. 66 jarojn

Mi promenadas sur la insulo Sankta Heleno. Multaj parolis al mi
pri *Expo 67* en Montrealo. Mi volis viziti ĝardenojn, vidi florojn, kiel
ili estas aranĝitaj, arbustojn, plantitajn arbedojn. Mi volis vidi ju pli
multe, des pli bone. Mi estas en Montrealo por la unua fojo kaj mi ne
scias ĉu estos iu alia. Eble foti ĉion mi volas, kaj kelkajn ideojn rea-
ligi ĉe ni. Tio, la hortikulturo, ja estis mia profesio en Rousse, norda
urbo ĉe la Danubo en Bulgario.

Tiel vagante mi rimarkis tre originale, arkitekte faritan rondan kon-
struaĵon. Sur la vojo kaj ĉe la enirejo oni legis: "Casino de Montréal".

Neniam mi estis en kazino. Do, kial ne eniri. Mi ja estas turisto
kaj mi ŝatas viziti novajn interesaĵojn.

Mi eniris. Ho, kiom luksa ejo! Kiom agrable friska aero. Ekstere
estas vera forno. La suno brilas forte kvazaŭ estus julio, kaj estas la
lasta tago de majo.

Multaj personoj ludas. Plej diversaj lampoj lumas. Impresita de
ĝia ena beleco, mi volas dividi tiujn impresojn. Mi havas ideon. Mi
fotos kaj montros al mia edzo, al geamikoj…

Preninte fotilon mi fotas unufoje en la suba etaĝo. Mi grimpas
ankaŭ al la dua etaĝo. Ĝi ŝajnas al mi eĉ pli luksa, kun speguloj
kaj kun multaj belaj plantoj. Mi refaras "klik" sur la fotilo kiu pro
nesufiĉa lumo ekfulmas. Tuj mi eksentas ies manon sur mia ŝultro.

Sinjoro alparolas min france. Mi nenion komprenas. Mi diras:
"Bulgario". Li ŝanĝas la lingvon al la angla kaj poste la hispana. Mi
ripetas: "Bulgario".

Li provas telefoni per poŝtelefono Mi komprenas la vorton Bul-
gario. Li ŝajne serĉas iun kiu povus klarigi al mi kion li ŝatus diri al
mi. Vane, neniu parolas la bulgaran. Mi mencias nun la germanan
lingvon kiun mi balbutas. Eble tio helpos.

Li montras al mi per fingro ke mi sekvu lin kaj li subeniras. Mi
sekvas lin ĝis unu pordo. Li frapas. Ĉe la pordo mi legas "sekureco".

Tiu alia sinjoro provas uzi kelkajn germanajn vortojn kaj mon-
tras al mi: Ne foti.

Li demandas: "Ĉu vi venis ludi?"– "Ne!" mi respondas.

"Ĉu vi venis manĝi?"– "Ne!" mi diras.

"Do kion vi volas?"

Nia germana brak-fingra komunikado finiĝas kiam mi diras la magian vorton: "Turisto".

Jes, mi komprenis la koleron de la unua persono. Mi ne rajtis foti. Mi pretas doni la fotilon, por ke unu aŭ la alia nuligu la du lastajn fotojn. Mi mem ne scipovas tion fari ĉar mi ne konas sufiĉe ĉi-modernan fotilon. Ĝi eĉ ne estas mia. Mi pruntis ĝin por mia vojaĝo al Kanado.

Tamen ili ambaŭ komprenis ke mi nek estas ies sekreta spiono, nek iu danĝera persono. Mi estas nur scivolema sinjorino, turisto, kiu ne misuzos tiujn fotojn. La sinjoro de la sekureco akompanas min ĝis la elir-pordo kaj montras al mi en kiu direkto troviĝas la serĉata parko.

Mi eliras. Ŝajnas al mi kvazaŭ tutan horon mi pasigis en la kazino. Miaj vangoj estis tute ruĝaj kaj mia koro ankoraŭ maltrankvile batas. Mi spiras profunde varmegan aeron. Verda herbejo ĉirkaŭe helpas ke mi trankviliĝu. Miaj nervoj malstreĉiĝas. Mi sentas la feliĉon. Libera mi estas. Du fotojn mi, ja, havas de la kazino de Montrealo.

Verda koloro kaj ĝia influo estas mirige ripozigaj. Mi spertis tion laborante dum 37 jaroj por parkoj de la urbo Rousse. Tuj post la teknika hortikultura mezlernejo mi ricevis laboron. Mi plantis centojn, milojn, eble milionojn da arboj en mia labor-vivo.

Ĉe ni estas unu proverbo kiu diras: "Kiu plantas unu arbon rezervas al si lokon en paradizo". Do mi certe jam havas rezervitan fotelegon, tiom da verdaĵoj mi plantis. Kiam nova domo aŭ eĉ nova kvartalo estis finkonstruita, nia hortikultura urba taĉmento venis plibeligi, pli homigi, pli verdigi la ĉirkaŭaĵon. Ĉiujare ni ja revizitadis ĉiujn parkojn por prizorgi bonan kreskadon. Por mi tio estis belega, stimuliga laboro.

Verŝajne pro la verda koloro mi ne nur ĉiam estis sana, sed ankaŭ nuntempe mi ja estas sana. Mi ĉiam vivis kun la naturo aŭ proksime de ĝi. Jam de dek jaroj mi emeritiĝis. Foje konato de iu amiko proponas al mi kontrakton por ke mi ŝanĝu la pejzaĝon ĉirkaŭ ies domo. Mi ĉiam akceptas ĉar labori la grundon, la teron, estas tiom energidona. En nia hejma ĝardeno mi plantas ĉiaspecajn legomojn. Vidi kreski la verdaĵojn estas granda plezuro por mi.

Verdaĵoj estas kiel esperanto. Ankaŭ ĝi kvazaŭ akompanas min en la vivo.

Juna mi estis kiam mi ekstudis la lingvon. Nur kvar lecionojn mi faris antaŭ ol partopreni la Internacian Junlaran Klongreson en Gdansk en 1959. Tiam tuj mi devis paroli loĝante en unu ĉambro kun kvin junulinoj el tri diversaj landoj. Dum tiu semajno mi lernis tion, kion mi hodiaŭ ankoraŭ scias. Poste, fakte mi ne plu havis tempon studi esperanton, mi nur uzis ĝin.

Edziniĝo, prizorgi infanojn, du gefilojn mi havas. Ili nun vivas memstare. Mia filo loĝas en nia urbo kaj laboras ĉe la universitato. Li estas pentristo. La filino vivas en Sofio. Ŝi estas pianistino kaj laboras por la Arabeska Baleto de Bulgario. Ho jes, mia filino lernis esperanton... Kelkfoje vizitis nian domon esperantistoj. Ili ne venas ofte en nian urbon, ĉar ĝi ne estas tre interesa urbo. Tamen kelkaj vizitis ĝin ĉar ĝi estis survoje al ies planita vojaĝo. Mi havas ankaŭ du genepojn flanke de mia filino.

Mi estas daŭra membro de nia loka esperanto-societo Libero. Kun esperantistoj mi plurfoje vojaĝadis al kongresoj. Samtempe tio estis por mi la eblecoj viziti eksterlandon. Mia edzo estas 12 jarojn pli aĝa ol mi kaj li ofte vojaĝis pro laboro. Tial li ne volis vojaĝi kun mi. Li ne lernis kaj ne komprenas esperanton. Nun li estas iom malsana.

Li tamen permesis al mi foriri por unu monato al Kanado, en Toronton.

Mi vizitas filon de mia amikino. Ŝi ne havis ŝancon ricevi vizon por viziti Kanadon kaj vidi kiel la filo vivas. Nun ŝi mortis kaj ŝia filo invitis min. Li vivas kun edzino kaj infanoj. Estante ĉe ili mi decidis uzi Pasportan Servon kaj viziti aliajn du urbojn: Montrealon kaj Otavon.

La familio de mia amikino ne povis kredi ke mi kuraĝas vojaĝi sola kaj tranokti ĉe nekonataj personoj. Mi diris al ili: "Tio eblas nur ĉe esperantistoj. Esperanto estas la plej bona rimedo por interkompreniĝo, ne nur lingva, sed homa".

Eble tio instigos ilin. Ili estas juna paro kaj ne havas multajn konatojn en ĉi nova lando por ili.

(Notita de Zdravka Metz en 2007)

Nova jarcento kun 2 E

Intervjuo kun Sebastiano el Francio, kiam li havis 32 jarojn

La jaro 2000 estis la plej grava jaro en mia vivo ĝis nun. Mi jam parolis la anglan, sed la germanan kaj la rusan mi neniel sukcesis. Do, mi decidis lerni tiun facilan lingvon pri kiu mi jam legis en la enciklopedio *Quid* antaŭ kelkaj jaroj. Tiam mi estis nur 16-jara kaj mi ne sciis kiel trovi kurson. Tiam ne ekzistis interreto.

Mi jam partoprenis internaciajn eventojn pro mia laboro kaj la oficiala lingvo ĉiam estas la angla. Mi mem, eĉ post 15 jaroj de studado, ne ĉion povis kompreni. Same mi rimarkis ke ne ĉiuj klare kaj bone parolas la lingvon. Denaskaj anglalingvanoj parolas tro rapide kaj prononcas ne ĉiam kompreneble. Tio verŝajne estas la kaŭzo ke la etoso dum tiuj komputil-fakaj renkontiĝoj ne estas tiel amikaj. La ĉeestantoj grupiĝadas post la kunvenhoroj laŭ la gepatra lingvo.

Multaj konatoj promesis al si mem ion specialan por la nova jarcento. Mi rememoris esperanton. Mi serĉis ĉe la reto. La franca Metodo DLEK (dek leciona esperanto-kurso) estis tre efika kaj post la monato mi jam sciis multon. Mi ja kapablis legi kaj kompreni la tekstojn kiujn mi trovis en la reto. Tamen mi ne parolis. Neniun mi konis en mia loĝurbo Rennes por praktiki esperanton.

Fine de la jaro, kiam mi ĉeestis kun geamikoj dum vespero de tradiciaj bretonaj dancoj, mi renkontis Eléonore. Mi rimarkis ŝin tuj kaj mi volis ekkoni ŝin. Tiun vesperon mi ne nur dancis kun ŝi, sed mi sukcesis paroli kaj interkonsenti pri nia sekva renkontiĝo. Eléonore interesiĝis pri lingvoj kaj mi kuraĝigis ŝin lerni esperanton.

Ŝi fakte ŝatis la ideon kaj lernis rapide. Mi feliĉis kaj pensis pri nova jarcento kiu alportis al mi du E-n (Esperanto kaj Eléonore).

Eléonore kaj mi provis paroleti kune kaj ŝajnis simple. Kiam ni eksciis pri la somera internacia renkontiĝo en Plouezec, ni kune enskribiĝis. Dum la mateno okazis esperanto-kursoj – ni elektis duan nivelon. Nia instruisto estis Atilio el Argentino. Dum la posttagmezoj okazadis aliaj aktivecoj kiuj ebligis babiladon kaj konatiĝon kun aliaj personoj.

La someron poste ni partoprenis veran internacian renkontiĝon en Italio, en Verono. Tie mi sentis la agrablecon de la lingvo.

Post mia doktoriĝo en komputiko en 2002, mi trovis laboron en Britio. Mi uzis Pasportan Servon (PS) en Londono kiam mi estis survoje al Kimrio. Eléonore venis ankaŭ vivi kaj labori en apuda urbeto en Kimrio. Ŝi uzis PS kaj konatiĝis kun loka esperantistino, tre afabla, kiu helpis al Eleonore konatiĝi kun la klubanoj iom disigitaj tra la lando.

Jaron poste ni vojaĝis Hispanion kaj uzis esperanton dormante dufoje ĉe esperantistoj de PS. Ĉiuj tiuj hejmaj rilatoj kun novuloj ĉiam pli fortigis miajn sentojn al esperanto.

Kiam ni revenis Francion kaj nian urbon Rennes en 2004, nia loka klubo jam havis kelkajn gejunulojn kiuj vigligis la lokan movadon.

Fine de la sama jaro ni vojaĝis Germanion por partopreni IS – Internacian Seminarion, tre internacian kaj amuzan eventon.

Tamen mi kvazaŭ maturiĝadis por la movado ĝis mia unua IJK en Pollando en Zakopane. La semajna pluvo ne ĝenis min multe ĉar la impresoj pri tiu impona renkontiĝo prenis mian atenton kaj admiron. Homoj el 40 landojn interkompreniĝis en amika etoso, tre malsamaj aktivecoj abundis ĉiutage. Mi sentis min feliĉa! Post semajno de kongreso sekvis la semajno de grupa vojaĝo tra Ĉeĥio kaj Slovakio. Novaj kontaktoj, novaj urboj, novaj spertoj, sed malnova restis la simpleco de la lingvo.

Tiu intensa kunvivado sufiĉis ke mi decidu agi loke. Mi sentis min kapabla gvidi la kurson ĉar estis ja bezono por unu instruisto.

Komence de studenta jaro okazas foiroj de asocioj. Esperantistoj ĉiuaŭtune havas standon kaj disdonas JEFO-kalendareton. Multaj pensas ke estas tre utila kaj ne tuj poste forĵetas ĝin. Gardante kalendaron, interesiĝanto gardas sur ĝi aliflanke la 16 regulojn de la gramatiko kun prononco kaj etaj frazoj. La reta adreso por plia kontakto estas same indikita.

Post la varbado niaflanke kaj informiĝado de la flanko de studentoj, ekis la kurso. Dek personoj ĉeestis la unuan lecionon. Estis universitatanoj, ĉefe de la lingvistika fako, kaj emerituloj. Ĉiu havis siajn motivojn por studi la lingvon.

Sed ju pli pasas la lerna jaro, des malpli da kursanoj restas. La studentoj havas pli da laboro kaj ekzamenoj venas. Manko de la tempo! – ili pardonpetas.

Por mi tio ne gravas ĉar tiuj kvar aŭ kvin kiuj finis la kurson, se junas, nepre vojaĝos kaj mem spertos, kaj se ili pli aĝas, ili restos en la urbo por akcepti vojaĝantojn. La klubo vigliĝas.

La klubanoj renkontiĝas ĉiusemajne kaj interparolas, praktikas la lingvon.

Ja, Eléonore estas unu inter niaj fidelaj klubanoj. Nun ŝi estas mia edzino, ĉar ni organizis nian edziĝfeston en la somero de 2006.

Nia festo estis tradicia katolika edziĝo. En la matenaj horoj okazis ceremonio en preĝejo apud Rennes, en Vezin-le-Coquet. Eléonore havis blankan, longan robon, kun florbukedeto enmane, akompanata de sia patro ŝi eniris la preĝejon. Mi havis same blankan ĉemizon, sed nigrajn pantalonojn, jakon kaj kravaton. Ni interŝanĝis orajn samaspektajn ringojn kaj ni ĵuris esti kune en bono kaj malbono. Ĉiuj familianoj, geamikoj kaj al ni konataj esperantistoj ĉeestis, eĉ venis geamikoj el Kimrio. Dum dankvortoj kiujn Eléonore kaj mi adresis al du cent personoj en la franca, angla kaj esperanto, ni invitis ĉiujn en salonon por la tagmanĝo.

Ni luis la lokon kaj venigis pretan manĝon. Kuiriston ni ankaŭ havis kiu surloke preparis bongustajn francajn pladojn. La manĝo kaj la festo okazis tutan posttagmezon kaj la ĉeestantoj preparis programon: ŝercojn, ludojn, paroladojn, kaj ni amuziĝis ĝis la vespero sidante apud la tablo. Vespere venis muzikantoj kaj ni povis danci ĝis la noktaj horoj. La tagon poste, samloke ni daŭrigis nian ĝojon, ĉi-foje manĝante pli bretonece.

Komprenble ni pagis la fakturon. Tamen ni metis skatolon, se la ĉeestantoj volus kontribui per pago. Kelkaj faris mondonacon. Krom monajn ni ricevis aliajn donacojn. Por ke ne okazu ke ni ricevu multajn samajn aĵojn, ni antaŭe elektis vendejojn kaj indajn por ni aĉetaĵojn. Tiun liston kaj la adreson de la vendejo ni sendis antaŭ la edziĝo, do kun la invitilo. Multaj de niaj gastoj venis kaj donacis por ni ion. En la vendejo ili faris la liston kion oni jam aĉetis kaj proponis aliajn deziratajn objektojn. Kelkaj nur telefone kontaktis la vendejon ĉar ili loĝas fore, aŭ ne havis tempon viziti vendejon, sed la vendejo zorgis pri la aĉetaĵo. Por ni tamen plej gravis ilia ĉeesto dum tia grava, bela kaj emocia evento.

Pensante pri la familia vivo, mi rememoras la vivon kun miaj gepatroj.

Mi naskiĝis la 19-an de marto 1976 en ĉirkaŭa urbo de Parizo kiel unua infano de miaj junaj gepatroj. Jaron poste venis mia frato kiu ĉiam restis mia plejproksima frato kaj amiko. Post pluraj jaroj naskiĝis tri pliaj gefratoj. Nia familio translokiĝadis preskaŭ ĉiun duan jaron. Mia patro kiel laboristo en banko ricevis regule novan kaj alian postenon. Bonŝance ke mia patrino restis hejme. Ŝi zorgis pri ni kvin gefiloj kaj poste, kiam ni komencis forlasi la domon pro la studado, ŝi eklaboris vartante tri aliajn, tre junajn infanojn.

Kiel 18-jara mi venis studi en Rennes kaj de tiam mi ĝojas vivi en tiu urbo. Ekde mia reveno en Rennes en 2004, mi laboras ĉe la universitato kiel instruisto kaj esploristo pri komputiko. Pro mia laboro ofte mi vojaĝas sole eksterlanden.

Nun mi estas en Montrealo kaj morgaŭ mi revenos hejmen. Nur unu semajno mi estis ĉi tie kaj la urbon mi ekŝatis. Ĝi estas kosmopolita urbo, kaj la homoj estas tre afablaj. Estas mirinde ke eĉ sur la nordamerika kontinento mi povas tute simple paroli france.

Mi travivis malvarman klimaton – la neĝon. Mi miris pri ĝia profundeco dum mi promenis sur la insulo St. Helena. Hodiaŭ mi eĉ ŝovelis por ke mi povu eliri de la domo de miaj gastigantoj. Jes, ja! Botojn mi devis aĉeti ĉar miaj ŝuoj ne sufiĉis. La neĝo estas raraĵo en Bretonio, kaj mi volis profiti de tiu blanka kovrilo. Mi deziris gardi memorojn kun plezuro.

Kompreneble mi uzis pasportan servon. Tiel mi povis malkovri la lokan vivmanieron en amikeca etoso. Mi ĉeestis lokan esperanto-kluban, monatan kunvenon. Mi estis bonŝanca ĉar la temo – kuirarto – ne estis temo teoria, sed ni gustumadis bongustajn salajn kaj dolĉajn manĝaĵojn preparitajn de esperantistoj kaj ni trinkis vinon de pomo.

Morgaŭ mi ĉirkaŭbrakumos mian edzinon kaj ŝian sepmonatan ventron. Nia ido eble donos al mi piedbateton de la ena flanko pro feliĉo ke mi revenis.

Ho kia ĝoja printempo atendas nian familion. Post du monatoj ni vivos triope.

(Notitla de Zdravka Metz en 2008)

Tamen, scio ne sufiĉas

Intervjuo kun Benjameno el Usono, kiam li havis 30 jarojn

Mi memoras, dum mia junaĝo, ke mia patro ne laboris... kaj kiam li laboris, li gajnis malmulte da mono. Mia patrino estas artistino. Ĉefe ŝi desegnas sur ligno bruligante ĝin per speciala bruligilo. Ŝi ofte desegnis portretojn de konataj sportistoj, ĉefe basbalistoj*. Ŝi vendis siajn verkojn sed ankaŭ gajnis malmulte da mono. Do, ni havis registaran socian helpon. Mia familio transloĝiĝis plurfoje. Ni ĉiam loĝis en malgranda domo aŭ en urbeto aŭ ekster urbeto apud ŝoseo. Kvankam ni ses homoj (du gepatroj kaj kvar filoj) loĝis kune en malmultaj ĉambroj, ni ne multe aktivis kune. Mia pli aĝa frato ofte eliris al amikoj. Mi kutime legadis sola. Miaj pli junaj fratoj spektadis televidon. La tuta familio foje ludis tablo-ludojn, precipe "Trivial Pursuit", "Scrabble", aŭ "Yahtzee". La junaj fratoj kaj mi pasigis multajn horojn kun *Nintendo*. Fakte, miaj gepatroj ne povis aĉeti al ni novajn komputilajn ludojn. Do, anstataŭ ludi, mi lernis fari programojn por niaj malnovaj komputiloj.

En la 1990-aj jaroj en Usono ekkomencis t. n. labor-programoj. La registaro trovis iun laboron kaj la helpataj personoj nepre devis eklabori por daŭre ricevi financan helpon. Same mia patro devis vojaĝi en urbeton por kontroli akvo-premon. Laborante tie, li konatiĝis kun la persono kiu posedis ligno-segilejon. Li decidis ŝanĝi la laboron kaj ekde tiam li laboras per grandaj segiloj kiuj dissegas grandajn lignaĵojn en diversaj ligno-formoj.

Pensante pri mia familio, ni ja havis ne religiajn sed sociajn ritojn. Mi bone memoras ĉiujn naskiĝtagojn. Ili estis gravaj en nia domo. Tiun tagon la festanto rajtis elekti kion li volas manĝi. Mia patro kuiris ion ajn kion ni mendis. Poste ni manĝis kukon, bakitan de mia patrino, kaj glaciaĵon. Mi naskiĝis la 25-an de septembro 1978. Por mia tago mi ĉiam ŝatis gustumi iun novan manĝaĵon, sed plej ofte ni finis per mia ŝatata karota kuko.

Kristnasko estis la plej granda festo. La patro ŝatis ludi *Avon Frosto* disdonantan donacojn. Matene la 25-an de decembro, kiam ni vekiĝis, ni trovis donacojn en grandaj ŝtrumpoj. Mia patrino kudris

---

* **basbalo:** (angle: baseball) sporto kun batiloj kaj eta pilko, tre populara en Usono kaj aliaj landoj

tiajn ŝtrumpojn kaj ĉiu de ni havis sian koloron. Mia estis la ruĝa! Sub la arbo estis aliaj donacoj. Ni sidis apud la kristnaska arbo, tre tipa tradicio de anglo- kaj germandevenaj usonanoj. Ni loĝis fore de la familio kaj pluraj donacoj venis ankaŭ perpoŝte. Mia patro prenis iun donacon kaj legis la nomon de la donacinto kaj de la ricevonto. La donaco promenis ĝis la ĝusta persono. Por mi tiu festo estis grava festo sed ne havis religian enhavon.

Fakte mi ne estas kredanto de iu religio. Mi ne estis edukita religie. Mia patrino neniam deklaris ĉu ekzistas aŭ ne ekzistas Dio. Mia patro ne edukis min por aŭ kontraŭ religio. Ni neniam diskutis pri tiu temo. Tamen foje kiam ĉe televida programo aperis politika pastro, mia patro reagis havante iom ateistan opinion.

Multaj religioj ne allogas min. La dogmoj danĝeras. Pluraj, ja, havas komunajn, bonajn ideojn pri la homoj kaj ilia interrilato. Tio plaĉas al mi. Tion mi trovas en la esperanto-movado, kaj pro tio mi estas esperanto-kredanto.

Kiam mi estis tre juna mi volis esti kemiisto, kiel mia avo. Scienco interesis min kaj mi kredis ke por sukceso en la vivo plej gravas la scio. Mi studis sola. Multajn librojn ni havis endome kaj mi legis kaj legadis.

La lerneja sistemo komenciĝas kiam infano aĝas kvin jarojn. Tiam lernanto eniras kvazaŭ etan lernejon por adaptiĝi al elementa lernejo por postaj kvar jaroj. Sekvas mezgrada lernejo kvarjara, kaj alta lernejo kvarjara. Do, sume 13 jaroj antaŭ ekstudi ĉe universitato. (Mi ne bezonis studi la 13-an jaron, ĉar mi jam antaŭe sukcesis la finan antaŭuniversitatan ekzamenon.)

En la lernejo mi tre ŝatis partopreni diversajn konkursojn pri la scio kaj mi preskaŭ ĉiam gajnis. Mi ĉiam sciis pli ol la aliaj. Miaj amikoj primokis min kiel lernemulon. Ili konsideris min nenormala. Mi ne interesiĝis pri modo, muziko, aŭ ludiloj de tiu tempo. Mi preferis legadon, kio fariĝis pli kaj pli mia mondo. Mi suferis multe pro la mokado de la lernejanoj.

La lerneja sistemo en Usono estas malbona, aŭ por diri pli ĝuste, por la plimulto de la gepatroj, la lernejo signifas vartejo unue, kaj nur due ĝi estas loko por instruiĝi. Ofte en la lernejo plej gravas la fizika forto kaj ne la mensa.

Bonŝance mi ludis basbalon de mia kvina jariĝo. Mi ludis tre bone malgraŭ mia fizika neforteco. Mia patro bone konis basbalon kaj ĉiutage trejnis min kaj klarigis la taktikon de la ludo. Mi evoluigis mian strategion kaj tiel mi helpis mian teamon.

Basbalo estis la sola temo, sola rilato kiun mi havis kun mia patro. Mia patro trejnis ankaŭ mian pli aĝan fraton kiu estis pli forta ol mi kaj li same bone ludis. Tamen, la rilato kun mi estis aparta. Li rimarkis ke mi ne nur bone kuras, sed mi povis rapide lerni novajn teknikojn. Per lia trejnado mi lernis disciplinon.

Basbalon mi ludis dum dek jaroj. Poste mi devis ĉesi. Miaj ostoj kreskis pli rapide ol miaj muskoloj. Do kiam mi aĝis 15 jarojn, mi ne plu povis daŭrigi sportadon. Krome mi ankaŭ volis dediĉi plian tempon al studado.

Paradokso estis ke pluraj miaj samlernejanoj kiuj priridis min en la lernejo, respektis min sur la tereno.

Kiam mi estis 13-jara miaj gepatroj decidis ke mi ĉesu la regulan lernejon kaj mi ekstudis hejme sola. Miaj gepatroj ne povis helpi min en tiu hejma lernejo, ĉar mi jam post kelkaj jaroj de baza lernejo sciis pli ol ili pri la temoj kiuj interesis min.

Studado endome tute ŝanĝis mian vivon. Mi loĝis en enuiga montaro en norda Pensilvanio en nordorienta Usono. Mi dormis tage, vespermanĝis kun la familio, iom ripozis rigardante televidon. Kiam ĉiuj enlitiĝis, pli-malpli noktomeze, mi komencis studi ĝis la 5-a horo matene.

Plej ofte, mi studis lingvojn kaj lingvistikon. Kiel komencanta lernanto pri lingvistiko, mi ŝatis librojn de Mario Pei. En la lasta ĉapitro de iu libro, Pei menciis esperanton. La ideo de internacia lingvo ekinteresis min; precipe, internacia lingvo ŝajnis tre utila kaj necesa por nia konfuza mondo. Tamen, mi ne povis trovi pliajn informojn pri esperanto. Mi serĉis en granda biblioteko de la proksima universitato, sed trovis nenion. Do, mi preskaŭ forgesis esperanton.

Hazarde, en publika biblioteko de la urbeto Wellsboro, mi trovis la libron "Esperanto" de Richardson. Iu donacis ĝin, kaj ial la bibliotekestro ne forĵetis ĝin kvankam ĉiam mankis lokoj por novaj libroj. Mi prenis la libron kaj rapide tralegis ĝin. La gramatiko ŝajnis tre simpla, kaj mi jam konis multajn vortojn el aliaj lingvoj, kiujn mi studis. Je la fino de la libro, mi trovis adreson de perpoŝta kurso de esperanto. Tiel mi plue studis esperanton per la dekleciona kurso de la fama Cathy Schulze.

Mi finis la esperanto-studadon en 1995 kaj Cathy sendis al mi la diplomon "Kun distingo". Ŝi ankaŭ sendis adresojn de esperantistoj, kiuj serĉis korespondantojn. Tiel mi ekkorespondis kun pluraj homoj tra la mondo: Irano, Portugalio, Kubo. Per tiu simpla sperto de komunikado, mi komprenis la povon de esperanto.

Ankaŭ en 1995, je la aĝo de 16 jaroj, mi finis mian hejmlernadon. Mi ricevis diplomon, kiu nomiĝas angle "General Educational Development" (Ĝenerala Eduka Evoluo; GED). Mi eniris universitaton. Dum mia universitata studado mi loĝis ĉe la gepatroj. Ĉiutage, diversmaniere mi devis pasi sep mejlojn (11 kilometrojn). Plejofte veturis min mia patro ĉar li laboris en la sama urbeto. Foje mi biciklis aŭ marŝis. Mi memoras ke mi amikiĝis kun unu policisto, kiu ankaŭ foje veturigis min hejmen. Bedaŭrinde, kvankam mi prelegis pri esperanto en mia universtitato, mi restis la sola esperantisto en mia regiono.

En 1996, mi finfine havis veran interparoladon por la unua fojo en Rusio. Mi planis studi en la ŝtata universitato en Volgogrado. Antaŭ la vojaĝo mi retpoŝtis al rusoj pri mia alveno, sed neniu respondis. Do, mi ne sciis, ĉu iu atendos min. Jam en Volgogrado, mi ekloĝis en studenta domo kaj post kelkaj tagoj iu frapis mian pordon. Junulo ĉe la pordo demandis min ĉu mi parolas esperanton. Mi ŝokiĝis. Dum li parolis la lingvon mi ekbalbutis pro surprizo. Mi eltrovis ke li nomiĝas Edik. Ni facile amikiĝis kaj dum mia estado en Volgogrado ni havis plurajn longajn koversaciojn. Edik daŭre estas movadano kaj li organizas esperanto-eventojn en Rusio.

En 1997 mi partoprenis en Vaŝingtono junularan esperantistan semajnfinon. Ĝi estis por mi la unua vere internacia renkontiĝo. Tie mi konatiĝis kun Erinjo, Normando kaj aliaj partoprenantoj el aliaj landoj. Tiu simpla komunikado imponis min. Mi komprenis la veron. Esperanto funkcias.

Kiam mi eklernis la internacian lingvon, neniu instruis al mi pri la kulturo de esperanto. Mi simple lernis ĝin per mia sperto, rimarkante komunajn ideojn de esperantistoj. Tiel mi iĝis pli ol esperanto-lernanto. Mi iĝis esperanto-kredanto. Mi iĝis esperanto.

Laŭ Zamenhof, ĉiu, kiu iel ajn uzas esperanton estas esperantisto. Mi diras, ke mi estas ne nur esperantisto, sed esperanto-kredanto. Laŭ mi esperanto-kredanto estas tiu, kiu kredas, ke esperanto utilas por internacia komunikado. La esperanto-kredanto ne taksas esperanton kiel nuran ludilon aŭ studobjekton. esperanto-kredanto ne tuj komparas esperanton al Ido, la klingona, la kvenja, aŭ la lojĝbana. Esperanto-kredanto nek komparas esperanton al ŝako aŭ al ilo por amasigi poŝtmarkojn. Esperanto-kredanto ne miras pro la konstato, ke esperanto estas vera lingvo, kiun multaj homoj uzas por komuniki pri diversaj temoj.

Mi fakte estas idealisme finvenkisto. Parenteze, mi foje ekpripensas akiri aliajn pruvojn de mia esperanto-kapablo (ekz-e per ekzamenoj de ILEI), sed mi ankoraŭ pridubas la indecon.

Esperanton mi uzis dum mia vojaĝo al Meksiko en 1998, kiam mi dumsomere volis plibonigi mian scion de la hispana ĉe universitato en St. Miguel de Allende, ŝtato Guanajuato (meza ŝtato de Meksiko). Mi sciis ke mi devas traveturi Meksikurbon kaj mi elsendis demandon por helpo. Nur unu respondon mi ricevis de juna esperantistino, Anita, kies familio estis konata por gastigado en tiu urbego. Veninte tien, ni rapide fariĝis geamikoj, poste korespondadis interrete.

En 1999, mi ricevis diplomon pri la hispana lingvo, sed mi ne trovis laboron en la ĉirkaŭaĵo. Mi eklaboris kiel komputila programisto en malgranda, fiaskonta firmao. Mi frustriĝis.

Mi pensis pri mia lasta feliĉo. Tio estis en Meksiko kaj mi trovis ian laboreton en St. Miguel de Allende.

Survoje mi reiris Meksikurbon kaj vizitis Anitan. Nia rilato ŝanĝiĝis. Mi ekamis ŝin kaj same mia vivo subite ŝanĝiĝis.

Mi ne leĝe laboris. Anita helpis al mi trovi alian laboron, same ne oficialan, sed almenaŭ en ŝia urbo. Mi laboris sub ŝia nomo kaj ŝi baldaŭe samloke enposteniĝis. La danĝero estis malpli granda ke oni malkovru mian neleĝecon.

Du monatojn post mia transloĝiĝo al Meksikurbo, ŝi gravediĝis. Komence mi ĝojis pensante ke mi havos esperanto-familion. Poste mi komencis timi pro mia statuso. Ne ŝajnis al mi normale labori sub ŝia nomo. Mi volis iĝi meksikano, havi ŝtatanecon kaj vivi sen tiu zorgo kvazaŭ krimulo. Neniu volis helpi al mi kaj mi decidis ke ni iru vivi en Usono. Mi kredis ke almenaŭ mia infano havu certajn sociajn privilegiojn kiuj, ja, ekzistas en Usono.

Ni loĝis en la kamparo, ĉe miaj gepatroj. Anita ne ŝatis la kamparon, ĉar ŝi estas ido de urbego. Ŝi ne estis feliĉa kaj mi ne trovis laboron. La ekonomio suferis, kaj usonaj firmaoj ekrifuzis dungi progamistojn sen diplomo pri komputiko.

Mia filo, Axel Emilio, naskiĝis en januaro 2001. En februaro, mi provis eklabori en Kanado, sed tio estis denove kontraŭleĝa. Mi laboris tre mallonge. Reveninte al Usono, mi ne trovis laboron. Mi ankoraŭ ne havis diplomon en la komputila fako, do ankoraŭ neniu volis dungi min.

En aŭgusto mi rekomencis studi ĉe universitato, sed tiufoje pri komputiloj. En decembro Anita decidis reiri Meksikon. Tiam mia filo havis dek monatojn. Li estis tro juna kaj mi facile akceptis ke ŝi zorgu pri li. Mi donis al ŝi miajn kreditkartojn ke ŝi kaj li ne manku la necesajn rimedojn. Ŝi misuzis la kreditkartojn kaj miaj ŝuldoj grandiĝis. Tiutempe mi nur studis kaj mi estis devigita malvalidigi miajn kreditkartojn.

Mi vizitis Anitan kaj mian filon trifoje. Mi rimarkis ke li estas amata de lia meksika familio kaj al li nenio mankas. Mi lastafoje vizitis lin en 2004, je lia tria naskiĝtago.

Nun Axel parolas nur hispane kaj Anita volas ke li lernu la anglan. Do, mi skribas angle kaj ŝi tradukas al li. Tio estas la sola komunikado kiun mi nun havas kun mia filo.

Dum jaroj mi provis ion ŝanĝi por ke li venu Usonon, sed Anita ne akceptis. Mi decidis ke mi ne batalu kun la patrino. Mi komprenis ke mi faris ĉion kion mi povis. Mi scias ke mia filo bonfartas. Li havas multnombrajn familianojn kiuj ja zorgas pri li. Li kreskos kaj iam povos decidi por si kie li volas loĝi. Li havas la civitanecon de Usono, sed ĉi tie daŭre ekzistas sociaj problemoj, ĉefe la rasismo. La hispanparolantoj — precipe meksikanoj – ne estas samnivele traktataj personoj. Sed tion ni lasu al estonto kaj li. Mi ĉiam estas preta doni la manon al li. Pormomente – se mi ne estas en Meksikurbo, mi ne kaŭzas problemojn.

En 2005 mi ekkonis Jessica. Ŝi multe helpis al mi kompreni ke mi ne estas la sama homo kiu mi estis antaŭ kelkaj jaroj. Miaj antaŭaj revoj pri familio jam ne validas. Mi lernis akcepti tiun ĉi veron, kvankam mi neniam tute paciĝos.

Monatojn post la ekkonatiĝo, Jessica proponis ke mi translokiĝu al ŝia urbo, Harrisburgo. Mi akceptis kaj post tri monatoj mi trovis laboron.

Kiam mi konatiĝis kun Jessica, ŝi tuj dekomence komprenis la signifon de esperanto por mi. Samtempe ŝi eklernis esperanton sola, unue pere de mi donacita libro kaj poste per komputila programo *Lernu*. Pasintsomere ni decidis ĉeesti "Rusiajn Esperanto-Tagojn '07" (organizitajn de mia amiko, Edik). Pli ol 250 personoj partoprenis ĝin veninte de tuta Rusio kaj aliaj landoj. Tiuj nur du semajnoj sufiĉis ke ŝi nun flue parolas kaj ĉion komprenas. Krome ŝi vere spertis la simplecon kaj profundecon de esperanto kaj la esperantan kulturon, pri kio mi ofte rakontis al ŝi kiel vera kredanto.

Kiel eta, mi kredis ke la plej utila por la sukceso en la vivo estas scio. Mi volis lerni. Pro tio mi studis faktojn, legis vortarojn kaj enciklopediojn kaj mi ja scias multon. Mia problemo estis la sama kiel ĉe multaj tro intelektaj personoj. Einstein ĉiam pensis pri nerealaĵoj. Lia dua edzino komprenis lin kaj ŝi zorgis pri ĉiaj ĉiutagaj banalaĵoj.

Tamen, scio ne sufiĉas.

Mi longe ne komprenis kiel vivi inter la homoj. Homoj ne estas raciaj kaj logikaj kiel mi opiniis kaj deziregis. Tamen mi devas vivi kun ili. Mi ŝokiĝis, kiam mi ekkonsciis tion – se mi nur posedas scion sen bona homa komunikado, tio estas kvazaŭ mi estus nur libro, aŭ komputilo.

Fakte ne gravas ĉu mi scias multon. Gravas ankaŭ lerni pri la ĉiutaga vivo. Lernu utilajn aferojn: pri ekonomio, homoj, vivo ordinara. Oni ne povas manĝi siajn pensojn, sciojn.

Esti inteligenta ne signifas sukceson.

Oni devas trovi ekvilibron en la vivo. Mi ofte serĉas ekvilibron per muziko. Per muziko mi meditas pri diversaj aferoj, kaj foje simple ripozas.

Mi komencis muzikumi kiam mi aĝis kvin jarojn. Miaj gepatroj havis plurajn etajn muzikilojn. En baza lernejo mi lernis legi notojn kaj ekstudis blovinstrumentojn: trompeton, klarineton kaj saksofonon. Ĉe mia avino mi trovis malnovan gitaron kaj ĝin mi ekludis dum miaj solecaj hejmstudaj jaroj. La gitaro estis sufiĉe simpla kaj facile portebla instrumento, kaj ludante ĝin mi povis ankaŭ kanti. Dum horoj mi sidis sur la lito (la ĉambro estis tro eta por havi seĝon) kaj mi muzikis. Mi komencis kolekti kordajn instrumentojn. Dum pluraj vojaĝoj mia kolekto riĉiĝis. Inter la ŝatataj muzikiloj estas ukulelo, mandolino, kaj ĉarango el suda ameriko. Ofte mi kunportas unu el miaj instrumentoj al la esperanto-renkontiĝoj kaj ludas kaj kantas kun ĝoja koro.

Nun mi lernas gorĝkanti. Estas mirinde kiel oni povas du-tri notoj samtempe kanti. Mi esperas gorĝkanti iam en esperanto publike.

(Notita de Zdravka Metz en 2008)

Infanoj kun lernaj problemoj

Intervjuo kun Daniela el Montrealo, Kanado, kiam ŝi havis 47 jarojn

Mi naskiĝis dum decembro 1960 en Rouyn-Noranda, Kebekio. Plurfoje mi aŭdis pri tiu nasko, kiu estis laŭ mia patrino terura sperto. Tiam ŝi feliĉe preparis sin por la alveno de la tria bebo. Ŝi konis teknikon de spirado kiu helpas malpli senti la kutiman doloron de la kontrakturoj. Sed, en la fora urbeto en kiun mia familio ĵus translokiĝis, tiaj novaj nask-manieroj ankoraŭ ne atingis la hospitalon...

En momento de kontrakturo, mia patrino komencis anheli laŭ la konata tekniko. La flegistino pensis ke ŝi havis ian krizon kaj ŝi komencis forte skuii ŝin. Mia patro intervenis kaj provis klarigi ke ŝi jam tiel naskis du infanojn kaj ke li povis certigi ke ĉio okazis normale. La flegistinoj kuris serĉi la deĵorantan kuraciston, kiu tuj forpelis mian patron ekster la ĉambron kaj kriaĉadis al mia patrino por ke ŝi agu normale kaj ne provu trudi al li ŝiajn ideojn. Mia patrino kvazaŭ freneziĝis pro kolero. Ŝi tute ne volis naski en tia agresiva etoso. En la momento kiam ŝi ne plu povis elteni la agresivecon de ĉiuj, ŝi petis injekton kaj baldaŭ endormiĝis. Kelkajn minutojn poste, mi alvenis... Fuŝita unua rendevuo kaj tutvivaj bedaŭroj...

Mi klare sentas ke tiu tro streĉa, tute ne bonveniga naskiĝo kiel unua sperto en la mondo, enskribiĝis profunde en mia subkonscio. Eble pro ĝi, mi de la komenco fariĝis ege sentema je iu ajn agreso. (Eĉ muŝojn, araneojn, formikojn mi neniam mortigas. Se ili eniras mian domon, mi nur forpelos ilin aŭ portos ilin eksteren... se la vetero bonas.)

Mia patrino, kiu estis aktorino en Kebekio, forlasis la televidan medion kaj restis hejme por siaj infanoj. Ŝi estas instruita kaj klera virino, kaj ŝi kreive instruis al mi legi pere de vortafiŝetoj kiam mi estis tri jaraĝa. Same tiel ŝi faris antaŭe kun miaj du gefratoj. Ĉar mi scipovis flue legi longe antaŭ la oficiala aĝo de ses jaroj, mi eniris la unuan gradon de lernejo kiam mi estis kvin. Verŝajne tiam, dank'al tempodona kaj interesa patrino, estis jam decidita ke mi iam, kiel ŝi, instruos kaj eksperimentos.

Kiam mi estis naŭjara, ni translokiĝis en Ŝerbrukon pro la laboro de mia patro. Tie mia lernejo troviĝis tuj antaŭ la domo kaj matene mi restis kun mia patrino ĝis aŭdiĝis la sonorilo. Mi vivis harmonie en tiu elementa lernejo kie oni aplikis novajn, modernajn instrumetodojn. Senprobleme mi sukcesis en baza lernejo, ĉefe mi lertis en lego kaj verko.

Kiam mi estis dek-unu-jara, miaj gepatroj disiĝis. Mi tiam sentis timon pri la vivo, kvazaŭ ĝi faris al mi malbonan ŝercon. Jam mi havis artistan spiriton kaj havis tendencon pli revi ol vivi en la realo. De tiam eĉ pli mi enfermiĝis en mia mensa mondo.

La saman periodon, mi eniris mezgradan lernejon. Ĝi troviĝis en monaĥinejo kaj pluraj monaĥinoj estis miaj instruistinoj. En matematiko, oni daŭre uzis malnovajn instrumetodojn, tre malsimilaj al tiuj kiujn mi konis en la elementa lernejo. Mi tuj vidis ke mankis al mi scioj. Tamen, pro la familia situacio, mi nek trovis la forton nek la kuraĝon pli studi aŭ peti helpon de miaj pli aĝaj gefratoj. Mi do malpli kaj malpli komprenis dum la lecionoj.

Malfeliĉe, mia instruistino ŝatis nur bonajn lernantinojn. Al ŝi nur gravis scio, sukceso. Anstataŭ provi pli laborigi min kaj helpi por ke mi sukcesu, ŝi malestime kaj agreseme traktis min kaj aktive sentigis al mi ke mi nenion valoris. Pro nekomprenebla kialo, mi neniam plendis pri io ajn al mia patrino.

Mi bone memoras iun tagon, kiam la instruistino disdonadis ekzamenajn paperojn. Veninte ĝis mi, ŝi naŭze grimacis kaj preterpasis min sen doni al mi la foliojn. Humiligita, mi devis ekstari antaŭ la okuloj de ĉiuj klasanoj por iri mem preni ilin desur ŝia tablo. Aliajn fojojn, ŝi venigis min al la tabulo. Ĉar mi ne povis kompletigi la kalkulojn, ĉefe pro la timo devi rilati kun ŝi, ŝi prenis mian montrofingron kaj frapadis per ĝi la ciferojn sur la tabulo.

Jam psikologie malfortigita de la hejmaj eventoj, tiu ĉiutaga perforto en la lernejo estis vere troa. Nur en mia imaga mondo mi trovis protekton. En la klaso, mi forgesis aŭskulti kaj nature mi ricevis eĉ pli malbonajn rezultojn ĉe la ekzamenoj. Mi konstante suferis pro streĉo kaj mi sekve malsaniĝis. Iun tagon, mi ne plu povis moviĝi kaj oni devis porti min al malsanulejo. Dum tri jaroj mi havis la saman instruistinon.

Mi senbedaŭre finis la mezgradajn lernejajn jarojn kaj komencis studojn pri lingvoj en kolegio. La vivo tie estis pli libera, pli facila. Mi enamiĝis. Mi estis tre feliĉa. Dek-ok-jaraj, mia amiko kaj mi eklogîs kune en eta apartamento dum ni atendis ke liberigu logejo en kooperativo.

En la gepatra hejmo restis nur la plej juna filo. Mia patrino decidis vendi la familian domon. La problemo farigîs nia tre maljuna hundo, Robin. Ĉiuj diris ke oni devus mortigi ĝin. Tiu ideo estis al mi tute ne tolerebla. Tiam mi prenis Robin kun mi.

La tagon kiam mia koramiko eksciis ke ni fine havis apartamenton en la kooperativo, li venis serĉi min ĉe la kolegio por ke ni ambaŭ iru viziti ĝin. Tiam li konfesis ke, konante la malpermeson pri endomaj bestoj en la nova logejo, li matene portis mian hundon al bestkuracisto kaj donis ĝin por endormigi...

Mia cerbo simple ne povis trakti tian teruran novaĵon. Anstataŭ plori, riproĉi, koleregi kontraŭ mia koramiko, kiu fakte perfortigis ion sanktan, ĉiuj miaj emocioj haltis. Nekredeble, mi dankis lin, kvazaŭ li faris bonkorecan agon. Ekde tiu momento, mi preskaŭ neniam plu pensis pri mia hundo, sed mi nun scias ke mia granda ĉagreno kaj mia kolerego, forpelitaj en mian subkonscion, tamen sekrete influis min dum la postaj tridek jaroj.

La vivo en la nova apartamento ne tiom ĝojis kiom la antaŭa. Mi baldaŭ komencis havi maniojn konstante devi okupi mian menson por ke mi kvietiĝu. Pli kaj pli, mia lernolaboro okupis mian tutan tempon: legi, serĉi informojn, imagi, verki. Nutri min kaj dormi ne plu aspektis konsiderindaj aktivaĵoj.

La Emociliberiga Tekniko (*EFT- Emotional Freedom Techniques*) estis al mi mirakleca donaco por la solvo de miaj emociaj problemoj. Mi malkovris ĝin de terapiisto post okazo de brulanta reaktoro dum aviadila vojaĝo. Dum ununura renkonto li tute forpelis mian timon denove forflugi.

Kreita antaŭ deko da jaroj, la metodo EFT estas bazita sur akupunkturo sed aplikata al psikologio. Ĝi ebligas identigi la "kaŝitajn malamikojn" kaj efike trakti la spiritajn vundojn, eĉ tiujn kaŭzitajn dum frua aĝo. Krome la frapetado de la punktoj vere kuracas la emociajn dolorojn de la pasinteco kaj restarigas pli bonan mensan staton. Tiu preciza fingrotuŝo vekas memoraĵojn kaj oni ofte, mirige, malkovras gravajn respondojn. Estas kutima afero en psikologio senti doloron kiam oni revenigas al la konscio tiajn travivaĵojn. Tiu tekniko EFT estas nekredeble efika kaj multe malpli doloriga.

Plufoje, pere de ĝi, mi komprenis ke ŝajne tute ne gravaj eventoj fakte okupis impresan lokon en mia kapo. Antaŭe, mi ekzemple neniam pensis ke la mortigo de mia hundo povis reprezenti iun ajn postan problemon. Dank'al ĝi, mi fine flegis tiun sekretan vundon kaj ne plu bezonis ĉiel okupi mian menson. Mi ankaŭ denove povis profunde spiri. Tion mi ne faris de la komenco de la mezlernejaj jaroj.

Mi decidis amplekse studi EFT por kapabli efike helpi aliulojn. Mi nun lernas ankaŭ aliajn bonajn teknikojn, sed tiu plu konservos ĉe mi apartan intereson, pro tio ke ĝi estas senpage kaj facile baze uzebla, eĉ de etaj infanoj. Mi sentas la devon transdoni tiun konon al kiel eble plej multaj homoj, ĉefe al gepatroj.

En universitato, mi studis pedagogion kaj interesiĝis pri lernoproblemoj. Mi nun konsideras EFT kiel necesan helpilon en tiuj kazoj. Ĉe lernantoj, emociaj vundoj ofte okupas tiom da spaco en la menso, ke kreiĝas nepreterpasebla rezisto al lerno. Se foje estas veraj neŭrologiaj kaŭzoj (aperas ja pli kaj pli da verŝajne veraj kazoj nuntempe), "balai" la klas-rilatajn kaj nerilatajn pezajn emociojn ĉirkaŭ ili pli heligas la situacion kaj jam ebligas progreson.

Mi interesiĝis pri la rakonto de virino kiu neniam sukcesis legi, ĉar la literlinioj konstante moviĝis antaŭ ŝiaj okuloj. Pere de la metodo EFT, ŝi mense ekvidis stangetaron de beba lito. Eble, kiel bebo, ŝi puŝis la kapon inter du stangetoj kaj restis kaptita? La nura certo estis ke la linioj simbolis ĉe ŝi danĝeron. Kiam la timo enskribita en ŝi kuraciĝis dank'al la frapetitaj akupunkturaj punktoj, la surpaperaj literaj linioj simple trankviliĝis kaj de tiam ne plu moviĝas.

Por helpi infanojn kun lernaj problemoj, mi ankaŭ studis korpan terapion. Temas pri la Padovan-metodo, kreita de Beatriz Padovan en Brazilo. Ĝi ebligas al la cerbo pli efikigi la ligojn inter la neŭronoj.

Ofte, infano ja lernis nociojn kaj faktojn sed, pro netaŭga cerba funkcio, poste ne sukcesas retrovi ilin. Okjara lernanto kun kiu mi uzis la metodon diris: "Antaŭe mi havis ĉion en la kapo, sed ĉio estis en tirkestoj kun pendseruroj. Nun mi trovis ŝlosilojn kaj mi povas malfermi la tirkestojn."

La metodo Padovan estas ankaŭ uzita por helpi maljunulojn kiuj komencas malpli bone memori; profesiajn atletojn kiuj deziras eĉ pli lertiĝi en siaj sportoj; personojn kiuj suferas pro la Parkinson-malsano; epilepsiulojn kaj multajn aliajn personojn. La filino de s-ino Padovan, Sonia, kuracisto, uzas ĉiujare por si mem la teknikon dum tri semajnoj, nur por pli bone fizike kaj mense farti. Ŝi rakontis al mi ke dum tiuj periodoj, ŝi interalie retrovas multege da forgesitaj memoroj.

La metodo estas kutime same aplikata de unu persono al la alia, sendepende de la problemoj kiujn oni celas reguligi. Ĝi baze konsistas el mov-sekvenco kiu kopias la mov-evoluon de la homaro kaj simile de la bebo, de antaŭnaskiĝo ĝis la dupieda irado. La pricerbaj serĉoj montras ke ĉiu bone sukcesita etapo (ekzemple unuflanka rampado, duflanka, kvarpieda irado, ktp) korespondas al preciza neŭrologia organizo.

Februaron 2008 mi kreis retpaĝaron, *petit-bipede.com*, kies nomo signifas "dupieda etulo". Pere de ĝi, mi dividos ideojn kaj transdonos miajn konojn al gepatroj. Tiel interalie ili ebligu naturan mov-evoluon de siaj beboj kaj do, samtempe, de la evoluantaj junaj cerboj. Mi celas tiel helpi preventi aperon de multaj novaj kazoj de lerno-problemoj ĉe infanoj.

Post mia studado en la universitato de Ŝerbruko, mi translokiĝis al Montrealo kaj instruis en infanĝardeno. Poste, mi laboris en juda bazlernejo kie mi fariĝis konsilanto pri la instruo de la franca lingvo. Mi tiam konceptis diverstipan instrumaterialon pri lego kaj lerno de la franca, kaj ĝuis povi rekte kontroli tion kio funkcias kaj tion kio estas malpli efika aŭ interesa laŭ vidpunkto de infanoj kaj de instruistinoj mem. Dum tiuj jaroj, mi publikigis ĉe eldonisto kolekton da lernejaj libroj.

En 1990, kiam mi naskis mian filon, Rumen (franclingve Romain), mi forlasis mian postenon kaj prefere instruis nur du tagojn semajne kiel ortopedagogo en privata centro. Mi renkontis ses- ĝis dek-kvar-jarajn lernantojn po unu horo ĉiufoje. Plaĉis al mi esti en proksima rilato kun ili, sed unu horo semajne komprenegble ne sufiĉis por superplenumigi al ili ĉiujn paŝojn ne ankoraŭ regitajn. Mi ne konsentis pri tio ke, ekzemple, dekjara infano kun scioj pli similaj al tiuj de la unua grado, restu en sia kvina klaso la tutan semajnon kaj laboru nur unu fojon semajne laŭ sia vera nivelo. Mi revis pri sistemo kiu ebligus al miaj lernantoj forlasi la lernejon dum kelkaj

monatoj. Dum tiu tempo mi povus intense kaj multe pli profite labo-
rigi ilin, kvazaŭ mi instruus al miaj gefiloj.

Jam antaŭ ol naskiĝis mia filo, mi decidis ke mi ne sendos lin
frue al lernejo, se li entute eĉ irus. Mi aŭdis pri hejma edukado kel-
kajn jarojn antaŭe. La ideo ŝajnis al mi nova, strangeta kaj alloga. Ĝi
revenigis al mi memorojn pri miaj lernojaroj kaj pri la malfacilaĵoj
kiujn mi travivis tiam. Malantaŭ kvazaŭ ŝlositaj klaspordoj,
instruisto troviĝas sola kun infanoj kaj tiel havas super ili povon,
ne ĉiam bonan. Mi, sentema, artistema knabino, ricevis daŭran, ne
taŭgan impreson de negativa persono.

Mi sentis ke ne sendi infanon al lernejo estis bona ideo, almenaŭ
kiam li estis tre juna. Estis certe ke mi povis proponi al li bonan
medion kaj edukadon. Li povis, pli bone ol en lernejo, perfekte lerni
sian patrinan lingvon, kio estas bazo de liaj postaj sukcesoj.

Mi interesiĝis pri instruado de legado al beboj kaj pasie eksperi-
mentis kun mia fileto ekde kiam li estis okmonata. Mi legis al li
francan historion, klasikan literaturon. Poste li ne nur aŭskultis
sed lernis ludante. Li facilege, tutnature kaj gaje lernis. Estis bela
aventuro.

Kiam Rumen iĝis kvar, mi kreis la hejman lernejon *Vinci*, por
infanoj de kvar ĝis dek jaroj. Por starigi tiun projekton, mi kunlaboris
kun aliaj pasiaj gepatroj kiuj, depende de siaj fakoj, gvidis praktikajn
kursojn kiel esperanto, sorobano (japana kalkulilo-tekniko), monda
historio, japana kulturo, elektraj cirkvitoj, kaj tiel plu. Tiel la infanoj,
kiuj ne frekventis oficialajn lernejojn, povis renkonti unu la aliajn kaj
lerni en protektita medio ĉe donemaj personoj kiuj bonvolis senpage
transdoni siajn konojn.

Poste, mi malfermis infanvartejon en mia domo kaj donis hejme
lecionojn al pli aĝaj infanoj kiuj havis malfacilaĵojn lerni. Tiel mia filo
ĉiam havis regulajn kontaktojn kun infanoj, aldone kun la grupoj
de muziko, de mandarena lingvo (kiun li mem decidis lerni) kaj de
sporto. Dank'al la ĉeesto de etuloj kaj de beboj, li lernis dividi sian
domon, siajn ludilojn, kaj plej malfacile, la atenton de sia patrino.

Kiel antaŭdecidinte, mi mem instruis al Rumen. Kiam li iĝis dek-
unu-jara, li decidis eniri publikan alternativan lernejon. Li tuj tre ŝatis
lerni tie, ĉirkaŭita de geamikoj. Li nun lernas en privata mezlernejo
kaj ne sopiras la domon. Li tamen ĝojas ke li havis la ŝancon travivi

tiun pli longan ol kutime hejman periodon kaj li ŝatus doni al siaj infanoj la saman elekto-eblecon.

Mi aŭdis pri esperanto en 1988 ĉe stando de libro-ekspozicio kaj mi estis tre allogita de la ideo. Kiel infano, mi plurfoje kreis sekretajn kodojn por povi komuniki mesaĝojn kaj mi memstare lernis la hispanan pere de instrulibro.

Post dekleciona perpoŝta kurso, mi ekvizitis esperanto-klubon. Mi povis iomete kompreni, sed mi ĉefe provis traduki ĉiun vorton unu post la alia, kaj kompreneble ĉio iris multe tro rapide. Iun vesperon ni kantis. Devi legi la vortojn je rapideco de la muziko multe helpis al mi rezigni pri ĉiuvorta traduko kaj plifleksebligi mian menson. Mi tuj pli bone komprenis kaj ekparoletis.

Aspektas nun al mi amuze ke, kvankam mi spektis viglajn konversaciojn inter la klubanoj, ankoraŭ ne trafis mian cerbon la ideo ke esperanto estas ja vera lingvo... Foje mi babilis france pri esperanto kun Normando, tiama prezidanto de la kebekia asocio. Li rakontis pri siaj du denaskuloj, Damir kaj Mira. Ili parolis france, kroate, kaj en tutfamilia situacio, esperante. Pri tiu lasta mi multe demandis. Al mi ŝajnis neebla ke infanetoj flue, memstare, uzu tiun "artefaritan porintelektulan komunikilon". Kiam mi fine renkontis ilin kaj kiam mi ĉeestis tutesperantlingvan disputon inter ili, mi estis ege impresita. Iĝis tuj klare al mi ke esperanto estas ja vera, tute natura lingvo. La saman impreson mi tuj havis, la saman tagon, kiam mi rekonis la kovrilpaĝon de la bildrakontoj *Asteriks* kaj *Tinĉjo*, tre famaj en francparolantaj landoj, sed ĉifoje kun esperantaj titoloj!

Kiam mi instruis la francan al junaj judaj lernantoj, mi plurfoje bedaŭris ke mi ne anstataŭe ricevis taskon instrui esperanton. La infanoj, pro la natura bezono de sendependeco, fidis al ŝajnaj reguloj por mem krei tute kompreneblajn lingvaĵojn. Sed mi devis malkuraĝigi tiujn belajn iniciatojn pro "malbonaj" uzoj de esceptoj. Esperanto ŝajnas al mi tiom pli respekta de la homa cerbo kaj de la kreado ol la franca!

En 1989, mi planis unujaran restadon en orienta Eŭropo kun mia eksedzo. Li ne parolis esperanton, nek tre kredis je la efiko de ĝi por flue komuniki en alilingvaj landoj. Tamen li ne volis riski, se riveliĝus vere, devi dependi de mi por rilati kun homoj. Dum li atendis min unu monaton en Francio, li aĉetis lernolibron kaj lernis sola.

Ni vivis kvin belegajn monatojn en Bulgario, kaj pliajn kvar monatojn en Budapeŝto (Hungario), Moskvo kaj Vladimir (Sovet-Unio), Pollando, Germanio kaj Francio. Dum tiu vojaĝo, ni preskaŭ nur en esperanto parolis. Ege malofte ni uzis la anglan, eĉ surstrate aŭ en bankoj. Tamen multe pli ofte la landanoj alparolis nin germane.

Kiam mi havis mian bebon, Rumen, mi nur komence parolis al li en esperanto. Iam, kiam li estis dujara, mi esperantlingve petis de li ke li prenu mian ĉapelon kaj ke li metu ĝin sur miajn piedojn por protekti ilin kontraŭ la suno. Li tuj ekridis kaj faris tion. Mi ege miris konstatante ke li komprenis. Li eĉ ne ŝajnis rimarki ke mi uzis alian lingvon ol la franca. Tio instigis min pli ofte uzi esperanton kun li.

Rumen do ĉiam komprenis sed pro nebezono ne ekparolis la lingvon antaŭ kvinsemajna vojaĝo al Ĉinio, en 2004. Tiam li estis dekjara. Post du tagoj da ludoj kaj ridoj en Pekino kun dek-kvar-jara ĉina knabino, Spirita (filino de Xiao Li), li jam nature esprimis sin en esperanto.

Antaŭ longe, en la ĉarmega vilaĝo de Koprivŝtitsa, en Bulgario, mi havis ideojn por romano pri la kreo de esperanto. Mi komencis verki tiun fantazian historion, kiu celas veki intereson al esperanto ĉe infanoj inter naŭ kaj dek-tri jaroj. La libro enhavos verajn informojn, miksitajn kun inventaĵoj. Mi finis la unuan version sed konstatis ke mi enmetis tro da seriozaĵoj kaj ne sufiĉe pensis laŭ la menso de infano. La rakonto devos iĝi pli ĝojiga. Mi nun havas tro malmulte da libera tempo por plu labori pri tiu kara projekto, sed mi nepre revenos kiel eble plej baldaŭ al ĝi.

De tempo al tempo mi pensas pri tio kion mi farus pere de mia mono se mi gajnus plurajn milionojn da dolaroj ĉe loterio. Aldone kun apogo al projektoj kiuj helpus komunumojn havigi al si trinke-blan akvon, mi ŝatus helpi al la disvastigo de esperanto.

Revo kiun mi havas de longe estas krei feri-vilaĝon kie ĉio okazus kaj aperus en esperanto. Oni reklamus pri ĝi kiel vojaĝo al alia lando kaj oni multon farus por ke la homoj sentu sin eksterlande. Estus landlimo kun deviga prezento de pasporto. La mono estus malsimila, kvankam samvalora kiel la landa. Estus apartaj arkitek-turaj elementoj kaj la menuoj de la restoracioj ne estus naciecaj. Ĉiuj personoj kiuj laborus tie nek unu vorton dirus alilingve ol en esperanto, krom tradukistoj kunigitaj en centro kien oni povus veni por klarigoj pri vortoj aŭ por lerni kiel diri ion. Estus ebleco por la "vojaĝanto", ne for de sia domo, travivi kaj travivigi al siaj infanoj kaj amikoj la fremdigon kiun oni vere sentas kiam oni forveturas al malsamaj landoj.

Mi jam imagas min tie, ŝajnige ke mi ne komprenas la francan kaj tiel helpante la homojn pli rapide lerni esperanton en utiliga medio.

Jam en nia klubejo mi tiel agas. Kiam venas iu kiu komencas lerni la lingvon, mi kredigas al la persono ke mi estas rusino kiu vizitas la klubon dum vojaĝo, kaj ke mi nur ruse kaj esperante parolas. Mi tiam nomas min Daniela Varaĵdina (el nomo de kroata urbo, patrujo de amikino).

Mi ĉiufoje rimarkas ke la homoj tuj pli kuraĝas provi paroli en esperanto kun mi ol kun aliaj francparolantoj, ĉar ili ja bezonas ĝin por respondi al miaj demandoj. Ili ankaŭ vere provas kompreni min, dum ilia cerbo iel haltas antaŭ francparolantoj kiuj alparolas ilin en esperanto. Kun mi, nek estas ĝeno nek timemo.

Ĉe la fino de la renkonto, jes, mi diras ke mi parolas la francan kaj mi klarigas la kialon de tiu aktoraĵo. Sed mi ne diras pri la unua kialo: mi tiom amuziĝas fari tion!

(Notita de Zdravka Metz en 2008)

Libereco

Intervjuo kun Jano el Kanado, kiam li havis 27 jarojn

Sento de libereco feliĉigas min.

Liberecon mi sentas biciklante. Mi ekas kiam mi pretas, mi rapidas kiel mi emas, mi pedalas laŭ bezono. Mia biciklo atendas min fidele ŝlosita ĉe korta barilo kaj ĉe universitato kie estas biciklaj parklokoj. Mi biciklas eĉ nun, dum la vintro kaj sur la neĝo. Hodiaŭ stratoj kaj trotuaroj surhavas blankan, puran neĝon, ĉar ĵus falis novaj 20 centimetroj. Jes, oni ne facile biciklas. Pro tio mi uzas la mezon de la strato ĉar tie plej facilas.

Aŭtomobiloj iom forpuŝas la neĝon kaj ne tiom dikas la tavolo. La tagon de neĝa ŝtormo ĉiuj ŝoforoj pli atentas kaj ne rapidas.

Bicikladon en vintraj kondiĉoj mi konsideras kiel ekstreman sporton. La stratoj en Montrealo ne restas longe blankaj ĉar grandaj maŝinoj forpuŝas la neĝon kaj poste oni facile kaj sekure biciklas pli proksime al trotuaroj. La sola malfacilaĵo restas la malvarmeco kiun mi sentas nur kelkajn unuajn minutojn. Poste mi eĉ ŝvitas.

Mia naskiĝtago estas la 9-a de marto kaj tiu tago estas kvazaŭ kalendaro por mi. Mi observas la klimaton. Mi iam festis tiun tagon kun amikoj sidante sur teraso kiam estis +20° C, sed mi travivis same tagon kun –10° C, foje kun neĝo, foje kun pluvo kaj ĉi jare kun rekorda alteco de la neĝo tutvintre. Pli ol tri metrojn falis en nia urbo.

La klimato ŝanĝiĝas. Kion fari? La registaro tiom malrapidas agi.

Ĵus en februaro, mi biciklis kun dudek aliaj personoj, nome de Teresto, kiuj ekis el diversaj urboj por atingi Kebekon. Nia grupo biciklis de Montrealo tri tagojn, pli ol 300 kilometrojn, eĉ dum neĝstormo, ĉar ni havis rendevuon kun la ministro pri ekologio por transdoni al li mesaĝon de junuloj. Do, ni ne povis interrompi la bicikladon. Jes, ni pruvis ke eblas bicikli sub ĉiuj kondiĉoj, eĉ vintraj.

En 2006 mi biciklis kun protektantoj de la naturo ĝis Otavo kaj portis mesaĝon de junuloj al la ministro.

De junio 2007 mi estis matura por prezenti frenezecan ideon al geamikoj kaj familianoj kaj ili rimarkis mian decidemon.

Pasintan someron mi fariĝis senhejmulo. Ili akceptis min tia. Mi vivis ĉe amikoj interŝanĝante servojn. Foje mi dormis en hamako aŭ tendo en ies korto kaj eĉ sur la Reĝa monto en arbaro, iom pli fore de lampoj metitaj de la urbo. Tiel mi ofte spertis kiel oni devas adaptiĝi rapide kaj vivi la nunan momenton.

Esti senhejmulo datas de la mezlernejo kiam mi revis pri libereco. Tiam mi volis esti senhejmulo. Sed tiam mi ne precize sciis kion mi volis. Tamen, la daŭra bildo kaj deziro restis. Nun mi realigas revojn de mia juneco. Tio kio surprizas miajn geamikojn estas mia ĝojo kaj kono pri la mondo (vidante iun senhejmulon, oni havas antaŭjuĝojn).

Mi ŝatus ke la homoj akceptu aliajn, eĉ se ili malsimilas kaj eĉ se ili malbone aspektas. Tiu libereco de senhejmulo donis al mi la eblecon foriri kiam mi volis. Kiam mi sentis la deziron de ŝanĝo, mi simple metis en mian dorsosakon miajn du-tri ĉemizojn, kelkajn parojn da ŝtrumpojn kaj aliajn vestaĵojn, miajn librojn, kaj mi foriris. Mi ne sentis min ligita, devigita por resti ie.

Mi havas amikinon kun kiu mi travivis tre belajn momentojn kaj ŝi komprenas min. Tamen mi baldaŭ luos apartamenton kun ŝi. Mi nun preskaŭ venas ĝis la fino de mia mastriĝo ĉe universitato.

Fakte, artefarita inteligenteco, informatiko ne tro rilatas al mia revo kaj miaj ideoj pri ekologio kaj naturo. Tamen kiam mi decidis studi informatikon post la kolegio, ŝajnis al mi ke ĝi estos facila, ĉar mi komprenis la maŝinojn.

Pasintjare mi partoprenis en la skriba laboro la konkurson "Fortoj – estonteco 2007" ("Forces – Avenir"). La Universitato de Kebekio serĉas ĉiujare la plej bonajn studentojn de diversurbaj universitatoj. Mia laboro estis elektita kaj mi restis ankaŭ, unu inter tri studentoj post la intervjuo. La premiitoj estis invititaj ĉeesti en Ŝerbruko la gala-vesperon kaj tre luksan vespermanĝon. Tio estis iom tro. Mi preferas ĉiam la simplecon.

Kiel juna mi rekonis mian inteligentecon. Ĝi savis min ek de mia translokiĝo en Ŝerbrukon. La duan jaron de elementa lernejo mi komencis per singardo. Rapide mi rimarkis problemojn de mia tri jarojn pli aĝa frato. Do mi ĉirkaŭigis min kun pli aĝaj kaj pli fortaj amikoj kiuj protektis min, interŝanĝante mian helpon por lernejaj taskoj kaj ellaborita plano de komunaj aktivecoj.

Tiam inteligenteco por mi estis povo, kaj povo necesas por ŝanĝi la mondon.

Artefarita inteligenteco kaj miaj vivspertoj helpis malkovri la saĝecon – ĝui en la vivo pli bonas ol la sento de povo.

Komence mi estis tro volema. Mi volis ŝanĝi aliajn. Mi volis ke aliaj ŝanĝiĝu, sed tiel ili perdus siajn emojn. Nun mi komprenas. Oni ne povas ŝanĝi aliajn se ili ne volas ŝanĝiĝi. Oni povas nur helpi ke aliaj ŝanĝiĝu. Inteligenteco provas ŝanĝi la aliajn, sed la saĝeco estas ŝanĝi sin. Pli kaj pli mi spertis – se mia vero bonas por mi, alies vero bonas por aliulo. Ni povas malsimili kaj daŭre esti amikoj...

Fido estas la plej grava. Kun fido oni sukcesas ĉion.

Uzi komputilojn estas utile por kunlaboro kaj helpo pere de la reto. Ni povas dividi ĉiujn informojn kaj facile komuniki en iu ajn momento. Ekzistas diversaj projektoj pozitivaj.

Sed mi scias ke estas ĉiam ankaŭ alia flanko, la kontraŭo ekzistas. Estas home agi tiel. Tiu alia grupo interesiĝas pri mono, kvazaŭ ili ne komprenas ke mono same havas sian naturan ciklon.

Kiam iu fariĝas posedanto de naturaj aferoj, sen konsideri la naturan ciklon – tiam aperas la danĝero. Same okazas kun la mono.

Materialaĵoj povas distancigi iun de la naturo.

Mi ne pensas ke mono estas malbona. Estas ĉiam la maniero, kiel oni uzas ĝin: bona aŭ malbona. Gardi la monon por la futuro, por si, tio malproksimigas vin de la nuna tempo. En la socio kiam io ne funkcias, ne mono mankas, mankas la volo. Tion mi spertis laborante en pluraj projektoj.

Same en mia familio, la monon ni ĉiam havis sufiĉe. Mia patro estis maŝinteknikisto sur ŝipoj de la kanada armeo. Pro tio miaj gepatroj multe translokiĝadis – de oriento al okcidento de Kanado, eĉ vivis kun mia frato en Britio. Mia familio vivis en Halifakso kiam mi naskiĝis en 1981, sed du jarojn poste ni ekloĝis en Sorel. Tio estas malgranda urbeto, kie ĉiuj konas unu la alian kaj havas bonajn amikajn rilatojn en la najbaraĵo. En Sorel mi eniris la unuan jaron de elementa lernejo. Multaj gepatroj partoprenis postklasajn aktivecojn de la lernejo kun infanoj. Mi ŝatis la lernejon kaj ĉio estis facila por mi.

La duan klason mi ekkomencis en Ŝerbruko.

Por mi tio estis ŝoko, ĉar la lernejo estis tre granda, la gepatroj ne kutimis veni al lernejo kaj mankis plenkreskuloj en la lerneja korto.

La infanoj estis ĉiam en grupoj kiuj batalis unu kontraŭ la alia. Ŝajnis al mi kvazaŭ iu sovaĝa medio. La instruistoj ne povis facile kontroli ĉion kaj ofte ili nur kriis al lernantoj. Mia frato havis multajn problemojn. Mi ĉirkaŭis min kun pli fortaj kaj pli grandaj amikoj kiuj protektis min. Mi estis nature malgranda kaj ne ŝatis batalojn. Strategiojn por venki mi ankaŭ prilaboris kaj mi sentis min sekura. Nur kelkfoje mi devis batali kaj estis negrave vundita.

Ofte mi sentis maljustecon kiun travivadis mia frato. Mi estis proksima al li ĉar kun li mi dividis ĉambron kaj ofte en mallumo, antaŭ ekdormi, ni interparoladis. Foje ni ja batalis, sed tio estis nur frata batalo, kiel ekzerca luktado, aŭ pro eta konflikto.

Post sesjara elementa lernejo sekvis kvinjara mezgrada lernejo. La unuaj tri jaroj pasis relative bone en la daŭra ĝangala situacio de la lernejo.

Mi komencis konsciiĝi pri socia organizado. Mi malkontentis. Eĉ foje mi estis kolera. Mi emis protesti. Kiel 15-jara junulo, mi komencis ludi muzikon, amikiĝis kun junuloj kiuj ne interesiĝis pri lernejo. Ni organizis alternativan rokgrupon. Mi mem lernis gitarludi kaj ludis bas-gitaron en nia muzika grupo kaj perkutinstrumentojn. Mi dediĉis mian tempon al muziko.

Same kiel amikoj, mi ne plu interesiĝis pri la lernejo kaj ŝajnis al mi tempoperdo sidi tie. Mi volis esti libera kaj pleje malŝatis kiam iu devigis min ion fari. En la lernejo mi ne identiĝis kun valoroj kiuj ne estis la miaj. Mi perdis intereson. Mi revis pri konstruado de dometo en arbaro. Mi perdadis mian estimon.

Iu ofertis al mi mariĥuanon. Mi akceptis. Komence mi havis monon por aĉeti ĉar miaj gepatroj donadis al mi ĉiusemajne dek dolarojn. Poste tio ne sufiĉis kaj mi decidis eklabori en japana restoracio. Tie laboris la patrino de mia amiko. Unue mi lavis telerojn kaj poste mi estis kelnero. Tamen mi neniam fumis antaŭ iri labori kaj neniu rimarkis ke mi prenas drogon. Mi ekfumis cigaredojn por iom kaŝi la odoron. Dum du aŭ tri jaroj daŭris tiu nigra periodo. Iun tagon mi ekfumis ne fore de la lernejo kaj iu vidis min. Mi devis iri al la direktoro, kiu punis min ke dum unu semajno mi ne venu al la lernejon kaj ke mi ne partoprenu klasekskurson.

Miaj gepatroj ne plu fidis min kaj postulis ke mi iru nur labori kaj ke mi tuj poste revenu hejmen. Ili sendis min al psikologo. Li demandis min ĉu mi havas problemon. Mi respondis ke ne, pensante ke la drogo ne estis mia problemo. Fakte, la socio estis mia problemo. Li kredis mian nean respondon kaj sendis min hejmen. Mi sentis ke mia tiama vivo fariĝis mensogo.

Mi respektis miajn gepatrojn. Ofte mi estis hejme. Mia scivolemo savis min. La gepatroj ekfidis min. De tiam ĉio pliboniĝis. Mi bone finis la mezgradan lernejon, pasigis la someron pli en la naturo, tranĉante branĉojn de kristnaskaj arbedoj en plantejo.

Mi enskribiĝis en kolegio. Kolegio estas la alta lernejo por eklerni ian teknikon dum tri jaroj, aŭ nur du se temas pri antaŭuniversitata edukado. Mi volis rapide havi diplomon kaj mi elektis mekanikan teknikon.

Mi sukcesis tre bone, la plej bona studento mi estis kaj mi decidis ekstudi ĉe universitato. Mi elektis la urbon Montrealo kaj enskribiĝis ĉe kebekia universitato elektinte la informatikajn studojn.

Montrealo impresis min pro ĝia komuna transporto, la metroo, kaj pro la multnombraj enmigrantoj kiuj abundis pli ol en Ŝerbruko. Tie jam mi partoprenis en ĝemeliĝo de enmigrantoj kunlaborante kun du kolombianoj de Suda Ameriko. Dum mi helpis ilin plibonigi la francan, ili praktikis kun mi la hispanan, kiun mi iom lernis dum la kurso en lernejo. Mi ankaŭ delonge amikiĝis kun bonaj vjetnamoj. Mi ŝatis ilian kulturon, simplajn manĝojn. Ili estis afablaj kaj pacemaj kaj ili daŭre estas miaj amikoj.

Mi estis tre ĝoja kaj komencis revi pri vojaĝo al Azio. Ĝi ja realiĝis en 2004 kiam, post unujara engaĝiĝo en studenta interŝanĝo ĉe kolegio, mi ricevis sesmonatan restadon en Honkongo. Por mi tio estis persona projekto. Mi sentis min libera kaj ĝuis kaj ĝojis tiele. De Honkongo mi havis la eblecon trifoje viziti Ĉinion. Unue tio estis grupa vojaĝo al Pekino per aviadilo, kaj mi povis vidi ĉiujn konatajn kaj grandajn vizitindaĵojn.

La duan fojon mi kuraĝis sole trajni al Kantono. Tiu sperto de simpla vivo de la homoj kiuj ne havas multon sed ĝojas pri la vivo tre influis min. Impresis min la foto de Mao en pluraj domoj, eĉ se ili rakontis pri tiu malfacila tempo en Ĉinio.

La trian vojaĝon mi faris triope – kun amiko kaj lia koramikino, kiu estis ĉinino. Ŝi parolis la kantonan kaj mandarenan, ĉar aliel ili ne komprenus nin. Mi malmulte parolas la mandarenan. La vilaĝo estis en montaro, en norda Yun Nan. En tiu vilaĝo estis interesa komunumo. Mi dirus kulturo de virinoj. Fakte virinoj estis pli edukitaj kaj prizorgis kampon, hejmon, kudradon kaj komercon. Avinoj havas estran povon. Ili estas posedantoj de la domo kaj ili vivas kun sia filo dumtage, kaj dum la nokto la filo povas iri al iu virino. La viroj patrinigas virinon sed ne restas vivi kun siaj infanoj. Pri infanoj zorgas larĝa familio kaj ne gravas al kiu patro apartenas iu infano.

En la domo kie ni vivis, la avino ekŝatis min kiel la filon. Mi sentis tre fortan ligon kun tiu familio.

Ŝajnis al mi kvazaŭ la forto venas de iu viv-volo. Ĝi estas tiom grava. Multe pli ol aro da aĵoj kiujn portas civilizacio.

Mi konsciis pri la graveco de konscio, menso. Menso gravas pli ol tio kio estas ekstere.

Mi sentis la forton de la naturo. Ĝis tiam mi vivis en grandaj urboj, ne iris al arbaro. Homoj vivis de fiŝkaptado, aliaj konstruis stratojn kaj vojojn kiuj ne simplis en tia montara regiono. Vespere, dum la manĝo ni ludis ĉinan ŝakon kio estis maniero komuniki, almenaŭ interŝanĝi ridojn kaj vivĝojon. Infanoj havis malbonfunkciantajn biciklojn kiujn mi provadis ripari. Mi tre komfortas kun infanoj kaj amikoj.

Dum tiu studenta interŝanĝo mi plifortigis miajn interesojn: lingvoj, kulturoj, tropikaj plantoj, tradiciaj vivmanieroj. Samjare mi decidis daŭrigi miajn studojn kaj enskribiĝis por mastriĝo. De tiu tempo mi planis vojaĝon, pli kamparan, al Suda Ameriko. Mi kaj mia fratino kune organizis ĉion – trovante gastigojn per *World Wide Opportunities on Organic Farms* (Tutmondaj Eblecoj en Ekologiaj Bienoj; WWOOF), por vojaĝi al Kostariko. Tuj ni informiĝis pri la organizo, kiu laborigas volontulojn kiuj poste laboras en ekologiaj bienoj.

Antaŭ la vojaĝo mi partoprenis seminarion en kebekia vilaĝo pri tekniko kaj konstruado de ekologiaj domoj, pri bienoj kaj loĝejoj, pri daŭripova filozofio kiu sekvas naturan ciklon. La domo uzas pluv-akvon, kiu post la uzado akvumas la ĝardenon, aŭ alien en la naturo fluas. Tio nomiĝas "permakulturo". En la vilaĝo, mi vivis ĉe ekologia farmbieno. Mi lernis pri ĝardenado kaj kiun planton kreskigi apud kiu, por ke ili kune protektiĝu de insektoj. Tia daŭra kultivado helpas pensi pri ekologiaj konsekvencoj de ĉiu ago, kaj ĉiutage.

Miaj studoj kaj konoj estis alte taksataj de brita paro en Kostariko kiu aĉetis 100 hektarojn da tero, ĉefe arbaron kaj herbejon por bestoj. Ili konstruis novan domon kaj disponis al mia fratino kaj mi la malnovan. Dum la mateno ni laboris kun ili ĉe la projekto kaj posttagmeze ni ĝardenis ĉirkaŭ la malnova domo. Ni plantis ekzotikajn fruktojn kaj ilia kreskado amuzis nin, ni nutris bestojn kaj preparis bongustajn sanigajn pladojn.

Vere estis interesa sperto. Por la unua fojo ni vivis la ritmon de la naturo. Ni vekiĝis pro la suno kaj ni, lacaj de taga laboro, facile ekdormis. Ni ne bezonis uzi horloĝon. Mi sentis harmonion kun la ĉirkaŭaĵo. Mi sentis min malstreĉa, ne devis rapidi kaj mi estis kontenta de miaj agoj. Unuvorte, mi estis feliĉa dum tiuj kvin semajnoj en Kostariko.

Tiu travivaĵo proksimigis min al mia fratino. Ni havis la samajn geamikojn. Ni bone komprenis unu la alian.

Reveninte de Kostariko mi sentis min ŝanĝita, ĉiam ĝoja kaj optimisma, sed malpli ema al Montrealo. La naturo kaj kampara vivo allogis min. Fakte Kostarikon ni volis reveni, cele serĉi bienon por ni.

Kiel ŝatanto de lingvoj mi jam parolis hispane kaj iom mandarene. Ĉe la reto mi legis pri esperanto kiel lingvo kaj pri ĝia paca filozofio. Mi trovis kurson. Post unua leciono mi konstatis veran facilecon. Post du semajnoj mi jam finis tutan kurson de la Esperanto-Societo Kebekia (ESK). Mi enŝutis la programon por mem korektado. Poste mi trovis *Lernu,* kies sistemon mi ne ŝatis. Tamen post tri semajnoj mi decidis iri al Montreala Esperanto-Domo por partopreni kluban vesperon. Mi aŭskultis kaj ankaŭ ekparolis. Mi estis profunde impresita ke mi povis jam paroli. Esperantajn librojn mi rimarkis kaj tuj mi kelkajn aĉetis.

Estis fruktodona tiu jaro 2005. Mi fondis la organizon *La Teresto* en oktobro, en kiu aktivas inter 10 kaj 100 personoj. La celo estas krei kunlaboron, partopreni agadojn en Montrealo, kaj kiel socia klubo iri kune al la naturo. Vivi simple kaj modeste. La tria celo estas uzi retpoŝton por disvastigo de ideoj kaj artikoloj pri tiuj temoj.

Mi havis entuziasmon kaj volis ligi ekologion kun humanismaj organizoj kiu povintus uzi esperanton. Mi tradukis ĉion pri Teresto en esperanto kaj kreis retejon. Mi provis kuraĝigi miajn geamikojn ke ili lernu esperanton. Sed ili ne estis tiom entuziasmaj kiel mi. Mi legis rakontojn de Claude Piron kaj Nanatasis. Estis tiom flua kaj ĝuinda legado. Mi komprenis ĉion. Mi kredis ke mi regas la lingvon por esprimi min, por partopreni diskuton. Mi akceptis eniri la estraron de ESK por unu jaro.

Socie mi estas aktiva en diversaj porekologiaj aktivecoj.

Post ekologia festo en aprilo 2006, kiun mi organizis kun mia fratino Vickie kaj aliaj junuloj, mi foriris al Kostariko por trovi bienon. Dum tiu tempo geamikoj devis veni por vojaĝi en Kostariko kaj helpi al ni. ALa amikinoj, Marie-Chantal kaj Andrea, venis por fari dokumentan filmon pri la lando kaj la bieno (la filmo estos preta baldaŭ, en aprilo). Ni vizitis 40 bienojn buse kaj marŝante. Ni preskaŭ aĉetis bienon, sed la posendantino ĉe la fino de negocado ne havis paperojn kaj ni decidis ne aĉeti.

Reveninte mi sentis la bezonon iom soliĝi. En Sutton, eta vilaĝo en Kebekio, okazis la dektaga meditado *Vipassana* en budisma centro. Laŭ tiu metodo mi povis senti ĉion kio okazas en mia korpo. Sed mi ne devis reagi, eĉ se la sento estis malagrabla. Meditante, oni pense transiras ĉiujn partojn de la korpo. Ses ĝis sep horojn tage mi meditis. Mi lernis ke multaj malsanoj venas de psikaj problemoj aŭ rilatoj interpersonaj. Meditante mi devis trovi kio estas bona por mi, ĉar tion ne povas diri alia persono.

Mi forlasis la praktikadon de katolika religio en kiu mi estis edukita. Miaj gepatroj konatiĝis dum preĝejaj aktivecoj kaj ni ĉiuj ja vivis laŭ katolika tradicio. Sed tro da malpermesoj, tro da ordonoj kion fari, forigis min de tiu religia kutimo.

Al mia liberema spirito multe pli konvenas budisma meditado. Mi praktikas ĝin laŭ mia plaĉo.

Mi ŝatas la vivon kaj nepre mi volas dividi tiun senton, dividi kaj doni esperon kaj fidon al la aliaj ke iliaj bonaj ideoj realiĝu. Gravas ke iu persono povu sekvi sian revon kaj la aliaj donu tiun ŝancon.

Ĉiuvendrede mi dividas, disdonas la panon kiel ĉiutagan plezuron. Temas pri projekto ke oni reuzu bonan panon (ne blankan kaj komercan, sed nutran). Ni kontaktis certajn panbakejojn kaj ĉiuvendrede ni iras kaj prenas la restantan stokon. Ni portas ĉion al mia amiko kaj tie venas la personoj kaj senpage prenas ĝin, aŭ foje ni portas certan kvanton al kelkaj familioj. Tiu projekto kunlaboris kun granda kebekia socia forumo, en aŭtuno 2007, kaj ni nutris dum tri tagoj po 5000 personojn tage. Estis grandega sukceso, kun la manĝoj vegetaraj. Ĉio estis ankaŭ senpage.

Mi rapide venas al ekologio kaj helpo per laboro. Por mi gravas kiel oni povas daŭre esti libera kaj elekti por si mem.

Mia rilato kun la gepatroj multe ŝanĝiĝis. Kiel junulo mi ne estis proksima al ili. Mi evitis diri ion, mi prisilentis. Nun mi bone rilatas kun ili.

Nun mi estas pli memfida. Mi sentas min pli malfermita. Mi spertas ke mia vojo povas esti bona same kiel alies vojo. Mi pli ofte esprimas mian opinion. Mi vivas kun sento de libereco aŭ sendependeco, kaj tio feliĉigas min.

(Notita de Zdravka Metz en 2008)

Kebekiema mi estas

Intervjuo kun Jero el Kanado, kiam li havis 31 jarojn

En 2001 mi translokiĝis al Montrealo. Mi jam plurfoje vizitis grande-gan, multetnan urbon. Montrealo havas plurajn universitatojn kaj mi, junulo de provinco, decidis ekstudi industrian dezajnon. Komence de la studenta jaro mi venis vivi en Montrealo. Tiu translokiĝo estis granda planita ŝanĝo por mi. Tiu momento ja estis ankaŭ stimula. Ĝi estis maniero memkreski. Vivante en Montrealo estas videble kaj aŭdeble ke en ĝi vivas enmigrantoj kies kulturo tute malsamas al la mia. Laŭ plej novaj informoj, pli ol duono de la montrealaj infanoj ne parolas la francan endome. La kebekia lingvo kaj kulturo estas minacataj. Por vigligi mian kulturon, mi provas partopreni kebekiajn vesperojn de danco, lerni plekti zonojn kun sagoformoj, nepre festi la tagon de Sankta Johano la Baptisto – kebekian festotagon... Fakte, tiun feston mi ŝatas partopreni en mia vilaĝo pro komuna manĝo, sufiĉa biero, ĝojaj personoj, kebekiaj kantoj aŭ dancoj kaj nepre granda, speciale preparita fajro. Fajro lumigas, kvazaŭe por daŭrigi tagon en la nokto de babilado, rido kaj kantado de niaj vilaĝanoj kiuj tiun tagon, same kiel mi, revenas al siaj devenhejmoj kaj vizi-tas familianojn, ofte pli maljunaj. Gejunuloj kiuj restas en vilaĝo, plejparte havas nur bazan edukadon. Ili daŭrigas vivi simple kiel vivis iliaj geavoj solidareme kun bonaj kunloĝantoj. Ili ja laboras kaj vivas, organizas vilaĝajn festojn, ludas hokeon. Mi feliĉas ke tamen kelkaj junuloj restas tie kaj daŭrigas la vivon de "bela provinco" – tio iam estis skribita sur aŭtomobilaj registrado-tabuletoj. Hodiaŭ sur tiaj tabuletoj estas skribita la slogano: "Je me souviens" ("Mi mem-oras"). Jes, mi memoros ĉiam mian vilaĝan devenon kaj ĉion ligi-tan kun Sankta Andreo de Kamurasko al kiu mi certe revenos post kelkaj jaroj. Mi naskiĝis en la kamuraska regiono kie mi vivis ĝis la translokiĝo al Montrealo. En la regiono vivas preskaŭ nur denaskaj kebekianoj, ili havas la saman kulturon, ili parolas malnovan fran-can, la tiel nomatan kebekian lingvon, ili ŝatas ŝerci kaj ili ofte paro-las kun certa humuro. Printempe kelkaj personoj iras al acerejo kaj helpas la rikolton de acera suko por produkti bongustan siropon. Somere oni vivas ekstere, piknikas ofte. En aŭtuno oni portas lignon pli proksime al la domo, legomoj eniras kelajn malvarmajn deponejojn, oni frostigas mirtelojn kaj frambojn. Frostoŝrankoj pleniĝas. Tiel oni preparas sin por la venonta vintro. Diversspecaj kukurboj kaj sekaj tigoj de maizo restas la lastaj sur kampoj. La oranĝa koloro de grandaj kaj malgrandaj kukurboj videblas de malproksime. Kiam ĉio blankas pro la neĝo, endome estas varme. Kristnaske kaj novjare, familianoj renkontiĝas por dividi tradiciajn vintrajn kaj tre kolorajn manĝojn, organizante dumnoktan ludadon kaj muzikadon, simple profitante la tempon esti kune... Mi "ensuĉis, manĝegis" ĉi kulturon kaj kompreneble mi plej ŝatas ĝin. Mi estas preta defendi ĝin parolante kun kelkaj kiuj deklaras sin sennaciemaj. Foje mi demandas min – ĉu ili estas perditaj; ĉu ili ne ŝatas sian kulturon; ĉu esti sennaciema signifas esti senkultura? Por mi esti kebekiema estas parto de mia vivĝojo. Mi kompreneble ĝojas reveni en mian vilaĝon, Sankta Andreo, kaj partopreni la feston de Sankta Johano. Ne estas eraro skribi pri sanktuloj. En Kebekio ekzistas pli ol 9820 lokoj kiuj portas nomon de iu sanktulo. Jes, Kebekianoj apartenas origine al katolika religio. En ĉiuj vilaĝoj unue konstruiĝis preĝejo kaj poste lernejo. Pastroj ludis gravegan rolon en la historio de Kebekio. Ili, same kiel kelkaj kuracistoj kaj raraj notistoj, estis la solaj kiuj kapablis skribi. Ili estis instruitaj kaj agis kiel urbestroj antaŭ la kreado de urbestrejoj. Pro tio ili havis grandan povon ankaŭ en la familia vivo de la multnombra popolo. Ili kontrolis ke ĉiujare grandiĝu familioj, ili organizis vilaĝajn, komunajn laborojn, festojn, ili protektis la lingvon, grandigis popolon kaj gardis tradiciojn. Mi ne certas se tio estis bona afero, sed mi scias ke tio ekzistis. Feliĉe, post la tempo, homoj lernis kiel sin memregi. Ni vivas nun en demokratio. Sankta Andreo estis unu de tiaj vilaĝoj kies loĝantoj konas unu la alian, partoprenas festojn kaj solidarecas kun iu kiu estas malbonŝanca. Mi ĉiam memoras, kiam unu agrikulturisto havis akcidenton kaj perdis unu brakon pro turnanta maŝino, la loĝantoj organizis dejoradon. Ĉiutage iu alia prizorgis liajn bestojn dum li ne organiziĝis. Iu alia familio ne havis sufiĉe da ligno por la vintro. Ĉiuj solidarecis por ke la familio havu same varman domon. Fakte nia familio venis vivi en tiun vilaĝon kiam mia patrino akceptis proponon de maljuna sinjoro, por kiu ŝi laboris jam de ses monatoj. Li proponis donaci sian domon al nia familio kondiĉe ke ni zorgu pri li ĝis sia morto. Li ne estis nia familiano, sed por mi li estis kiel avo. Mi havis naŭ jarojn kiam enloĝiĝis nia familio, la gepatroj kaj du filoj. La plej aĝa frato jam estis edziĝita. Li ne vivis plu kun ni. Mi ofte parolis kun la maljunuleto kaj li ludis kun mi. Li ĉeestis kun ni ĉiujn festojn kaj li fariĝis nia familiano dum ok jaroj, ĝis lia morto.

En Sankta Andreo estas nur elementa lernejo. Mi estis ĝia lernanto. Ni estis 55 infanoj dividitaj en tri klasoj kun tri geinstruistoj. Nur la geinstruistoj pri muziko kaj sporto venis de apuda urbo. Poste al tiu apuda urbo ankaŭ ni mezlernejanoj veturis per lerneja aŭtobuso. Mi naskiĝis la 3-an de junio 1977. Trankvila blondulo mi estis, laŭ la rakontoj de mia patrino. Foje oni menciis ke mi estis saĝa infano. Mi estis ĉiam tro juna por miaj du grandaj fratoj, pli ol dek jarojn pli aĝaj ol mi. Mi memoras ke mi eliradis la domon por ludi kun geamikoj. Ĉar ne estis multaj geknaboj, ne eblis elekti amikojn. Do, ĉiuj aliaj infanoj estis miaj amikoj. Inter la ludoj neforgeseblaj estas la ludoj kun neĝo. Neĝajn fortikaĵojn ni desegnis surpapere jam antaŭ la vintro kaj mi ŝategis konstrui ilin per vera neĝo. Same ni faris kaj ĵetis neĝpilkojn, ni biciklis somere, ni marŝis tra arbaroj kun la celo malkovri, esplori ion novan. Foje ni vidis bestojn kiuj kaŝiĝis ĉar ektimis nin. Ni mem ne konis timon. La sola timo estis aŭtomobiloj dum ni biciklis. Tra la vilaĝo pasas rapida vojo kaj akcidentoj jam okazis. Niaj gepatroj instruis al ni esti singardaj. En la vilaĝo estis kreita tereno por ludo kiu havis rolon kiel ĉefa placo, en kiu kolektiĝis la gejunuloj de vilaĝo. Ni elpensis novajn ludojn, ni ludis spionojn, piratojn… Nun kiam mi estas plenkreska, mi scias ke ni ludis kun sento de libereco. Tre spontanee, sen iaj reguloj. Mi ŝatis komunajn manĝojn, aktivecojn, kaj poste kiam mi estis junulo kaj kapabla labori mi ĉiam helpis ke iu aktiveco okazu. Mi fariĝis prezidanto de Iniciata Centro por Kulturo kaj Turismo de Kamurasko. Malnovan lernejon oni transformis en informcentron kiu estis malfermita tutan someron. Mankis la mono por varmigi la lokon dumvintre. Same vizitantoj promenas nur somere kaj ni tre fieris montri etan kolektaĵon de malnovaj objektoj montritaj ĉe ekspoziciejo. Samtempe ni donis informojn pri vizitindaĵoj en la regiono. Mi tre ŝatis kunlabori ĉe projekto de genealogio de niaj loĝantoj. Ni prenis informon en paroĥa registro pri mortintaj personoj. Same ni transskribadis nomojn kaj jarojn de ĉiu tombo trovita ene de nia tombejo. Estis tre interese ke en 1950 vivis eĉ du mil personoj (hodiaŭ nur 650). En la vilaĝo estis granda nombro da infanoj kiuj mortis pro malriĉeco – do malbona nutrado, malsano. Ĉiuprintempe multaj malsaniĝadis pro bakterioj en la akvo. Iam pro manko de antibiotikoj infanoj post sufero mortis. Eĉ hodiaŭ oni devas kelkfoje printempe boligi la akvon. Jes, la akvokondukaĵo alvenis samtempe kun elektro, telefono kaj telegrafo jam en la tridekaj jaroj de la dudeka jarcento. Tre frue, kompare kun aliaj vilaĝoj. La bonŝanca moderniĝo okazis pro ekzistanta fabriko de riĉa posedanto kiu vivis en la vilaĝo. Kiam mi estis 11-jara, miaj gepatroj aĉetis komputilon por mi. Mi ŝatis ludi, sed mi same multe lernis per ĝi. Mi malkovris mian talenton por arto, por desegni. Ofte mi facile trovis grafikajn solvojn por iu amiko, por iu evento aŭ ies bezono. Foje mi desegnis mane kaj foje per komputilo. Tiun grafikan konon mi uzas ankaŭ hodiaŭ kiam ĉefe esperantistoj petas mian helpon por oficialaj leterpaperoj kaj kovertoj, por la simbolo de TAKE 7 ktp.

Post la mezgrada lernejo mi decidis studi ĉe kolegio pri violonfarado. Mi ĉesis jam post unu sesio ĉar mi komprenis ke tiu studo ne helpos al mi trovi laboron. Mi bezonis monon, do laboron. Aŭtomobilon mi ne havis, en la regiono ne ekzistis publika transporto. Mi eklaboris en porkobuĉejo kiu troviĝis en apuda vilaĝo. Mi akceptis, eĉ kiam mi rimarkis la unuan tagon ke laboristoj estas ofte malagrablaj. Mia ĉiutaga laboro estis fortranĉi du mil porkajn langojn kaj same tiom da koroj, kaj la viandpecon inter pulmoj. La laboro fariĝis tute mekanika, monotona, stultiga kaj malbone pagata post 50-hora semajno. Tamen dum jaro kaj duono mi laboris. Mi havis la tempon pripensi kion mi volas fari por esti pli kreativa, kontenta kaj feliĉa laborante. Mi decidis lerni industrian dezajnon. Same kiel jam antaŭe miloj da junuloj, mi forlasis la vilaĝon. Mi foriris al urbo.

Mi elektis Montrealon,, ĉar la industria dezajno estas nur ĉi tie france instruata en Norda Ameriko. La urbo troviĝas same borde de la riverego de Sankta Laŭrenco. Plurajn konatojn mi jam havis. En Montrealo troviĝas esperanto-klubo. Mi ŝatas paroli la lingvon kaj mi tuj akceptis proponon eniri la estraron de ESK (Esperanto-Societo Kebekia). Mi ŝatas la filozofion de esperanto kiu kiel neŭtrala lingvo protektas alies lingvon kaj kulturon. Fakte, pri internacia lingvo mi ekhavis ideon hazarde en elementa lernejo. Mi prenis etnolingvan vortaron kaj ne komprenis certajn simbolojn. Instruisto respondis al mi ke tio estas internacia ortografio. Mi miskomprenis pensante ke, se ekzistas internacia ortografio, devas ekzisti iu internacia lingvo.

Dum mi estis en mezgrada lernejo, mi vidis artikolon en la revuo

"Scienco kaj vivo" pri esperanto. Ĝi ŝajnis tre simpla lingvo, same kiel la metra sistemo (en Kebekio, ni heredis de antaŭaj generacioj mezuri kaj paroli pri longeco en *piedoj* kaj *fingroj*).

Do, mi mendis Assimil-kurson de esperanto de urba librovendejo, kaj regule kaj serioze mi studis dum unu jaro. Nur duonon de la lecionoj mi trastudis, sed mi komencis jam bone kompreni kaj legi. Mi komencis aĉeti esperanto-librojn. En 1994 mi partoprenis printempan renkontiĝon en Montrealo kaj loĝis ĉe esperantisto. Mi bone memoras la unuan esperantlingvan frazon kiun mi aŭdis: sonorigante ĉe la pordo – "mi ne havas la ŝlosilon, atendu, mi petas", estis la respondo... Kelkfoje por mi esperanto servas kiel sekreta lingvo. Beatrice, mia koramikino same lernis ĝin. Nun kiam ni estas en metroo aŭ alia publika loko kaj kiam ni ne volas ke aliaj komprenu nin, ni interparolas esperante. Kun Beatrice mi vojaĝis Francion kaj ni uzis Pasportan Servon (PS). Dum la vojaĝoj ni ŝatas la rektan kontakton kun la homoj de la koncerna lando. Ni ĵus preparis niajn valizojn. Post tri tagoj ni ferios kaj vizitos Irlandon. Ni jam skribis al esperantistoj kies adresoj troviĝas en PS. Mi jam antaŭĝojas pro la tieaj esperantistoj ĉe kiuj ni gastos kaj kiujn ni renkontos tie.

(Notita de Zdravka Metz en 2008)

Idealoj de la junaĝo ŝanĝiĝas

Intervjuo kun Suzano el Kanado, kiam ŝi havis 48 jarojn

Ni vivas en epoko kiam la mondo estas dividita je riĉa kaj malriĉa, nordo kaj sudo. Tiuj du mondoj kvazaŭ pli kaj pli malproksimiĝas. La ekstremoj videblas. Laŭ demografoj ekzistas same du mondoj. Tiuj kiuj malriĉas finance, riĉas je infanoj. Tiuj kiuj riĉas finance, havas nur unu, eble du, aŭ ne povas havi infanon. Mi ne konformas al tiuj statistikoj. Mi naskiĝis en riĉa lando kaj mi havas kvin gefilojn.

Kiel junulino mi ne volis havi proprajn infanojn. Konante la mondan situacion, mi kredis ke sufiĉas la homoj sur la tero. Pro tio ĉiuj miaj interesoj en mia junaĝo estis aliaj. Eĉ kiel eta knabino mi ne ludis kun pupoj. Tre juna mi ekŝatis librojn kaj la libroj fariĝis mia mondo. Ĉiam kiam mi volis scii ion pli mi konsultis librojn. En libroj mi trovis respondojn. Libroj estis miaj plej bonaj informantoj, foje amikoj kiam mi solis. Mi preferis legi ol konversacii. Mi ne heredis la babilemon de mia patrino.

Vortojn nemultajn mi uzas en la edukado de miaj kvin infanoj. Por mi ĉion nepre pravigi, ĝisfunde klarigi, ne gravas, ne utilas – gravas agi tiel, kiel mi ŝatus ke ili agu. Ĉe etaj infanoj mi trovis ke nur tiel funkcias – mi ne volis instrui al ili rezoni kaj argumenti senbaze, antaŭ ol ili havus sufiĉan vivosperton. En la lernejo ili lernas ne nur bazajn fakojn kiel la francan lingvon, matematikon kaj naturon. Ĉion ili lernas pere de arta aktiveco, kaj per sia tuta korpo. Ili lernas ankaŭ kuiri kaj triki. Ĉiumatene la instruisto salutas ĉiujn infanojn laŭvice, per manpremo, ĉe la klasĉambra pordo. La sama instruisto akompanas sian grupon ok jarojn. En la lernejo la lernantoj festas siajn naskiĝtagojn. Kun la jaroj tiu lernejo fariĝas kvazaŭ dua familio. Ilia lernejo estas malgranda. Tio tute malsamas de mia elementa lernejo.

Mia lernejo havis po ses klasojn por ĉiuj sep niveloj. Ĝi estis kvartala lernejo kaj mi piedis tien ne nur matene, sed same post tagmanĝo. Mi revenadis tagmeze hejmen kiel ĉiuj aliaj infanoj, kaj niaj patrinoj jam atendis nin kun manĝo preta.

Mia patrino naskis min en Montrealo dum neĝoŝtormo, la 2-an de februaro 1960.

Mi tuj fariĝis rezista al malvarmeco. Por mi sufiĉas vidi vintran, malvarman sunon, ĉar tiam la aero estas seka. Mi suferas kiam aero malsekas vintre, same kiel somere.

Vintro ja restas mia preferata sezono. Mi pensas foje pri la kanto de la kebekia poeto Gilles Vigneault: "Mia lando ne estas lando, sed vintro; mia ĝardeno ne estas ĝardeno, sed neĝo!"

Fakte, mi ŝatas vintron, temperaturojn de –30 °C, neĝon...

Bonŝance, ĉar en mia infanaĝo neĝo abundis kaj ni infanoj ludis ekstere, ofte ĝis la malhelaj horoj, en strateto. Ni rulis neĝpilkojn por fari neĝhomojn, en apudaj parkoj ni sledis, sketis, ĉiam moviĝis kaj neniam malvarmis.

Mi bone memoras ke ĉe la loko kie hodiaŭ estas la Olimpika stadiono, iam estis granda deklivo. Miaj amikoj kaj mi ne povis rezisti tiun, por ni altan, monton. Ni ne bezonis kunporti sledojn. Sufiĉis al ni eniri vendejon, peti kartonan skatolon – kaj jen la sledo. Sidante sur la kartono, tre rapide ni iris suben. Vere estis multege da neĝo. Vidante hodiaŭ infanojn kiuj uzas plastaĵojn mi ĉiam memoras niajn kartonajn sledojn.

Por distri infanojn, ĉiu kvartalo havas en la parkoj sketejon. Ĉiu povas uzi ĝin, kompreneble senpage, kaj tiom longe kiom volas. Pro tio, laŭ tradicio, glacihokeo fariĝis nacia sporto.

Miaj kvar filoj lerte sketas kaj du el ili ŝatus partopreni en hoketeamo. Sed kiel trovi tempon konduki ilin al la sketejo plurfoje semajne, kaj semajnfine ien, kie la grupo havas matĉon. Mi pensas ke la listo de taskoj estus longa se mi detale priskribus ĉion kion regule mi devas fari inter lernejo, laborejo, vendejo kaj la domo. Por mi la tago tro mallongas. Bonŝance mia patro bonfartas. Li foje venas semajnfine preni miajn filojn kaj faras ion interesan dum kelkaj horoj... Tiam ŝajnas al mi ke mi povas iom spiri, foje ankaŭ pensi pri mia infanaĝo...

Kiam neĝo degeladis printempe, kaj riveretoj ekformiĝadis ĉie, la akvo allogis nin, infanojn. Ni elektis po unu rivereton, dirante "ĉi-tiu estas mia patro". Ni sekvis la fluon ĝis la kloaktruo kiu englutis, ĉesigis la rivereton kaj ĝian fluadon. Tiu kies rivereto alvenis kiel unua deklaris: "mia patro estas pli forta ol la via!"

Tamen printempo ankaŭ havas sian ĉarmon. Kutime, ĝi komenciĝas en majo kaj daŭras nur kelkajn semajnojn. Tiam floras multkoloraj printempaj floroj, arboj kaj arbustoj. Same la herbo verdiĝas kaj plibeligas la pejzaĝon. Ni loĝis proksime de la Botanika Ĝardeno. Kiam mi estis dek- aŭ dek-du-jara, mi ofte iris tien promeni kun geamikoj.

En Montrealo, ĉiu domo havas du elirejojn. La dua, malantaŭa pordo eliras al korto, kaj trans la barilo de la korto ofte estas strateto. La loĝantoj de la apuda, paralela strato ankaŭ aliras la saman strateton.

Stratetoj tiom gravis en mia vivo ke nun mi montras ilin kiel vidindaĵon al amikoj, turistoj, kiuj venas viziti nin. La vorto strateto vekas memorojn. Vestaĵ-ŝnuroj troviĝas super ĉiu korto inter la domo kaj ligna telefona fosto. Vestaĵoj puraj, bonodoraj, multkoloraj sekiĝadas laŭ la ŝnuroj. Strateto signifas ĝardenojn, florojn, arbustojn. Ja, belega loko por kaŝludado en somera tempo. Ni kuris de unu korto al la alia. Sur strateto ni lernis bicikli, ni ŝnursaltadis, ludadis paradizludon. Ni kurante ludis diversspecajn ludojn per pilko.

En mia kvartalo abundis infanoj. Kiam mi solis sur strateto, mi simple eniris ies korton kaj iris frapi la kuirejan pordon por voki ke amikino eliru.

Tiun kutimon mi memoris kiam mi, ankoraŭ studentino, ekloĝis en alia kvartalo. Iun posttagmezon knabineto sonoris ĉe la pordo kaj per sonora esperplena voĉo demandis min: "Sinjorino, ĉu vi havas infanojn?"

1967, la jaro de *Expo*. La granda universala ekspozicio modernigis Montrealon kaj Kebekion. Mi bone memoras la oftajn vizitojn tien. Mia patrino kun mia juna frato eĉ pli ofte vizitis, preskaŭ ĉiutage, dum mi, tiam sepjara knabino, estis en lernejo. Impresis min la homamaso, buntaj koloroj, muzikaj kaj dancaj spektakloj, bildoj, artaĵoj kaj la tute nova subtera metroo per kiu ni povis atingi la ekspoziciejon.

Ĝis tiu tempo mi ĉefe vivis en mia kvartalo: najbaraj geamikoj kun kiuj mi iris lernejen, ludoj en la korto kaj la strateto.

Ni vizitis miajn geavojn, la patrinajn gepatrojn, preskaŭ ĉiudimanĉe. Tiel estis la kutimo en Kebekio. Ili loĝis en kampara regiono, nordokcidente de Montrealo. Ili prilaboris la teron, produktis lakton.

La patrino kaj geparencoj de mia patro vivis en pli fora regiono, sude de Kebekurbo, kaj ni vizitis ilin por kristnasko, pasko kaj dum la someraj ferioj. Vintraj vojaĝoj nervozigis mian patrinon pro glitaj vojoj kaj blovata neĝo. Vojaĝinte tien ni ĉiam haltis duonvoje, en Ŝerbruko, por manĝi kaj ripozeti. Mia frato kaj mi ofte kverelis dum la aŭtoveturado, same kiel hejme. Nur kiam li ekstudis for de la domo, tiam ni pliamikiĝis. Ni ekhavis gefratan rilaton.

Kiam mi eniris mezgradan lernejon, mia patrino tiam reprenis sian laboron kiel instruistino en elementa lernejo. En Kebekio estis la tempo de grandaj lernejaj ŝanĝoj. La elementa lernejo de sep-fariĝis ses-jara lernejo. La instruado mezgrada daŭras kvin jarojn. Poste sekvas kolegio kie oni povas elekti profesian programon tri-jaran, aŭ antaŭuniversitatan programon de du jaroj.

Post la elementa lernejo, mi pasigis tri jarojn en publika mez-grada lernejo en mia kvartalo kaj poste enskribiĝis en privatan lernejon por la ceteraj du jaroj. Mi estis bona lernantino kaj mi volis studi en universitato. Pro tio mi elektis du-jaran sciencan progra-mon en kolegio. Lingvoj ĉiam interesis min kaj ankaŭ komputiloj.

Mi ne sciis kion elekti, aŭ pli precize, kion unue ekstudi. Pro-fesoro sugestis al mi unue fakiĝi pri komputiloj. Tiujn konojn mi povus utiligi poste ankaŭ se mi decidus fariĝi tradukisto. Krom la fakon mi devis elekti la universitaton. Mi decidis partopreni spe-cialan programon en Ŝerbruko: kvar monatojn studi kaj same tiom labori, ĉiam alterne dum tri studjaroj kaj duono. La laboreblecoj? Estante plejparte en la montreala regiono mi kaj mia tiama edzo tre spertiĝis pri rapida translokiĝo. Ofte ni dividis nian loĝejon kun aliaj studentoj.

Dum nia studenta vivo en Ŝerbruko mia edzo iun tagon proponis ke ni eklernu esperanton. Pri esperanto li aŭdis de sia patro, kiu mem estis aŭdinta pri ĝi iam dum la sesdekaj jaroj kiam la internacia lingvo ĝuis momentan popularecon en Norda Ameriko. Mia edzo klarigis ke esperanto celis faciligi komunikadon forigante ambig-uojn. Mi scivolemis, esploris kaj mi malkovris en la universitata biblioteko portugalan instrulibron por lerni esperanton. Jes, per la portugala, kiun ni ne scipovis! Ni do komencis legi kaj samtempe lerni kelkajn vortojn de ambaŭ lingvoj.

Ni du ne nur studis la lingvon ĉiutage, sed ni komencis uzi ĝin inter ni, ripetante amuzajn aŭ utilajn frazojn el la lecionoj. Poste mi aĉetis kurson laŭ la Assimil-metodo. Tri monatojn poste ni estis en Montrealo, kaj tie mi trovis en la ĉefa urba biblioteko la libron "Nepalo malfermas la pordon" de Tibor Sekelj, kiun mi eklegis en aŭtobuso survoje al la laboro. Mi jam povis ĉion kompreni. Dum tiuj kvar monatoj en Montrealo, ni aŭdis pri esperanto-renkontiĝoj en la Botanika Ĝardeno kaj decidis iri vidi la grupon. Mi estis feliĉa tie havi la eblecon aĉeti vortaron. Dum la sekva studsesio ni finfine malkovris ke ankaŭ en nia universitato okazis esperanto-kursoj gvidataj de profesoro Petro Collinge, kaj mi aliĝis rekte en la duan nivelon.

Kiel diplomitaj komputilaj programistoj, ni du partoprenis interŝanĝon de studentoj kun la celo labori en Eŭropo. Ni ambaŭ sukcesis dungiĝi en Parizo, kio ebligis al ni vojaĝi tra Eŭropo, interalie en Kroatio. Ni uzis gvidlibron por malriĉaj elturniĝemaj vojaĝantoj kaj havis belajn spertojn. Iun vesperon en la urbo Ŝibenik maljuna sinjoro tute hazarde alparolis nin esperante. De li ni aŭdis pri Zagreba Esperanto-Centro. Ni vizitis la klubejon kaj eksciis pri Zdravka kaj Normando, kroat-kebekia paro kiu antaŭnelonge ekloĝis en Montrealo. Pri ili ni jam aŭdis de profesoro Collinge, kaj revenonte en Montrealon ni nepre volis renkonti tiujn esperantistojn.

En la somero 1986 la loĝejo ĉe la supra etaĝo de la "Montreala Esperanto-domo" fariĝis havebla, kaj ni tre ĝoje translokiĝis tien. Ni ja parolis esperanton ĉiutage kun niaj subaj najbaroj. Tiam mi studis pri traduk-arto en montreala universitato kaj mi magistriĝis. Dum la studado mi laboris ĉe IBM tradukante de la angla al la franca, mia gepatra lingvo. Studinte komputikan fakon mi bone komprenis ties nociojn kaj terminologion.

Kiel ĉiuj infanoj en Kebekio mi eklernis la anglan dum la kvara klaso de la elementa lernejo. Dek-ok-jara, mi partoprenis interŝanĝon de lernantoj. Ĝi estis aranĝo de la Kanada registaro. La someron mi pasigis en Vankuvero. Ni studis ĉiumatene la anglan en klaso, ni grupe ekskursis, gastis ĉe lokaj familioj. Tiu vivo en angla medio komprenble helpis aktivigi mian parolkapablon. Foje mi eĉ sonĝis kaj pensis angle.

La revenon el Vankuvero mi ekis per biciklo. Mi bicikis kun amiko ĝis Saskatĉevano. Estis por mi neforgesebla sperto, speciale la transiro de la Rokmontaroj inter Brita Kolumbio kaj Alberto. Biciklante mi miris kiom multe mi povis vidi kaj senti: plej diverskolorajn riverojn, lagojn, fontojn, odorojn, la freŝecon de la aero, birdkantadon. Ĉiam eblis halti kaj ĝui la momenton. Homoj, tra kies vilaĝoj ni pasis, foje invitis nin por manĝi aŭ dormi endome. Post la montoj, biciklante laŭ la transkanada vojo, mi malkovris ke la tieaj senfinaj ebenaĵoj ne estas tiom ebenaj kiam necesas transiri riveron. Ni strebis profiti de la deklivo suben ĝis la ponto por akiri rapidecon por poste grimpi laŭ la alia flanko malpli streĉe.

Nekutima vento blovis kontraŭ ni. Ni penis. Ni ne progresis laŭ la plano. Baldaŭ devis komenciĝi la lernojaro en la kolegio. Ni decidis preni trajnon ĝis Toronto kaj poste ni daŭrigis bicikle. Dum la tuta vojaĝo estis bela vetero kaj ni plej ofte dormis sub la ĉielo. Ni ne bezonis malfermi portitan tendon.

Biciklado al mi estis simpla vivmaniero kiun mi ŝatis.

Mi ĉiutage bic:klis en Montrealo, al la monto kie troviĝis mia universitato. Dumvintre estis iom pli pene, ĉar post la biciklado mi devis zorge akvumi la biciklon por forigi la akumuliĝintan salon kiu povus difekti ĝin. Nur post glacipluvo aŭ ĵusa neĝoŝtormo ne eblis bicikli. Estis tro glite. Tiam mi grumblis atendante buson.

Fakte mi biciklis ĝis mia unua gravediĝo. Ekde kiam mi patriniĝis mi komencis adiaŭi miajn adoleskajn principojn unu post la alia: ne naski infanojn, protekti naturon kaj ne uzi aŭton, manĝi nur vegetare...

Pri infanoj mi nenion sciis. Kiel kutime, mi armiĝis per libroj kaj komencis legadi, informiĝi. Mi ne volis naski en hospitalo, sed hejme. Mi ne volis vakcinigi infanojn sed zorgi mem pri ilia nutrado kaj sano. Kiam estis tempo por mia filino eniri lernejon, mi intencis mem instrui al ŝi. Sed ŝi estis tre allogita de flava lerneja aŭtobuso per kiu ŝiaj amikinoj veturis al la lernejo. Bonŝance mi trovis infanĝardenon laŭ Waldorf-pedagogio, kiu pli kongruis kun miaj valoroj kaj vivmaniero.

Vegetarismo estis same parto de mia vivmaniero. Fakte, viandon neniam mi ŝatis. Kiam mi rajtis esprimi mian volon, mi komencis sola prepari manĝojn vegetarajn. Tiutempe mi eklaboris, kaj pro la laborhoraro mi malofte dividis la manĝon kun la gepatroj. Estis bona momento fariĝi vegetarano. Mi iris al ĉina kvartalo kaj tie aĉeti tofuon. Tiutempe mi eĉ manĝis tofuon krudan per manĝbastonetoj. Dum la tagmanĝo en la laborejo, mia tofuo alproksimigis al mi scivolemajn ĉinojn kiuj laboris kiel inĝenieroj kaj mi amikiĝis kun ili.

La ĉina manĝstilo ĉiam interesis min. Same mi revis pri Ĉinio. Ĉinio estis aparte grava en mia vivo. Mi pensas ke mi estis kaj daŭre restas allogita de Ĉinio, de ĉinoj, de ĉinaj lingvoj. Tio estis kiel pasio, ne racia elekto. Same, mi pro pasia allogo eklernis plurajn pliajn lingvojn. Mi povus diri ke tiuj lingvoj kvazaŭ "elektis" min.

Kiam mi aŭdis ke la Universala Kongreso en 1986 okazos en Ĉinio, mi tuj aliĝis. En Pekino mi partoprenis la por mi unuan esperanto-kongreson. Mi ĝojis vidi ke tiu internacia lingvo vere funkcias. Homoj amikiĝas kaj facile profundigas siajn rilatojn. Ĉiuj estas malfermitaj al kontaktoj. Rapide eblas partopreni la ĉiutagaĵojn de la homoj kiujn vi ekkonis. Tio estis neatendita sperto por mi.

En Pekino mi restis plian semajnon post la kongreso. Mi havis la eblecon revidi inĝenierojn kaj paroleti la mandarenan, kiun mi eklernis dum tri semajnoj antaŭ la vojaĝo.

Krome mi vizitis Ŝanghajon, Kantonon kaj Hongkongon.

Esperanto kompreneble ludas tre grandan rolon en mia nuntempa vivo. Rilato kun fora amiko tre gravas. Fakte miajn plej karajn, verajn amikojn mi trovis dank' al esperanto. Utilajn informojn mi ofte trovas ankaŭ per esperanto. Kiam esperantisto skribas, telefonas, por mi estas ĉiam, de la unua momento, kvazaŭ ni jam konas kaj fidas unu la alian. Jam kelfoje okazis ke mi rendevuis kun ĝistiame nekonata persono, ĉu urbocentre, ĉu ĉe flughaveno. Survoje mi konstatis ke ni forgesis interkonsenti pri tio, kiel rekoni unu la alian... Bonŝance ni ĉiam elturniĝis kaj sukcesis.

La strikte vegetaran manĝostilon mi forlasis kiam montriĝis ke al mia dua infano kaj al mi mankis vitamino B$_{12}$.

La naturo de miaj filoj kvazaŭ postulas viandon. Do, kiam mi aĉetas manĝaĵon por semajno mi pensas pri ili por elekti viandon. Por mi, ĝi daŭre estas io ne alloga kaj ne inspira por kuirado. Foje, pro manko da tempo mi preparas ion rapide, sed poste mi rimarkas ke mia korpo penas digesti krudajn legomojn, eĉ karotojn. Do mia ĉiutaga vespera tasko ja restas kuiri.

Jes ja, idealoj ŝanĝiĝas, submetiĝas je limoj de la kirliĝanta ĉiutago. Homoj povus diri ke mi moliĝas rilate miajn principojn kaj vivmanierojn de la junaĝo.

(Notita de Zdravka Metz en 2008)

Enhavo

CPSIA information can be obtained
at www.ICGtesting.com
Printed in the USA
BVHW081143130620
581307BV00003B/81